CORN, BATON A FI

JOHN GLYN JONES

Corn, Baton a Fi

Hunangofiant

bwthyn
GWASG Y BWTHYN

Cyhoeddwyd gan Wasg y Bwthyn yn 2023
ISBN 978-1-913996-82-6

Cyhoeddwyd gyda chymorth ariannol
Cyngor Llyfrau Cymru.

Lluniau'r clawr: Gareth Jenkins

Cyhoeddwyd gan:
Gwasg y Bwthyn, 36 Y Maes, Caernarfon,
Gwynedd LL55 2NN
post@gwasgybwthyn.cymru
www.gwasgybwthyn.cymru
01558 821275

Pleser yw cyflwyno'r gyfrol hon i
GLEN
a gweddill yr *ensemble*:
ELIN, ARON, BETHAN, ROBIN a LAURA,
heb anghofio'r ddwy wyres fach
NEL a CASI
gan mai nhw yw'r dyfodol bellach.

Cynnwys

Rhagair

"Mae'n rhaid i chdi sgwennu dy hunangofiant." Dyna ddywedwyd yn gyson wrthyf ar ôl i mi ymddeol fel arweinydd y band a hynny fel arfer ar ddiwedd nosweithiau cymdeithasol i Ferched y Wawr, cymdeithasau capeli a Sefydliad y Merched. Helpu i lenwi bylchau mewn rhaglenni blynyddol o fewn y cymdeithasau lleol oedd y bwriad ar y cychwyn, gan i lawer trefnydd sôn wrthyf pa mor anodd oedd cael pobl i gyfrannu. Gan fy mod wrth fy modd yn sgwrsio, cyflwyno a chymdeithasu, roeddwn yn fwy na balch i gynnig ychydig o adloniant bob amser.

"Ew, ma gin ti stori dda, gofala dy fod yn ei sgwennu i lawr," oedd un o'r gorchmynion olaf i mi ei dderbyn gwta wythnos cyn i fywydau pob un ohonom newid am byth. Dyna pryd y daeth y pandemig i'n plith a COVID-19 yn rhoi stop ar bawb a phopeth. Yn ystod wythnosau cyntaf y Clo Mawr cefais gyfle i feddwl, hel atgofion ac edrych 'nôl. Ymhen ychydig fisoedd penderfynais ufuddhau i'r gorchmynion a dechreuais ysgrifennu.

Ac felly y pandemig ar ddechrau 2020 sydd yn fras gyfrifol am fodolaeth y llyfr hwn, ond ni fuaswn yn mynd cyn belled â diolch i'r afadwch creulon am hynny.

Mae fy niolch yn bennaf i Glen fy ngwraig am ei chefnogaeth gadarn ac am ddioddef fy holl ysgrifennu a mwydro am gyfnod o ddeunaw mis a mwy (tu ôl i bob dyn...!) a hefyd i 'nheulu am ei chadw hithau heb wallgofi.

Hoffwn ddiolch hefyd i Meinir Pierce Jones, fy ngolygydd yng Ngwasg y Bwthyn, a'r holl dîm am arwain y fenter o'r cychwyn hyd at gyhoeddi'r gyfrol. Mae fy nyled hefyd yn fawr iawn i Gyngor Llyfrau Cymru am ddod i'r canlyniad fod y fenter yn werth ei chefnogi'n ariannol.

Braint fu cael cynnwys dau englyn gan feirdd o safon Gruffudd Antur ac Iwan Morgan.

Diolchaf i Julian Lloyd Webber am ganiatâd i argraffu llun o'i dad ac am fy mherswadio i gynnwys llun Perseus y gath. Diolch hefyd i Lyfrgell Genedlaethol Cymru am ryddhau llun o gyfres lluniau Geoff Charles, yn ogystal â Dylan Williams, Trefor, am luniau o'r brêc. Diolch yn fawr i Gareth Jenkins ac Arwyn Roberts, (Arwyn *Herald*), am ffotograffau o'u gwaith sydd wedi eu cynnwys yn y gyfrol. Diolch hefyd i Brenda Jones, Carey W. Jones a Helen Macnibbler am eu cymorth. Bu Geraint Jones, Trefor hefyd yn gymorth hawdd ei gael gydag ambell sgwrs a chyfle i gadarnhau ffeithiau.

Hoffwn ddiolch hefyd yn gyffredinol am gefnogaeth fy holl athrawon, cydweithwyr, disgyblion, cyfeillion, aelodau o bob seindorf y bûm ynghlwm â hwy, ac yn bennaf oll y gynulleidfa eang a fu mor gefnogol ar hyd y daith. Dyma'r bobl sydd wedi creu'r gyfrol hon, heb os nac oni bai.

I John Glyn

Mae hen hyder mewn nodyn – i gydio'n
y gwaed sy'n ei erfyn,
pan ddaw yr alaw ei hun
yn nodau'r galon wedyn.

Gruffudd Antur

Coleg

Ymlwybrodd y trên i mewn i orsaf Euston, Llundain ar brynhawn Sadwrn ganol mis Medi 1976 a finnau yn deithiwr nerfus ac ofnus gyda phoen yn fy mol a heb fod yn hollol siŵr beth oedd o fy mlaen. Gyda llwyth o ddillad newydd, ychydig o lyfrau, gwallt wedi ei dorri'n daclus a darnau o gerddoriaeth yr oeddwn eisoes wedi eu meistroli ar y corn a'r piano, roeddwn yn teimlo fy mod yn barod amdani. Prif ran y llwyth oedd y cornet wedi ei fenthyg gan Fand Trefor er mwyn cychwyn yn y coleg fel myfyriwr newydd balch. Buasai angen cymorth a chyngor fy athro newydd cyn prynu trwmped gydag arian prin fy rhieni ar gyfer fy astudiaethau am y blynyddoedd oedd i ddod.

Yn aros amdanaf ar y platfform yr oedd Glyn Harvey, gŵr nad oeddwn ond wedi ei gyfarfod ers cwta bump wythnos, pan fu ar ei wyliau yn ardal Llŷn gyda'i deulu. Roedd yn athro cerdd, yn arweinydd côr ac yn unawdydd lleisiol penigamp. Trefnwyd ymlaen llaw y buasai'n fy hebrwng yn ei gar i Notting Hill Gate ac i hostel Bowden Court lle'r oeddwn i ymgartrefu am y misoedd nesaf. Roedd fy nyled i Glyn yn fawr iawn y diwrnod hwnnw gan nad oedd gennyf syniad i ble yr oeddwn yn mynd na sut i fynd yno. Wedi diolch iddo a derbyn gwahoddiad i'w gartref y diwrnod canlynol i flasu cinio Sul ei fam, daeth yn amser dadbacio a chael ychydig o drefn cyn bwyta fy swper cyntaf yng nghanol llwyth o ddieithriaid a chymdogion newydd.

Er fy mod yn hynod falch o gael fy nerbyn i'r Coleg Cerdd, roeddwn eisoes wedi penderfynu ers rhai misoedd nad oeddwn am aros yn y ddinas fawr ddrwg ar ddiwedd fy nghyfnod fel myfyriwr. Adra yn ôl i Gymru fach yr oeddwn yn anelu a hynny i geisio gwneud gyrfa fel rhyw fath o gerddor drwy gyfrwng y Gymraeg. Nid oedd bod yn athro cerdd mewn ysgol uwchradd erioed wedi apelio ata i gan nad oedd y gwaith yn ddigon ymarferol. Cerddor yr oeddwn am fod ac nid athro. Ar ben hynny teimlwn nad oedd fy sgiliau canu'r piano yn ddigon da i gyflawni'r swydd honno.

Roeddwn yn gwbl glir fy meddwl mai i Lundain yr oeddwn am ddod i astudio, er i mi gael gwahoddiad i'r Coleg Cerdd a Drama yng Nghaerdydd yr un pryd. Roedd dewis prifddinas y Sais yn syndod hyd yn oed i mi fy hun, o gysidro fy naliadau gwleidyddol gyda chenedlaetholdeb iach y saithdegau yn berwi yn fy ngwaed. Roedd y cyfle i astudio yn Llundain yn gyfle rhy dda i'w golli ac yn haws i'w dderbyn ar ôl i mi wneud y penderfyniad nad oeddwn yn mynd i aros yno i fyw a gweithio.

Cafwyd ail ddiwrnod arbennig a phrysur trwy ddeffro a chodi yn fuan a mentro allan i ddarganfod ardal Notting Hill Gate. Prynais yr *A to Z of London* a map o'r Underground er mwyn eu hastudio ar gyfer y siwrnai i'r coleg fore trannoeth.

Cefais groeso Cymreig a chinio Sul bendigedig yng nghartref Mr a Mrs Harvey a'u mab yn ardal Roe-hampton, gan ryfeddu at yr olygfa o ffenestr y lolfa yn eu cartref a oedd ar y pymthegfed llawr mewn bloc o fflatiau moethus. Yn ystod y daith adref yn ôl i Bowden Court derbyniais wahoddiad gan Glyn i ymweld â Chlwb Cymry Llundain ar y nos Iau ganlynol ar gyfer noson ymarfer Côr Meibion Cymry Llundain. Daeth hyn yn drefniant wythnosol, gyda fy ffrind newydd yn galw amdanaf yn ei Ford Fiesta newydd glas golau yn brydlon am chwarter i saith bob nos Iau, ar gyfer y daith i Gray's Inn Road.

Profiad pleserus a balch oedd cael fy nghyflwyno i John Peleg Williams, Cyfarwyddwr Cerdd y côr enwog. Erbyn deall roedd ei dad, G. Peleg Williams, Caernarfon, eisoes wedi sôn wrtho amdanaf fel cyn-ddisgybl iddo ar y piano.

Daeth y ddau ohonom yn gyfeillion da a chefais lawer o gymorth ganddo yn ystod fy nghyfnod yn y coleg. Roedd pob sgwrs, trafodaeth a chyngor drwy gyfrwng yr iaith Gymraeg yn werthfawr iawn bob amser yng nghanol môr o Saesneg. Athro, arweinydd, cyfansoddwr a chyfarwyddwr cerdd ydoedd gyda 'charisma' a gwybodaeth gerddorol eang, yn mwynhau smocio sigaréts Dunhill crand ac yfed ambell jin a tonic. Byddai gwrando ar y côr yn ymarfer o dan ei arweiniad bob nos Iau yn addysg ac yn rhyw fodd o ddal gafael ar Gymreictod, a dyna oedd hanfod y clwb, mae'n debyg. Un gân nad oeddwn yn mwynhau gwrando arni oedd 'Take Me Home' gan fod yr hiraeth yn ormod ar adegau. Rhaid fyddai dygymod â'r teimladau hynny a'u gorchfygu os oeddwn am gario ymlaen gyda fy mreuddwyd i astudio a byw yn y ddinas fawr.

Ar ddechrau'r wythnos cerddais i mewn i Goleg Cerdd Llundain yn Great Marlborough Street am y tro cyntaf fel myfyriwr llawn-amser. Buasai dweud fy mod yn teimlo'n falch ac yn hapus yn gwbl gamarweiniol gan fy mod mewn byd afreal a ffantasi llwyr, yn methu credu nac amgyffred yr hyn oedd o 'mlaen am y pedair blynedd nesaf.

Cafwyd gair o groeso i'r holl fyfyrwyr newydd yn y Neuadd Gyngerdd gan y prifathro, Dr William Lloyd Webber. Roeddwn eisoes wedi cyfarfod y gŵr bonheddig yma yn ystod y cyfweliad rai misoedd ynghynt heb lwyr sylweddoli ei fod yn gerddor, cyfansoddwr ac organydd uchel iawn ei barch yn y ddinas. Roedd ei enw yn llawer mwy adnabyddus oherwydd llwyddiant ac enwogrwydd ei ddau fab. Ar wahân i'r gwersi offerynnol unigol (trwmped a phiano i mi) roedd gwersi harmoni a gwrthbwynt, darllen, deall ffurf a dehongli cerddoriaeth, gwerthfawrogi cerddoriaeth, hanes a datblygiad cerddoriaeth, cyfan-soddwyr, sain clust, arwain a chyflwyno araith, cyfansoddi a threfnu cerddoriaeth o bob math. Cerdd, cerdd a mwy o gerdd!

Y bore hwnnw roedd un gŵr yn eistedd ar y llwyfan

gyda Dr William Lloyd Webber a oedd eisoes yn gyfar-
wydd iawn i mi, ac yn dipyn o arwr cerddorol a dweud
y gwir. Roedd Antony Hopkins (nid yr actor) yn gerddor
byd-enwog ac yn gyfansoddwr o fri. Ers rhai blynyddoedd
roeddwn wedi gwrando llawer ar y rhaglen *Talking About
Music* ar BBC Radio 4, ond ni fu i mi erioed ddychmygu
y buaswn yn cyfarfod cyflwynydd y rhaglen. Yn anffodus,
ni chefais fy rhoi yn un o grwpiau dysgu Mr Hopkins ond
bûm yn ddigon ffodus i gael ambell i ddarlith ganddo
yng nghanol holl fyfyrwyr y flwyddyn. Roedd hwn yn
gymeriad a hanner.

Gallaf sicrhau fy hun a phawb arall na welais erioed
gerddor gyda mwy o wybodaeth am gyfansoddwyr a'u
gwaith. Mae'r ffaith iddo ysgrifennu oddeutu pymtheg
o lyfrau swmpus yn dyst i hynny. Roedd ganddo ddawn
arbennig i gyflwyno cyfansoddiadau a gweithiau mawr
megis consiertos Haydn a Mozart neu symffonïau
Beethoven a Mahler mewn ffordd syml, ddealladwy a
difyr dros ben. Roedd darlithoedd Antony Hopkins yn
brofiadau gwych ac unigryw.

O ran y gwersi trwmped a'r offerynnau pres cefais
fy rhoi yn nwylo medrus ac o dan adain Edgar Riches.
Trwmpedwr proffesiynol oedd Eddie ac yn chwarae yn
y gerddorfa yn y Tŷ Opera Brenhinol yn Covent Garden.
Dyma gerddor dawnus a chwaraewr talentog iawn, yn
gymeriad hoffus dros ben, wrth ei fodd yn tynnu coes a
bob amser yn barod i wrando a chynghori ei fyfyrwyr, ac
yn adnabod pob un ohonom yn dda. Roedd yn ymfalchïo
yn ei gysylltiadau Cymreig gan fod ei deulu yn hanu o
rywle yn y de, medda fo!

Eddie Riches fu'n gyfrifol am fy nghyflwyno i un o fy
arwyr mawr, sef y trwmpedwr Gerard Schwarz o'r America
a oedd wedi rhyddhau LP ychydig yn gynharach o dan y
teitl *Cornet Favorites*. Cymerodd fy hyfforddwr yn ganiataol
y buasai diddordeb gennyf yn hwn ac roedd yn llygad
ei le. Nid oeddwn erioed wedi clywed neb yn chwarae'r

offeryn gyda'r fath arddull a hynny yn dra gwahanol i fy arwyr o fandiau pres gogledd Lloegr. Roeddwn bellach yn sylweddoli fod y byd cerddorol yn llawer ehangach nag yr oeddwn wedi tybio fel hogyn ysgol ac aelod o Fand Trefor. Mae record Mr Schwarz yn dal gennyf ac mae'n syndod nad oes twll ynddi ar ôl cymaint o droelli. Datblygodd i fod yn arweinydd proffesiynol gan weithio gyda llawer o gerddorfeydd mawr y byd. Am gyfnod yn 2001 bu'n arweinydd Cerddorfa Frenhinol y Ffilharmonig yn Lerpwl, ond fel trwmpedwr a chornetydd penigamp y byddaf yn ei adnabod a'i gofio.

Brian Trueman oedd yr athro piano, a dyma gymeriad hollol wahanol – dyn annwyl, ac athro cydwybodol a threfnus. Roedd yn bianydd proffesiynol ac yn perfformio yn gyson mewn cyngherddau o fri yn neuaddau ac eglwysi enwocaf Llundain. Roedd ei enw yn aml ar bosteri yn y coleg o dan St John's Smith Square, St Martin-in-the-Fields, Wigmore Hall a'r South Bank. Teimlad rhyfedd a balch oedd derbyn gwersi gan gerddorion fel hyn a gwrando arnynt yn adrodd eu profiadau'n perfformio ar y llwyfannau mawr.

Ar ddiwedd y cyflwyniad cafwyd taith fer o gwmpas y coleg, a chan fod yr adeilad ar fwy nag un llawr dechreuwyd yn y gwaelod ar ôl cerdded i lawr y grisiau yn ofnus ac ansicr. Roedd yr awyrgylch ar y llawr isaf yn drydanol a chwbl annisgwyl wrth gerdded i lawr coridor gweddol hir gydag ystafelloedd ymarfer ar bob ochr. Roedd y cyfeiliant wrth gerdded yn lobsgows o gerddoriaeth glasurol ar nifer o offerynnau gwahanol. Wrth wrando ar biano ac 'Alla Turca' gan Mozart, consierto i'r trwmped gan Haydn a sonata gan Hindemith yn cystadlu gyda sgêls rhyw soprano a gwaith i'r ffidil gan Tchaikovsky, roeddwn unwaith eto yn cael y cadarnhad fy mod yn byw mewn byd o gerddoriaeth glasurol.

Ystafelloedd bychain oedd ar gael i ymarfer gyda dim ond piano, stôl ac un stand gerddoriaeth ynddynt. Roedd yr ystafelloedd yma yn brin fel aur gan fod angen archebu awr ar y tro rhwng wyth o'r gloch y bore ac wyth o'r gloch y nos. Gan fod pawb bron yn astudio dau offeryn a fawr neb gyda phiano yn eu cartrefi preswyl, roedd pob eiliad o amser ymarfer yn werthfawr iawn. Nid oedd posib twyllo'r *professors* os nad oedd ymarfer digonol wedi ei wneud yn wythnosol. "Don't practise until you get it right, practise until you can't get it wrong!" oedd y gorchymyn bob amser.

Fel yr âi'r amser ymlaen a ninnau fel myfyrwyr newydd yn setlo a dod i ddeall y triciau, daeth yn amlwg fod posib cael llawer mwy o amser ymarfer ar adegau gwahanol o'r dydd. Gallai rhwng wyth a naw o'r gloch y bore fod yn amser da iawn gan fod ambell i fyfyriwr yn methu cyrraedd mewn pryd ar gyfer ei amser penodedig, ar ôl noson brysur o gymdeithasu yn y tafarndai lleol. Roedd pawb ar eu gwyliadwriaeth yn ystod y dydd am ystafell wag oherwydd salwch, cinio hwyr, diffyg prydlondeb neu ddifaterwch cyd-fyfyrwyr. Daeth hynny yn ffordd o fyw yn fuan er mwyn ceisio bachu ar y cyfle i gael tro ar ambell ddarn anodd o ran techneg cyn y wers nesaf.

Un o'r atyniadau mwyaf yn lolfa'r myfyrwyr ar y llawr isaf oedd y bwrdd pêl-droed. Yn ystod fy amser yn astudio yn y coleg dois yn dipyn o feistr ar y gêm yma, oherwydd yr holl amser a dreuliais yn ei chwarae, mae'n debyg. Er hynny, nid pawb all ddweud eu bod wedi curo Julian Lloyd Webber ar y *table football*! Yn anffodus i mi, dyna'r unig beth yr oeddwn yn ei chwarae yn well nag o gan ei fod ar lefel arall o ran perfformio ac fel cerddor. Erbyn i mi gyrraedd y coleg roedd Julian eisoes yn gwneud enw iddo'i hun fel unawdydd a chwaraewr soddgrwth penigamp. Nid oedd yn fyfyriwr yn y coleg ond deuai i mewn o dro i dro i gyflawni gwahanol ddyletswyddau ar gais ei dad, mae'n debyg.

O bryd i'w gilydd deuai gwesteion i'r coleg i roi cyflwyniad neu ddarlith ychwanegol ar wahanol agweddau o gerddoriaeth. Byddai'r gweithgareddau yma ar gael i bawb eu mynychu dros ginio a hynny am ddim, wrth gwrs. Fel arfer byddai ambell boster yn ymddangos i hysbysebu'r digwyddiad a'r amser. Un poster a ddaliodd fy sylw yn syth yn ystod y tymor cyntaf oedd perfformiad o waith enwog gan y cyfansoddwr Francis Poulenc. Nid oeddwn yn gyfarwydd iawn â Poulenc ar y pryd ac roedd ei waith *The Story of Babar the Elephant* yn golygu llai fyth i mi. Darn o gerddoriaeth ydyw gydag offerynnau'r gerddorfa yn darlunio'r anifail bach a chymeriadau eraill yn y stori ar eu taith trwy fywyd. Roedd angen storïwr i ddarllen pytiau o'r llyfr a gafodd ei ysgrifennu i blant gan yr awdur Jean de Brunhoff. Roedd y gwaith yn fy atgoffa o ddarn arall ychydig bach mwy cyfarwydd sef *Peter and the Wolf* gan Prokofiev.

Prif atyniad y digwyddiad arbennig hwn i mi oedd enw'r storïwr ar y poster. Ers pan oeddwn yn blentyn roedd enw ac wyneb Richard Baker yn gyfarwydd iawn yn ein tŷ ni, gan mai ef oedd un o brif gyflwynwyr y *Nine O'Clock News* ar BBC 1 ers rhai blynyddoedd. Roedd fy nhad yn wyliwr cyson mewn cyfnod pan oedd yn rhaid aros am oriau i gael penawdau a newyddion cyfoes. Nid oedd y fath beth â newyddion bob awr o'r dydd yr adeg hynny, ac i raddau nid oedd hynny yn ddrwg o beth i gyd. Yn ogystal â chyflwyno'r newyddion dyddiol i gartrefi'r Deyrnas Unedig, roedd Richard Baker hefyd yn un o'r panelwyr ar y rhaglen gwis *Face the Music* ar BBC 2 a oedd yn cael ei chyflwyno gan Joseph Cooper. Dyma raglen yr oeddwn wrth fy modd yn ei gwylio ar y teledu cyn cyrraedd y coleg, er mai ychydig iawn o atebion cywir yr oeddwn yn gallu eu cynnig. Teimlad braf iawn oedd cyfarfod y gŵr enwog, clên a hamddenol yma. Roedd gwrando ar ei lais unigryw yn bleser pur gyda'r profiad hwnnw bob amser yn gwneud i mi feddwl am Dad, ac yn codi ychydig o hiraeth am adref hefyd, mae'n debyg. Daeth Richard yn ymwelydd cyson, a byddwn wrth fy modd yn ei gyfarch bob amser gan deimlo yn eithriadol o bwysig fy mod yn adnabod un o'r gwŷr enwocaf ar deledu yn y cyfnod hwnnw. Rhaid cofio fod hyn ymhell cyn cyfnod S4C a darllenwyr newyddion fel yr ydym yn eu hadnabod heddiw yng Nghymru.

Un o fy hoff wersi yn y coleg oedd arwain ac ymarfer y gerddorfa. Yr athro oedd yn bennaf gyfrifol am yr adran yma yn ogystal ag offeryniaeth oedd John Pelham Burn, Warden y coleg a dirprwy ffyddlon i Dr William Lloyd Webber. Sylweddolodd yn eithaf cynnar yn y flwyddyn fy mod i a llawer un arall â diddordeb gwirioneddol yn y grefft ac yn awyddus iawn i ddysgu. Er hynny, ni feiddiais ddweud wrtho fy mod wedi hen arfer arwain cerddorfeydd mawr y byd a bandiau pres gorau Prydain gyda gweill plastig lliwgar Mam! Cefais chwaraewr recordiau yn anrheg Nadolig rai blynyddoedd ynghynt ac LPs ar bob pen blwydd a Nadolig wedi hynny. Profiad gwych oedd arwain Symffoni Rhif 5 gan Beethoven gyda Cherddorfa Symffoni Berlin neu *Journey into Freedom* gan Eric Ball gyda Band Black Dyke mewn tŷ gwag ar brynhawn Sadwrn pan fyddai Mam, Dad a Robat fy mrawd bach wedi mynd i'r dre i siopa bwyd am yr wythnos i ddod.

Un o'r trysorau mwyaf a dderbyniais yn yr ail flwyddyn oedd cerdyn bach i brofi fy mod yn astudio cerddoriaeth mewn *conservatoire* yn Llundain. Roedd hwnnw yn fy ngalluogi i fynychu llawer o gyngherddau clasurol a sioeau cerdd am ddim a byw mewn ffantasi llwyr bob tro. Yn ystod y nosweithiau hynny roedd fy edmygedd tuag at lefel perfformio'r cerddorion proffesiynol ar y llwyfan yn enfawr. Roedd y balchder yr oeddynt yn ei arddangos a'r gallu i gadw'r safon uchel yn y chwarae yn fy rhyfeddu. Yn wir, nid oes dim wedi newid yn fy meddwl hyd heddiw pan fyddaf yn mynychu'r math yma o gyngherddau. Byddaf yn teimlo'n aml pa mor hawdd i'r gwrandäwr yn y gynulleidfa yw cymryd yr holl beth yn ganiataol oherwydd perffeithrwydd eu crefft.

Yn aml iawn byddai athrawon fel Brian Trueman a John Burn yn ein cynghori i ddefnyddio'r trysor o gael y cyfle i wrando ar gerddorion a cherddorfeydd mawr y byd yn perfformio yn fyw. Byddai hynny bob amser yn bleser, ac yn arbennig os byddai gwersi wedi eu derbyn ar y gerddoriaeth dan sylw. Cefais brofiadau gwych yn gwrando ar gampweithiau enfawr megis Symffoni Rhif 9 gan Ludwig van Beethoven (Y Meistr!), Symffoni Rhif 4 gan Gustav Mahler ac un o fy ffefrynnau ar y pryd (ac yn dal i fod!), y *Requiem Mass* gan Wolfgang Amadeus Mozart. Cefais y pleser o astudio hon ar gyfer Lefel A gydag Eric Williams yn Ysgol Glan y Môr, Pwllheli cyn cyrraedd y coleg. Profiad gwefreiddiol i mi bob amser oedd eistedd mewn cyngherddau mewn neuaddau mawr megis y Royal Festival Hall ar y South Bank neu'r Royal Albert Hall yn Kensington. Dyma neuaddau oedd wedi croesawu arweinyddion mawr y byd megis Hans Richter, Herbert von Karajan a Leonard Bernstein, pob un ohonynt yn enwau cyfarwydd iawn i bob cerddor. Breuddwydiais lawer tro am gael arwain ar y llwyfannau yma cyn deffro i realiti bywyd a rhoi heibio'r fath uchelgais yn fuan iawn. Dim ond cerddorion 'go iawn' oedd yn cael y fath anrhydedd yn eu bywydau. Siŵr o fod!

Traddodiad a ddaeth yn gyfarwydd iawn i mi yn y coleg oedd y *lunchtime concerts* mewn eglwysi o gwmpas canol y ddinas. Cyngherddau siambr oedd y rhan helaeth ohonynt gyda dim llawer mwy na chwe cherddor yn perfformio ar y tro. Rhyfeddod mwyaf y digwyddiadau yma i mi oedd y ffaith mai pobl ar egwyl dros ginio oedd y gynulleidfa a'r rheiny yn bwyta cynnyrch eu bocs bwyd wrth wrando a gwerthfawrogi'r achlysur. Roedd safon y perfformiadau yn eithriadol o uchel gan mai cerddorion proffesiynol oedd y rhan fwyaf o'r cyfranwyr, ac roedd hynny ynddo'i hun yn destun rhyfeddod a phleser amhrisiadwy i mi yn bersonol. Mynychais lawer o'r cyngherddau yma gan werthfawrogi a dysgu llawer am fath gwahanol o gerddoriaeth i amrywiaeth eang iawn o offerynnau.

Ar ddiwedd un wers biano cyhoeddodd Brian

Trueman y byddai'n rhoi datganiad ar y piano mewn eglwys rywle o gwmpas theatr yr Old Vic ger Waterloo. Dywedodd y buasai'n syniad da i nifer o'i ddisgyblion fynychu'r cyngerdd i wrando ar gerddoriaeth yr oeddem eisoes wedi ei hastudio. Ni fu i mi gyfathrebu gyda neb o fy nghyd-fyfyrwyr ond penderfynais y buaswn yn mynd i'r cyngerdd, rhag ofn pechu yn fwy na dim. Er mawr syndod i mi, nid oedd unrhyw un arall o'r coleg yn bresennol yn yr eglwys ar y prynhawn hwnnw, dim ond nifer o ddynion dosbarth canol mewn siwtiau streips du, a merched mewn dillad crand ag ambaréls crandiach. Er nad oedd neb yn syllu arnaf, roeddwn yn cael y teimlad fod pawb oedd yno yn ymwybodol o bresenoldeb y bachgen ifanc di-raen gyda gwallt hir a dillad blêr. Ar ddiwedd y cyngerdd daeth hyd yn oed mwy o syndod i ran y gynulleidfa pan gerddodd Brian Trueman yn syth tuag ataf am sgwrs ac i ysgwyd llaw a diolch i mi am ddod. Roedd yn brofiad pleserus a balch i mi er bod ychydig o embaras yn cuddio oddi tan y wên nerfus oedd ar fy ngwyneb. Ni fûm mewn cyngerdd gan Brian Trueman ar ôl hynny.

Arwr mawr arall i mi, oedd yn byw ac yn gweithio yn Llundain fel arweinydd Cerddorfa Symffoni Llundain, oedd André Previn. Daeth i amlygrwydd mawr ar raglen deledu y diddanwyr poblogaidd Morcambe and Wise rai blynyddoedd ynghynt. Un o fy mreuddwydion cyn cyrraedd Llundain oedd cael cyfle i'w weld yn arwain yr LSO yn fyw. Daeth y freuddwyd honno yn wir yn fuan iawn yn y flwyddyn, ond ni feddyliais erioed y buaswn yn cael y cyfle i'w gyfarfod a derbyn ychydig o hyfforddiant ganddo yn y coleg. Nid oedd André Previn yn un o athrawon y coleg nac yn aelod o'r staff ond fe ddaeth yno am gyfnod byr i hyfforddi a rhannu profiadau fel arweinydd proffesiynol. Anodd iawn i mi fel hogyn bach o Drefor oedd sefyll wrth ochr un o gerddorion enwocaf y cyfnod ym myd cerddoriaeth glasurol heb ryfeddu, syllu a gwerthfawrogi'r cyfan yr oeddwn yn ei brofi gyda cheg agored.

Roedd yn ŵr tawel a dymunol, ond ar yr un pryd yn llenwi'r stafell gyda'i bresenoldeb yn ei *polo neck* ddu a'r gwallt tywyll hir a thrwchus. Ar gychwyn yr hyfforddiant cafwyd llawer i gyngor ganddo ar sut i gynnal ymarferion ac arwain, a llawer ohonynt yn gwbl syml ac amlwg ar ôl iddo eu cyflwyno. Oherwydd ei ffordd unigryw o hyfforddi daeth yr hyn a ddywedwyd yn hynod bwysig a gwerthfawr i ddarpar arweinydd, er nad oeddwn yn ymwybodol o'r fath beth ar y pryd. Un cyngor a gafwyd oedd cofio sibrwd mewn ymarferion heb godi llais fel arweinydd, gan fod yn rhaid wedyn i'r cerddorion ganolbwyntio llawer mwy ar beth oedd angen ei wneud. Yn anffodus, sylweddolais mewn rhai blynyddoedd nad oedd hyn mor hawdd ag yr oedd yn swnio wrth ddelio gydag amaturiaid ac ieuenctid. Dywedodd fwy nag unwaith na ddylid arwain popeth, yn arbennig gyda darnau tawel ac araf, gan fod posib i'r arweinydd ar adegau fod yn fwy o hindrans nag o gymorth i'r gerddoriaeth. Dyma gyngor a fu o gymorth mawr i mi fel arweinydd.

Yn ystod yr wythnosau y bu yn y coleg cafwyd cyfle i gyfarfod cyfeillion iddo oedd yn gerddorion proffesiynol ac yn chwarae yn ei gerddorfa. Daeth cyfle i ymarfer ein sgiliau arwain prin wrth iddynt berfformio ar lwyfan y neuadd. Y dasg i ni fel myfyrwyr oedd ymarfer darn o gerddoriaeth oedd wedi ei baratoi gan yr arweinydd gyda chamgymeriadau wedi eu plannu yn bwrpasol ynddo. Roedd y dasg yn ddigon anodd ynddi'i hun ond roedd pethau yn saith gwaeth i mi gan fod angen cynnal yr ymarferion yn yr iaith fain, a hynny ymhell o fod yn un o fy nghryfderau ar unrhyw achlysur. Er hynny bu'r hen André yn gwbl gefnogol a llawn canmoliaeth i fy ymdrechion nerfus a dihyder. Dyma un o'r profiadau gorau a gefais yn y coleg, ac wrth edrych yn ôl mae'n rhaid dweud iddi fod yn fraint ac anrhydedd enfawr cael cyfarfod un o gerddorion mwyaf yr ugeinfed ganrif. Dyma'r fantais o ddewis astudio yn Llundain, ac i goroni'r cwbl mae gennyf record LP o

Gerddorfa Symffoni Llundain yn fy meddiant hyd heddiw gyda'r arweinydd wedi ei llofnodi'*To John, André Previn*'. Trysor yn wir!

Ac felly yn y Coleg Cerdd yn Llundain, dros gyfnod o bedair blynedd gyda cherddorion o safon ryngwladol a byd-enwog cefais y cyfle i astudio, dysgu a gwerthfawrogi'r pwnc yr oeddwn am geisio ei ddilyn fel gyrfa ar ôl mynd adra'n ôl i Gymru fach.

Trefor

Cefais fy ngeni a'm magu yn y pentref perffaith ar gyfer unrhyw blentyn, ond mae'n bur debyg fod pawb yn dweud rhywbeth tebyg am ei gynefin. Wedi ei leoli rhwng Pwllheli a Chaernarfon a'i amgylchynu gan fynyddoedd yr Eifl, Gyrn Ddu a Gyrn Goch yn ogystal â'r traethau hir a chlogwyn serth, roedd pentref Trefor mewn llecyn cysgodol braf. Nid pentref i basio drwyddo ar y ffordd fawr ydoedd ond lleoliad unigryw, diarffordd a thwt.

Roedd y pentrefwyr wedi eu bendithio â llwybrau difyr, a golygfeydd bendigedig o ben y mynyddoedd wrth edrych i lawr a draw tuag at ardaloedd Môn, Arfon a Llŷn. Gyda chaeau a choedwigoedd bychain, afon a dau draeth roedd mwy na digon i ddifyrru plant.

Heb amheuaeth, prif atyniad gweledol y pentref yn ddaearyddol wrth edrych arno o unrhyw gyfeiriad yw Chwarel yr Eifl, Chwarel Trefor, neu i unrhyw un a fagwyd yn Nhrefor ac ar lafar – 'Mynydd Gwaith'. Un rhan o dri mynydd yr Eifl yw Mynydd Gwaith a'i enw swyddogol yw Garnfor, er nad oes gennyf gof o glywed neb yn cyfeirio ato wrth yr enw hwnnw. Dyma hanfod genedigaeth y pentref fel yr ydym yn ei adnabod heddiw, gydag amryw o fythynnod bach, ffermydd, strydoedd a thai ddaeth yn gartrefi i drigolion newydd ardal yr Hendra. Yn 1856, wrth osod y garreg sylfaen yn y rhes dai gyntaf, cyhoeddwyd i'r pentrefwyr cynnar mai Trevor fuasai enw swyddogol eu pentref newydd, fel gwerthfawrogiad o waith Trevor Jones a oedd yn un o brif oruchwylwyr y chwarel. Er hynny ni chollodd yr enw gwreiddiol ei le, gan mai 'Ben Hendra' yw canolbwynt y pentref hyd heddiw.

Prif gynnyrch y chwarel oedd y 'sets' ar gyfer palmantu heolydd a strydoedd mewn trefi a dinasoedd mawr yn Lloegr a thu hwnt. Ciwbiau bychain wedi eu saernïo o'r graig ithfaen oedd y sets, a'r grefft o'u siapio yn flociau bach sgwâr gan y setswyr yn destun balchder i bawb yn y chwarel. Roedd ansawdd y graig o'r radd flaenaf a dyma a ysgrifennwyd amdani mewn adroddiad ar ddechrau'r 1900au: '... it is invaluable for street paving especially in places of heavy traffic, for bridges, cavalry barracks, stables and stable yards, and wherever firm footing is required for horses.' Nid rhyfedd felly fod y chwarel wedi tyfu i fod yn un o'r gweithfeydd sets mwyaf yn y byd.

Ganrif ar ôl agor y chwarel daeth masnach y sets i ben yn araf bach pan ddechreuwyd defnyddio tarmacadam i wynebu'r ffyrdd. Bu'n rhaid i'r chwarel newid cyfeiriad i gynhyrchu cerrig mân (*chippings*) ar gyfer y ffyrdd, cerrig beddau, cofgolofnau mawr a'r enwog *curling stones* ar gyfer y gêm Albanaidd a chwaraeir ar y rhew, ac sydd bellach yn rhan o'r Gemau Olympaidd. Hefyd, gyda chymaint o wastraff wrth drin y cerrig cafwyd llwch o ansawdd da i gynhyrchu miloedd o frics concrit ar gyfer adeiladu ar hyd a lled y wlad.

Wrth ochr Mynydd Gwaith a'r môr islaw mae'r Gorllwyn a thraeth hir y West End. Yn y llecyn yma y ganwyd y chwarel a hynny cyn meddwl am fentro gweithio'r mynydd yn ei gyfanrwydd. Trwy ddringo i fyny ochr ddwyreiniol traeth West End cawn ddilyn llwybr gwelltog i Ben Clogwyn uwchben y môr. Dyma lecyn poblogaidd i gerddwyr ac adar prin ac mae'n un o'r llwybrau cyhoeddus gyda'r golygfeydd gorau ar holl arfordir gogledd Cymru. Ar ochr arall y clogwyn wrth ymlwybro i lawr i lôn fferm y Morfa gwelir yr 'hopar' anferth o goncrit solat yn sefyll fel anghenfil mawr ar y Cei. Roedd y *conveyor* ffyddlon yn esgyn o'r llawr yn uchel i ben yr adeilad i fwydo cynnyrch y chwarel i'r llongau a ddeuai o bedwar ban byd. Y prif atyniad i mi oedd y cei o bren caled tew oedd yn ymlwybro allan i gyfeiriad y gogledd ar gyfer llwytho dwy long yr un pryd, pan oedd y chwarel yn ei hanterth. Dyma le ardderchog i'r hogia 'sgota a neidio i'r dŵr dwfn, er nad oedd neb i fod i sefyll ar y Cei heb awdurdod. Roedd y demtasiwn yn llawer gormod i'r Treforians ifanc a'r posibilrwydd o gael eich dal gan y 'watchman' yn ychwanegu at yr antur.

Yr ochr arall i'r Cei roedd Lan Môr a Doc Bach – dyma fyd llawn bwrlwm, lliw a physgotwyr diwyd, yn arbennig yn ystod misoedd yr haf. Roedd yn draeth bach prysur llawn hwyl a sbri ar dywydd braf, gyda'r cychod bach amryliw ar y mwrings a'u trwynau i gyd yn anelu allan tuag at Fae Caernarfon. Roedd pob cwch yn ysu i gychwyn ar fordaith i bysgota mecryll, cimychiaid a chrancod di-ri. Roedd 'sgota yn boblogaidd iawn ymhlith llawer o'r chwarelwyr ar ddiwedd diwrnod o waith, ac yn ffordd o ennill ceiniog neu ddwy yn ychwanegol wrth werthu eu cynnyrch drewllyd a blasus. Bellach mae'n anghyfreithlon i werthu mecryll ar y traeth ac o gwmpas pentrefi'r ardal mewn hen goets babi neu dryc. Dyma draddodiad sydd wedi ei golli i fywyd yr oes fodern amherffaith yr ydym yn byw ynddi heddiw.

Ar y traeth cysgodol roedd tywod melyn, glân yn arwain i'r dŵr llonydd oedd yn atyniad enfawr i olchi traed, chwarae gemau pêl a dysgu nofio i holl blant y pentref. Roedd mwy nag un morglawdd yn gwarchod y Cei a'r rheiny yn hynod boblogaidd gyda'r hogia ar gyfer dal crancod a physgod bach. Treuliwn oriau difyr a phleserus yn ystod gwyliau'r haf bob blwyddyn ar y Wal Bach yn poeni dim am amser na phroblemau'r byd.

Morglawdd arall hynod boblogaidd ond llawer iawn yn fwy peryglus ac anghysbell ar waelod Clogwyn Morfa oedd y 'Breakwater', ond i ni'r hogia dyma'r 'Brêc'. Gan ei fod wedi glynu yn y graig fe'i hamgylchynid gan ddŵr dwfn (oddeutu 6–7 troedfedd!) pan fyddai'r llanw i mewn a dim llwybr hwylus i'w gyrraedd. Rhaid oedd dringo i lawr y graig serth gyda llawer o ddewrder, ychydig o brofiad a fawr ddim cymorth. Er mwyn profi eich bod yn 'Dreforian' go iawn, rhaid oedd dangos digon o 'gyts' a mentro i lawr. Nid oedd lle i gachgwn 'sgota ar y Brêc.

Yn bedair ar ddeg oed bu bron i mi â cholli fy mywyd o dan amgylchiadau brawychus a thrychinebus. Prynhawn Sul gwyntog a diflas yn y gwanwyn oedd hi a finnau a 'mrawd bach Robat, oedd dair blynedd yn iau na fi, wedi mentro am dro i lawr Lôn Morfa tuag at y Lan Môr. Roedd hynny yn arferiad rheolaidd gennym ar ôl mynychu'r ysgol Sul wythnosol yng Nghapel Gosen.

Un fantais o gael brawd bach oedd y cyfle i ymffrostio fel brawd mawr am yr hyn yr oeddwn wedi ei wneud a'r llefydd cynhyrfus yr oeddwn wedi eu darganfod. Wrth gerdded i lawr tuag at y clogwyn, gofynnodd Robat, "Yn fama ma Brêc, ia?" a manteisiais innau ar y cyfle i ddangos y lle, a phrofi fy newrder unwaith ac am byth. Wrth gychwyn i fyny'r llethr daeth Ifan drws nesa, ei dad a Pwt y ci tuag atom. Gofynnwyd i ble roeddem yn mynd a chefais rybudd pendant gan Yncyl Robin nad oeddem i fentro lawr i'r Brêc a Robat mor fach.

Ar ôl cyrraedd y top a gwerthfawrogi'r olygfa ar hyd y môr gyda'r tonnau yn wyllt ac anferth yng ngwynt y gwanwyn, fe sylwais fod Ifan wedi gadael tennyn y ci ar y Brêc. Penderfynais fod hwn yn gyfle gwych i brofi ac ymffrostio pa mor ddewr oeddwn. Mentrais i lawr y graig yn araf gan rybuddio Rob i aros a pheidio symud o'r unfan. Fel yr oeddwn yn nesáu at ganol y clogwyn ac yn edrych i fyny i gadw un llygad ar fy mrawd bach yn hytrach na chanolbwyntio ar y ddringfa, collais fy ngafael ar y graig. Llithrais i lawr yn gwbl ddisymwth i'r dŵr dwfn ac o dan y tonnau troellog a ffyrnig. Yr eiliad honno teimlais fod fy mywyd ar ben gan nad oeddwn erioed wedi dysgu nofio'n iawn. Ni allaf gredu hyd heddiw pa mor lwcus y bûm yn yr eiliadau hynny pan benderfynodd y môr (neu rywun arall!) nad dyma'r diwedd i John Glyn. Cefais fy nhaflu yn ôl ar y llethr ddwywaith cyn bod yn ddigon lwcus i fachu tamaid o'r graig gyda fy nwylo ac arbed llithro am y tro olaf o dan y dŵr. Ar ôl agor fy llygaid a heb edrych i lawr, teimlais damaid o'r graig gyda fy nhroed yn grynedig a rhoi pwysau fy nghorff i gyd arni. Edrychais i fyny i ben y clogwyn ac yno yr oedd Rob, bellach yn crio ac yn gweiddi mewn sioc. Ni fentrais edrych i lawr gan fy mod yn gwybod yn iawn beth oedd yn fy nisgwyl, ond gyda chongl fy llygad dde gallwn weld llawr saff y Brêc yn cynnig achubiaeth. Ar ôl peth amser, mentrais neidio oddi ar y graig ac i'r dde a glanio ar y llawr concrit cadarn fel sach o datws heb geisio arbed fy hun. Roedd cam cyntaf y 'great escape' wedi ei gyflawni gydag un esgid yn brin, a hynny yn peri poen meddwl mawr i mi wrth glandro sut yr oeddwn yn mynd i esbonio colli'r esgid i Mam. Mater arall oedd y ffaith i mi bron â cholli fy mywyd rai munudau ynghynt. Nid oes angen cofnodi fy mod wedi dringo i fyny'n ddianaf ac wedi cyrraedd adra'n saff ar ôl y profiad dychrynllyd a hunllefus. Bûm yn dioddef o ddiffyg cwsg am wythnosau lawer a hunllefau erchyll am fisoedd. Be allai fod wedi digwydd, be fuasai wedi digwydd i Rob yng nghanol ei fraw? Yn wir, gallaf dystio nad yw'r profiad erioed wedi diflannu yn llwyr o 'nghof a'i fod yn dal i chwarae ar fy meddwl o dro i dro. Mae gen i ddyled fawr iawn i bwy bynnag oedd yn fy ngwarchod uwchben Clogwyn Morfa y diwrnod hwnnw.

Yn anffodus ac o ganlyniad i'r profiad hwn, ni lwyddais i ddysgu nofio erioed. Er i mi geisio fy ngorau a derbyn llawer gwers gan sawl un, ofer fu'r ymdrechion i feistroli rhywbeth oedd yn gwbl naturiol i ran helaeth o hogia'r pentref. Ni fu dŵr a finnau erioed yn gyfeillion agos, ac ni allaf hyd heddiw ddweud fy mod yn mwynhau cawod wrth ymolchi hyd yn oed.

Ar hyd y blynyddoedd mae llawer wedi fy holi ble yn union mae Trefor. Rwy'n siŵr y bydd llawer o'r darllenwyr hefyd wedi cael yr un cwestiwn. Gan ei fod oddi ar y ffordd fawr hawdd iawn fuasai iddo gael ei anwybyddu gan ei fod yn eithaf cuddiedig. Fel y dywedodd T. H. Parry-Williams yn ei soned 'Llyn y Gadair', 'Ni wêl y teithiwr talog mono bron'. Er hynny gall y pentref hawlio ei le yn Llŷn, Eifionydd neu Arfon. Cafwyd un ateb perffaith rai blynyddoedd yn ôl. "Ymhle mae Trefor?" oedd y cwestiwn, a daeth yr ateb yn gwbl bendant: "Yn Nhrefor ma Trefor, a dyna fo!"

Yn ystod fy mhlentyndod roedd Trefor wedi datblygu'n bentref mawr, yn ddaearyddol ac o ran poblogaeth. Roedd yno ysgol, capeli ac eglwys fel sawl pentref arall, ond hefyd roedd busnesau amrywiol megis siop sgidiau, siop tsips, post a banc, a'r enwog Stôr. Dyma'r siop a sefydlwyd fel Cymdeithas Gydweithredol yr Eifl ar y cychwyn gyda changhennau yng Nghlynnog, Llanaelhaearn a Llithfaen. Yn ddiweddarach gwerthwyd y cwbl i gwmni'r CWS o Fanceinion. Daeth y cwmni yma yn gyfarwydd iawn i mi yn fy arddegau wrth ddilyn band pres enwog y CWS Manchester. Hon oedd yr archfarchnad gyntaf i mi ei gweld erioed gan fod iddi adrannau gwerthu bwyd, cig a dillad, yn ogystal â becws ac iard lo yn y cefn.

Hefyd roedd cwmni bysiau Clynnog & Trevor yn destun balchder mawr i bob un ohonom, ac er bod enw dau bentref ar y cwmni, ni oedd piau'r 'Moto Coch'. Yn wir, 'Moto Ni' roedd llawer un yn ei alw, gan gynnwys fy rhieni a 'nheulu. Ni oedd perchnogion y 'Rhyt' hefyd, a dyma'r neuadd bentref lle treuliais oriau difyr iawn yn yr 'Youth' fel y'i gelwid, yn chwarae dartiau a chardiau a cheisio creu argraff ar y genod mewn sgwrs. Roedd hefyd ddau fwrdd ar gyfer chwarae biliards a snwcer. Braf fyddai mwynhau smôc a gêm yng nghwmni'r dynion a'r hogia mawr.

Gan fod rhan helaeth o ddynion Trefor yn gweithio yn y Gwaith ac o gwmpas yr ardal, hawdd oedd cadw'r ysbryd cymdeithasol yn fyw. Roedd bywyd y capeli yn gryf a llewyrchus gyda'r gweinidogion yn bugeilio, a gweithgareddau megis y seiat, Band o' Hôp a chyfarfodydd cymdeithasol yn boblogaidd iawn ymhob eglwys. Nid oedd hynny ddim gwahanol i unrhyw bentref arall wrth gwrs, a gwych o beth oedd hynny i feithrin a chynnal diwylliant y gymdeithas.

Roedd yr Eisteddfod Gŵyl Dewi yn denu cystadleuwyr o bell ac agos gyda beirniaid o safon yn dyfarnu'r cystadlaethau. Rhaid oedd rhannu'r fraint o gynnal yr Eisteddfod bob yn ail flwyddyn rhwng y ddau gapel mwyaf, sef Capel Gosen (Methodistiaid) a Chapel Maesyneuadd (Annibynwyr), yn union fel yr Eisteddfod Genedlaethol yn symud o'r de i'r gogledd. Yn flynyddol ceid carnifal a sioe flodau a chefnogaeth enfawr i'r ddau ddigwyddiad. Ond yn bennaf oll i mi, ac yn bwysicach na dim byd arall, y band oedd yn goron ar yr Hendra ac yn gwneud Trefor y pentref gorau ar wyneb daear.

Sefydlwyd Band Trefor yn 1863, gwta saith mlynedd ar ôl gosod y garreg sylfaen o dan y tŷ cyntaf yn y rhes dai gyntaf. Am dros gant a hanner o flynyddoedd cariodd yr hen fand enw'r pentref gyda balchder a chefnogaeth y pentrefwyr.

Ers rhai blynyddoedd cyn fy ngeni roedd gweithwyr eisoes wedi dechrau troi cefn ar y chwarel i chwilio am waith mewn ardaloedd cyfagos. Daeth hynny yn rheidrwydd i lawer mwy ohonynt ar ôl cau'r chwarel yn gyfan gwbl yn 1971. Ac felly y flwyddyn honno, yn fachgen tair ar ddeg oed roeddwn yn byw mewn cyfnod newydd a newid mawr ym mywyd ein pentref, er nad oeddwn yn llawn sylweddoli hynny ar y pryd.

Yn lwcus iawn roedd rhan helaeth o fy nheulu o'r ddwy ochr yn byw yn Nhrefor. O ganlyniad roedd llawer i 'stesion' ar gael pan oeddwn yn blentyn wrth chwarae allan ac mewn argyfwng megis toiled sydyn, diod oer neu damaid i aros pryd. Roedd bron pob drws cefn a ffrynt yn y pentref yn agored, a hawdd oedd cerdded i mewn yn gwbl ddiwahoddiad trwy weiddi 'helô!' Roedd croeso cartrefol ar bob aelwyd a theimlad o berthynas agos, a phwysigrwydd teulu a ffrindiau yn gysur mawr. Do, cefais fagwraeth freintiedig a llawn o ran diwylliant a chymdeithas er nad oedd cyfoeth ariannol yn rhan o hynny. Dois yn ymwybodol ymhen blynyddoedd fod llawer i bentref arall yr un mor hen ffasiwn a Chymreig â Trefor ac mai felly yr oedd hi, mae'n debyg, ar hyd a lled Cymru pan oeddwn yn blentyn.

Teulu 'Gosan Teras'

John Robert Jones a'i briod Mary Jones oedd fy hen daid a nain ar ochr Mam. Ganwyd John R. yn ardal Llanfairfechan yn 1863, a daeth yn chwarelwr gweithgar, yn grefftwr, a gwneuthurwr sets o safon yn chwarel Penmaenmawr. Dyna, mae'n bur debyg, sut y cafodd ei ddenu fel llawer un arall i Drefor yn hogyn ifanc i hyfforddi mwy o chwarelwyr newydd yn ardal yr Eifl. Roedd yn ŵr gweddol dal o ran maint ac yn gerddor gwych, yn hoff o ganu, chwarae'r organ yn y capel a hyd yn oed wedi cyfansoddi ambell i emyn-dôn ac alaw. Er bod ganddo ddawn gerddorol arbennig roedd ei ddawn beirianyddol hyd yn oed yn fwy, gydag enghraifft anhygoel o'i waith yn dal gennyf yn fy nghartref hyd heddiw. Model o long a fuasai wedi docio yn Nhrefor i godi'r cynnyrch o'r chwarel yw hon, wedi ei cherfio o bren derw ac yn mesur oddeutu tair troedfedd o led a dwy droedfedd o uchder. Yr hyn sydd yn rhyfeddol amdani yw'r ffaith ei bod wedi hwylio, gyda'r stêm yn cael ei gynhyrchu oddi fewn iddi er mwyn ei gyrru, hwylio a chodi'r angor. Defnyddiwyd rhannau o hen ddodrefn a chelfi cyffredin i adeiladu'r campwaith, gyda manylder anhygoel i'r holl beth. Bu hon yn hwylio ganddo ar y môr ar draeth Trefor flynyddoedd yn ôl, a phlant y pentref yn dotio wrth weld y fath ryfeddod.

Un arall o'i ddyfeisiadau oedd megin wynt yn chwythu ei hun, gyda phwmp a stêm. Bu wrthi'n ddiwyd am flynyddoedd yn adeiladu a chreu'r gwahanol drugareddau mecanyddol ar gyfer eu defnyddio yn ei gartref. Pan ddaeth radio i'r aelwyd ychydig cyn ei farwolaeth proffwydodd y buasai posib gweld lluniau'r bobl oedd yn siarad oddi fewn i'r bocs yn y dyfodol. "Peidiwch â siarad yn wirion, ddyn," oedd ymateb ei briod. Dyn o flaen ei amser oedd fy hen daid, ond yn anffodus ni etifeddodd yr un o'i blant ei ddawn beirianyddol na'i allu i greu rhyfeddodau technolegol. Bu farw ar 10 Chwefror 1939 yn 76 mlwydd oed.

Ganwyd Mary Jones ei wraig yn 1869 yn ardal Dinorwig, gyda cherddoriaeth yn chwarae rhan bwysig a blaenllaw iawn yn ei theulu hithau. Roeddynt yn gantorion a chyfeilyddion mewn capeli ac yn 'fandars' amlwg iawn yn yr ardal honno. Priododd y ddau yn 1893 a symud i Drefor i ymgartrefu yn 6 Gosen Terrace a magu pedwar o blant. Bu'r ddau yn aelodau ffyddlon o Gapel Gosen yn y pentref trwy gydol eu hoes. Bu farw Mary ar 17 Chwefror 1948 yn 78 mlwydd oed, naw mlynedd union ar ôl colli ei gŵr.

Ganwyd eu plentyn cyntaf, Robert John Jones, yn 1895, a dyma fy nhaid a gâi ei adnabod gan bawb fel Bobbie Jôs. Ymhen y flwyddyn ganwyd iddynt ail fab, Llywelyn Jones, a fu farw yn ddyn ifanc tri deg ac un mlwydd oed ac a gladdwyd ym mynwent y plwyf yn Llanaelhaearn gyda'i rieni. Ganwyd eu trydydd plentyn, Evan John, yn 1899, ac yna'r unig ferch, Annie Mary (Nan Nan), yn 1904.

Bobbie Jôs oedd tad Mam, yn chwarelwr a gwneuthurwr sets fel ei dad yntau, yn ŵr tawel, tal a thrwsiadus bob amser gyda phibell yn ei geg a'i het ar ei ben. Cafodd brofedigaeth greulon iawn yn 1924 gan iddo golli ei wraig, Mary Jane Jones (Nain), yn 37 oed. Daeth hynny gwta dair blynedd ar ôl priodi a llai na dwy flynedd ar ôl geni eu merch fach, Jennie. Bu hynny yn ergyd enfawr i Taid ac yntau heb yr un dewis ond dychwelyd i weithio yn y chwarel i ennill ei fara menyn. Dim ond pedair blynedd cyn geni Mam y daeth ei thad adra o'r Rhyfel Byd Cyntaf yn llawn gobaith am fywyd heddychlon a gwell. Treuliodd amser mewn gwledydd tramor megis yr Aifft fel milwr ifanc, a dioddef o'r salwch malaria yn sgil hynny. Er mwyn hwyluso pethau iddo ar ôl ei brofedigaeth magwyd ei ferch fach gan ei chwaer, Annie Mary, yng nghartref y teulu yn Gosan Teras.

Brawd Taid oedd Evan John Jones (Yncyl Ifan), gŵr tawel, cymwynaswr a dyn Cristnogol iawn. Roedd yn byw gyda'i wraig Anti Katie yn 34 Croeshigol Terrace, yr un stryd â chartref cyntaf 'Nhad a Mam a ninnau fel hogia. Byddwn wrth fy modd yng nghwmni Yncyl Ifan pan fyddai'n garddio a chlirio yng nghefn y tŷ, gan ei fod yn gymeriad hoffus gyda llwyth o straeon difyr. Roedd digon o amser ac amynedd ganddo, a hynny yn ei dro'n creu cyfeillgarwch ac yn ei wneud yn dipyn o arwr i mi yn hogyn bach. Nid oedd ganddynt blant eu hunain ond roedd greddf i fod yn rhieni da yn gwbl amlwg ganddynt. Mae'n bur debyg mai Yncyl Ifan oedd y ffrind cyntaf a gefais erioed ond yn anffodus, daeth y cwbl i ben yn sydyn a dirybudd. Nos Iau, 3 Mawrth 1966 cafwyd newyddion brawychus pan ddaeth dau o flaenoriaid Capel Gosen i ddrws ein cartref. Safodd y ddau ar yr aelwyd i gyhoeddi yn dawel, "Mae arnon ni ofn fod yr hen Evan wedi'n gadael ni heno yn y festri." Bu farw yn sydyn o drawiad ar y galon wrth gyfeilio i'r emyn-dôn olaf yn y seiat. Bellach roeddwn yn wyth oed ac yn deall yn iawn beth oedd newydd gael ei gyhoeddi. Bu'n sioc enfawr ac yn ergyd drom i Mam a Dad, ond hefyd yn brofiad hegar iawn i ni fel hogia gan iddo fod yn ewythr uchel iawn ei barch gennym fel brodyr. Ni fu'r brofedigaeth gyntaf yma yn hawdd i mi ac yn sicr mae'n un na allaf byth ei hanghofio.

Yn ddiweddarach cyhoeddodd y prydydd lleol Wil Parsal benillion i gofio am Yncyl Ifan a'i farwolaeth sydyn:

ROEDD SEIAT AR NOS IAU

'Roedd Seiat yn y festri ar nos Iau
A'r hen ffyddloniaid yno'n frwd eu dawn
Yn sôn am ddrws tangnefedd heb ei gau
A'r Drefn i faddau pechod yn yr Iawn,
Ac Evan John oedd yno'n tynnu mêl

O'r organ fach fel yn y dyddiau gynt –
Hen gyfaill i'r gyfeillach gyda'i sêl
Ar sylfaen gref y 'Gŵr ar ddieithr hynt';
Ac yntau'n ledio'r gân am groes a chraith
Daeth galwad o'r Dirgelwch draw
A'i gyrchu ef i'r tragwyddoldeb maith
Cyn sibrwd ffarwél, a heb wasgu llaw
Ciliodd yn ddistaw fud yn llaw yr Iôr
A chadair wag sydd heno yn y côr.

Cynyddodd cyfrifoldebau Annie Mary yn fawr ar ôl
iddi gytuno i fabwysiadu Mam yn answyddogol gan fod
eisoes gyfrifoldeb a gofal am ei rhieni oedrannus yn pwyso
arni yn y cartref. Er hynny, daeth ei doniau fel cantores
soprano o safon uchel yn bur amlwg yn fuan yn ei bywyd
a datblygodd i fod yn berchen llais arbennig iawn. Daeth
perfformio ar lwyfannau'r ardal yn brofiad cwbl naturiol
a rheolaidd iddi gan ddod yn ffrind da i neb llai na David
Lloyd, y tenor byd-enwog, a llawer o gantorion enwog
eraill y dydd. Enillodd lawer o wobrau yn canu'r unawdau
mawr ac arias o'r oratorios clasurol mewn eisteddfodau
ymhell ac agos. Daeth cyngherddau yn rhan o fyw iddi,
rhwng yr ymarferion a'r gwersi, a hynny yng nghanol ei
phrysurdeb dyddiol ar yr aelwyd gartref. Hyd heddiw
byddaf yn meddwl tybed be allai fod wedi dod ohoni o
dan amgylchiadau gwahanol i'r hyn y bu rhaid iddi eu
hwynebu yn ferch ifanc. Mae gennyf le mawr i ddiolch i
'Nan Nan' am yr ymdrech a'r aberth a wnaeth i fagu Mam,
a bu'n wraig bwysig iawn ac uchel ei pharch i ni fel hogia
trwy gydol ei hoes. Nan Nan oedd ein Nain ni, ac felly y
bydd y tri ohonom yn ei chofio. Am gyfnod byr bu'n briod,
ond yn anffodus tristwch a siom ddaeth i'w rhan gan i'r
bywyd hwnnw chwalu o dan amgylchiadau anodd. Bu
iddi fyw gweddill ei bywyd yn ymddiddori mewn darllen,
canu, cerddoriaeth a choginio, a gwirioni ac ymfalchïo
ymhob dim a wnâi hogia Jennie.

Nid oes amheuaeth nad oedd diddordeb a dawn gerddorol amlwg iawn gan yr ochr yma o'r teulu, a gallaf ddatgan gyda balchder fod cysylltiad agos iawn ganddynt gyda Band Deiniolen. Mae'n bur debyg iddynt fel teulu fod wedi bod yn rhan amlwg iawn o ddiwylliant yr ardal yma am flynyddoedd a hynny yn y capeli, y corau a'r band. Un ohonynt y cefais y fraint o'i gyfarfod pan oeddwn yn blentyn oedd Bob Rowlands (Yncyl Bob!) o Ddeiniolen a oedd yn gefnder i Taid. Bu'n chwaraewr iwffoniwm medrus ym mand y pentref hwnnw yn ei ddydd. Cofiaf iddo fod yn hynod o falch o ddeall fy mod yn dysgu chwarae'r corn, er yn ei olwg ef yn y band anghywir wrth gwrs.

Teulu 'Eifl Rôd'

Owen Jones o ardal Llaneilian, Conwy oedd fy hen daid ar ochr fy nhad, a symudodd i Drefor gyda'i briod Grace Jones o ardal Caerhun, Dyffryn Conwy ar ôl cyfnod yn byw yn Ro-wen. Unwaith eto, daeth y teulu yma i ymgartrefu yn Nhrefor fel llawer teulu arall o ganol y 1840au oherwydd y galw mawr am 'chwarelwyr profiadol' fel hyfforddwyr. Pan gyrhaeddodd y ddau i fyw dan gysgod yr Eifl roeddynt eisoes yn rhieni i chwech o hogia, a Taid oedd yr unig un a anwyd yn Nhrefor, yn 1877, a'i fedyddio yn David Owen Jones. Cariodd y saith brawd enw eu tad, 'Owen', er mwyn sicrhau parhad a choffâd saff i'r penteulu, mae'n debyg. Pan anwyd Taid roedd ei rieni eisoes dros ddeugain oed a'i frawd hynaf, William Owen, yn 21. Roedd hynny i mi yn brawf perffaith o briodas hamddenol, brysur a llewyrchus iawn i'r hen Owen a Grace Jones.

Ac felly, ganwyd a magwyd David Owen Jones yn Nhrefor gan dderbyn ei addysg yn ysgol y pentref o dan ofal yr ail ysgolfeistr, Mr B.O. Jones, neu 'Rhen Sgŵl fel y'i gelwid gan lawer. Dyn blin, cas a chreulon oedd hwnnw yn ôl pob sôn ac un na fuasai byth yn dal swydd ddysgu yn ein hysgolion heddiw, ond stori arall ydi honno. Ar ddiwedd ei gyfnod o addysg aeth Taid i weithio i'r chwarel gan ddilyn ei dad a'i frodyr fel gwneuthurwr sets.

Yn fuan iawn daeth yn ddyn prysur a phwysig trwy ddod yn ysgrifennydd Undeb y Gweithwyr ac yn un o sylfaenwyr cangen y Blaid Lafur yn y Gwaith Mawr. Daeth ei ddoniau a'i awydd i wasanaethu ei bobl a'i gymuned i'r wyneb pan ddaeth yn gynghorydd ar Gyngor Dosbarth Llŷn, ac yn gadeirydd y cyngor hwnnw am gyfnod. Daeth yn llywodraethwr yn ei hen ysgol ac yn flaenor yng Nghapel Gosen. Bu hefyd yn gwasanaethu fel ynad heddwch am flynyddoedd mewn cyfnod o dlodi mawr yn y tridegau. Lawer tro clywais 'Nhad yn sôn fel y byddai pentrefwyr yn galw yn y cartref pan oedd yn blentyn i dderbyn cyngor neu gymorth ei dad i lenwi ambell ffurflen gymhleth a honno yn uniaith Saesneg, mae'n bur debyg!

Yn ystod Eisteddfod Genedlaethol Caernarfon yn 1894, a mudiad Cymru Fydd yn ei anterth dan arweinyddiaeth David Lloyd George a Herbert Lewis, y daeth Taid i'r amlwg fel gwleidydd am y tro cyntaf. Yn fachgen ifanc dwy ar bymtheg oed cafodd ei hun yng nghanol torf ar y Maes yn y dref yn barod i groesawu ei arwr mawr. Roedd tân yn ei fol a gweledigaeth yn ei galon fel llawer un arall y diwrnod hwnnw. Yn anffodus o fewn dwy flynedd nid oedd Cymru Fydd yn bod, a rhaid fu iddo newid ei gyfeiriad gwleidyddol a chanolbwyntio ar gyfiawnder i'w gyd-weithwyr yn y chwarel.

Teimlad braf bob amser i mi wrth yrru i lawr y Lôn Newydd o gyfeiriad Caernarfon i Drefor yw'r ffaith mai Taid oedd un o'r bobl a sicrhaodd fodolaeth y ffordd newydd honno yn 1936. Ar ôl bron i chwe deg o flynyddoedd o frwydro gan drigolion yr Hendra daeth hyn â gwaith i lawer mewn cyfnod o ddirwasgiad enfawr. Penodwyd Taid i gario'r gwaith ymlaen ar ran y Cyngor fel y Clerk of Works ar y prosiect mawr. Mae'n amlwg iawn mai 'dyn y bobl' oedd o, a sosialydd gyda gweledigaeth a barn bendant yng nghanol meddylfryd gwleidyddol bywiog ac egwyddorol y cyfnod. Tybed be fuasai ei ddaliadau heddiw?

Disgrifiwyd ef yn yr *Herald* mewn adroddiad yn dilyn ei farwolaeth yn 1952 fel 'gŵr uchel ei barch gan bawb a phob amser yn barod ei gymwynas. Doeth fyddai ei gyngor a gellid dibynnu arno ef i wneud ei ran beth bynnag fo'r amgylchiad. Cymerodd ran amlwg iawn i gael y ffordd newydd o'r briffordd i'r pentref.'

Yn yr un modd eto y daeth teulu fy hen nain i'r ardal fel chwarelwyr profiadol. Brodor o Lanfairfechan oedd ei thad, John Abram, a briododd gyda Catherine Roberts o Lanllechid yn 1862. Ar ôl geni amryw o blant iddynt fe anwyd Nain, Mary Jones, yn 1879. Gwraig dawel a charedig oedd Nain yn ôl pob sôn, ac un a fu'n ffyddlon iawn i'w gŵr a fu'n dilyn bywyd cyhoeddus a phrysur am flynyddoedd lawer. Gallaf dystio o brofiad nad gorchwyl hawdd i unrhyw wraig a mam yw rhannu gŵr a thad gyda chymdeithas a phobl ddieithr yn barhaus dros gyfnod hir.

Deallais gan aelodau hŷn o'r teulu, gan gynnwys Dad a'i chwiorydd, iddi hanu o dras y 'Sipsi Cymreig', ac os yw hynny yn wir gallaf ymfalchïo o gael gwreiddiau a chysylltiad gyda'r criw unigryw yma. Roedd Nain yn daer ei bod yn perthyn o bell i'r enwog Abram Wood ei hun. Fe all peth o'r dystiolaeth fod yn y goeden deulu gyda'r enw Abram yn hynod gyffredin yn y goeden honno. Yn wir, bedyddiwyd fy hen daid a fy hen hen daid yn John Abram Jones ac roedd llawer o'u meibion hefyd yn cario'r enw Abram neu Abraham.

Priododd Nain a Taid yn 1901, er nad oedd teulu'r priodfab yn gwbl gyfforddus gyda'r penderfyniad am resymau amlwg. Ganwyd iddynt chwech o blant gyda'r hynaf, Anti Catrin, yn mynd i fyw i Langybi ar fferm gyda'i gŵr, Yncyl Gruffudd, a dau o feibion, Emrys a Dan Evans. Aeth Anti Gert (Gertrude) i fyw a nyrsio yn Ysbyty Broadgreen, Lerpwl gyda'i gŵr, Yncyl Walter, a'u plant, Mary a David Jennings. Yn Sea View, Trefor yr oedd Yncyl John, brawd mawr Dad, a'i wraig Anti Elsie yn byw gyda'u merch, Brenda. Roedd ei chwaer, Anti Grace, a'i gŵr, Yncyl Elis, yn byw yng nghartref y teulu yn 2 Eifl Road gyda'u merch, Margaret. Bu farw Megan chwaer ieuengaf fy nhad yn ferch ifanc 21 oed yn dilyn salwch y TB a hynny yn ergyd fawr i'r teulu oll. Babi'r teulu oedd Dad a fedyddiwyd yn Owen Jones (ys gwn i pam?), ond fel 'Owie' yr oedd pawb yn y pentref yn ei adnabod ar hyd ei oes. Fe'i ganwyd yn y tŷ olaf ar waelod Eifl Road wrth deithio o ganol y pentref i lawr tuag at swyddfeydd y chwarel.

Bu farw Taid 'Eifl Rôd' ar Ddydd Gŵyl Dewi 1952 ac o fewn y flwyddyn bu farw ei wraig hefyd. Yn anffodus ni chefais y fraint o gyfarfod nac adnabod yr un ohonynt, ond diolch am yr holl straeon ac am atgofion pobl eraill sydd wedi eu cadw'n fyw yn fy meddwl.

Unwaith eto, fel plant y peiriannydd John R., 'Gosan Teras', ni etifeddodd yr un o blant y Cynghorydd David Owen Jones ei ddawn a'i weledigaeth wleidyddol na'i awydd i wasanaethu ei ardal yn yr un modd.

Brenda a Margaret oedd y ddwy gyfnither oedd gennym yn byw yn Nhrefor. Roeddynt rai blynyddoedd yn hŷn na ni, ac eisoes yn gweithio yn llawn amser. Yn gwbl naturiol dois yn agos iawn atynt a'u trin fel dwy 'chwaer fawr'. Roedd y Nadolig yn gyfnod o haelioni mawr gydag anrhegion gwerthfawr yn ein cyrraedd – roeddem yn cael ein sbwylio yn rhacs. Byddai'r ddwy yn treulio gwyliau dramor bob haf a disgwyl mawr yn tŷ ni am y cardiau post gyda'r lluniau hudolus. Deuai anrhegion gwahanol a chyffrous nad oeddynt ar gael i neb arall yng Nghymru fach, yn ein meddwl ni.

Bu'r ddwy yn aelodau o Fand Trefor am gyfnod yn y pumdegau, gyda Brenda yn ymfalchïo iddi fod yn un o'r merched cyntaf erioed i ddod yn aelod o'r band. Roedd diddordeb mawr mewn cerddoriaeth gan y ddwy gan iddynt hefyd ddod yn gyfeilyddion yng Nghapel Gosen, ac roeddynt yn hoff iawn o ganu'r piano ar bob achlysur. Pan ddaeth y cyfle i minnau ymaelodi â'r band fe ailgodwyd eu brwdfrydedd, gyda chyfeiliant parod i mi ar lawer i brynhawn Sul gan Margaret yn y parlwr yn nhŷ Anti Grace. Nid hawdd i ddysgwr bach oedd ceisio chwarae cerddoriaeth ac alawon allan o'r *Sound of Music* a chaneuon Cliff Richard, ond cafwyd llawer o hwyl yn trio. Bellach, roedd eu 'brawd bach' yn chwarae'r corn ym mand y pentref a hynny yn rhoi pleser mawr iddynt wrth geisio rhannu eu profiadau a chynnig cymorth a chefnogaeth werthfawr i blentyn brwdfrydig ac awyddus.

Ac felly, mae'n debyg mai yng nghartref y diweddar Gynghorydd David Owen Jones YH y bu i mi berfformio am y tro cyntaf erioed fel cerddor ac unawdydd. Trueni mawr nad oedd Taid Eifl Rôd yno i wrando, ac na chefais innau'r cyfle i gael sgwrs am ei wleidyddiaeth, ei ddaliadau a'i weledigaeth ar ddiwedd y cyngherddau bach yn y parlwr.

Dad a Mam

Ganwyd a magwyd Owie a Jennie Jones yn Nhrefor gan fynychu ysgol y pentref ar gyfer eu haddysg gynnar. Yn dilyn hynny cafodd y ddau waith yn y pentref a bu'r ddau yn aelodau ffyddlon o Gapel Gosen trwy gydol eu hoes.

Nid oedd yr un ohonynt yn gerddorol nac yn wleidyddol eu natur ond wedi dweud hynny, roedd Dad yn gefnogwr mawr i'r Blaid Lafur gyda Harold Wilson y Prif Weinidog yn arwr mawr iddo. Roedd cadw fyny gyda'r newyddion a materion cyfoes ar y BBC yn hynod bwysig, a chasáu'r 'Toris' yn ffordd o fyw. Ychydig iawn o ddiddordeb oedd ganddo mewn cerddoriaeth a'i wybodaeth am y pwnc yn llai fyth.

Ganwyd fy nhad ar 26 Mawrth 1916, yr olaf o chwech o blant, ac ar ôl ei ddyddiau ysgol aeth yn syth i'r chwarel i brentisio fel saer maen a meithrin crefft y daeth yn arbenigwr arni. Prif atyniad yr ysgol iddo oedd y gwersi garddio, fel y cefais fy atgoffa lawer tro wrth ei helpu i blannu tatws, moron, nionod a ffa pan oeddwn yn blentyn. Pleser mawr i Dad ac addysg rad i minnau oedd y garddio llafurus o ddechrau'r gwanwyn tan ddiwedd yr haf bob blwyddyn. Byddwn wrth fy modd yn palu, chwalu a phlannu'r holl lysiau a dysgu am y rhesi tatws a'r Growmore. Daeth Sharpe's Express, King Edward a'r Home Guard yn enwau cyfarwydd cyn dechrau ar y dyfrio a'r chwynnu diddiwedd.

Yn anffodus i 'Nhad a phawb arall ar ddiwedd y tridegau daeth cymylau duon dros Ewrop unwaith eto, caewyd y chwarel a chafodd y 'call-up i'r armi' fel pob hogyn ifanc arall yn y wlad. Daeth yn un o filwyr di-glem (yn ôl ei eiriau ei hun) y 'Quarry Battalion' a difyr iawn i ni fel plant oedd gwrando ar ei straeon am ei gyfnod yn yr 'armi'. Roedd y straeon yn ddifyrrach fyth gan ein bod yn adnabod llawer o'i gyd-filwyr o Drefor a oedd yr un mor ddi-glem ag yntau. Mae'n anodd credu fod criw o chwarelwyr o Drefor wedi glanio ar draethau gogledd Ffrainc oddeutu 1940 i weithio fel milwyr. Adeiladu ffyrdd, cloddiau a meysydd awyr bach mewn llefydd megis Boulogne ac Arras cyn yr ymladd mawr oedd prif bwrpas eu hymweliad.

Bu'r hogia hefyd yn gweithio am gyfnod ar adeiladu llain glanio i awyrennau ar Ynysoedd y Ffaro i fyny i'r gogledd o Ynysoedd Prydain. Yn ogystal â hynny buont i lawr yr holl ffordd i'r de ac ar y Clogwyni Gwynion ger Dover. Yno, wrth adeiladu twneli lloches i filwyr y gynnau mawr a oedd i'w tanio dros y Sianel (petai angen), y daeth un o'r straeon mwyaf doniol i ni yn blant. Wrth fynd am dro ar ben y Clogwyni Gwynion uchel daeth Dad ac un neu ddau arall ar draws rhyw fath o stepen fach o dir reit uwchben y clogwyn a digon o le i sefyll arni. Gan mai Dad oedd y byrraf penderfynwyd ei helpu i lawr i sefyll ar y stepen a dim ond ei ben yn y golwg uwchben y tir. Dechreuodd weiddi "Help, help, help" gyda'i freichiau yn syth o'i flaen uwchben y tir er mwyn tynnu coes yr hogia yn y cae. Pan glywodd un o'i bennaf ffrindiau, Mathias Hughes ('Thei Bach!), a oedd yn gymeriad byrbwyll a dweud y lleiaf, rhuthrodd i lawr ar ras i achub bywyd ei gyfaill. Heb feddwl ddwywaith gafaelodd yn ei wallt gyda'i ddwy law gan ei godi â'i holl nerth yn ôl i'r tir ac i ddiogelwch. "Y diawl gwirion, be fasa dy fam a dy dad yn 'i ddeud am hyn tybed?" oedd ymateb 'rhen 'Thei gan wrthod siarad gyda'i ffrind gwirion am rai dyddiau. Gwobr Dad am yr hwyl oedd homar o gur pen, a fawr ddim gwallt ar ei gorun am wythnosau.

Ar ddechrau'r rhyfel ac yn ystod eu harhosiad fel milwyr yn Arras, datblygodd yr ymladd rhwng milwyr yr Almaen a lluoedd y Cynghreiriaid i'r fath raddau fel bod bygythiad credadwy i'r ddinas honno. Gan na fu digon

o amser i drefnu i gael y Quarry Battalions allan mewn
da bryd daeth yn bur amlwg fod perygl iddynt ddod yn
rhan o'r ymladd mawr. Un gŵr a ddaeth yn gyfrifol am
drefnu eu tynged oedd y Sarjant yr oedd yr hogia i gyd
yn ei gasáu. Nid dyn hawdd ei blesio oedd y 'Sarjant
Coch' a fedyddiwyd felly ganddynt oherwydd lliw ei
wallt, ei dymer wyllt a'i gymeriad ffiaidd, a hynny i gyd
yn cyfrannu'n helaeth at eu casineb tuag ato. Daeth stori
Gwilym y milwr a'i ffrind yn destun rhyfeddod i ni fel
plant a byddem wrth ein bodd yn gwrando ar yr hyn a
ddigwyddodd.

"Meddylia ein bod wedi cael ein gosod yn Stryd Fawr
Pwllheli," oedd dechreuad y stori bob amser gan Dad, "a
hynny yn ffenestri llofft yr adeilada yn edrych lawr ar y
stryd, gyda gynna yn ein dwylo." Deuai'r pictiwr yn fyw
o flaen fy llygaid ac roeddwn i'n barod am yr hyn oedd
i ddilyn. "Dyma Gwilym yn gweiddi arnaf, 'Owie, Owie,
tyrd yma am funud a sbia drwy hwn i mi'." Symudodd
Dad o un ffenestr i'r llall, cau un llygad ac edrych i lawr
y telesgop. Roedd gwn Gwilym yn anelu yn syth at ochr
arall y stryd. "Iesu, Sarjant Coch 'di hwnna!" meddai Dad,
a throdd Gwilym ato gyda gwên ar ei wyneb gan ddweud
yn hollol siriys, "Ia, hwnna dwi am saethu gyntaf."

Yn ffodus i'r 'Sarjant Coch' a'i filwyr ffyddlon ni ddaeth
yr Almaenwyr i Arras yr adeg hynny a llwyddwyd i gael y
bataliwns allan yn saff cyn bod mwy o ymladd. Ond nid
felly yr hen 'Sarjant Coch'. Gan ei fod yn uwch-filwr bu'n
rhaid iddo aros yno i ymladd ymhellach. Ar ddiwedd y
stori gofynnid yr un cwestiwn bob tro gan Dad: "Tybad be
ddigwyddodd i'r diawl hwnnw?"

Ni ddychwelodd Dad i'r Gwaith ar ddiwedd y rhyfel
yn 1945 fel gweddill hogia'r pentref. Cafodd ei heintio â
gwenwyn cas ar ôl cyfnod yn Ynysoedd y Ffaro a threulio
misoedd lawer mewn ysbytai yn Lerpwl a Bangor.
Bu'n teithio i gartref a syrjeri Dr Gwilym Pritchard ym
Mhenygroes am flynyddoedd lawer ac yn dioddef o'r haint

yn weledol ac o ran iechyd am weddill ei oes. Ar ddiwedd y cyfnod o waeledd difrifol ac ar ôl llwyddo i reoli a lleihau ei ddioddefaint, daeth adref yn ôl a dychwelyd at ei gydweithwyr i'r Gwaith cyn priodi.

Ganwyd Mam ar 17 Mehefin 1922, ond ychydig cyn ei phen blwydd yn ddwy oed wynebodd y brofedigaeth fawr o golli ei mam. Ni chafodd gyfle i'w hadnabod na'i charu, ac er mwyn hwyluso pethau fe'i magwyd, fel y soniais yn barod, ar aelwyd ei nain a'i thaid gan ei modryb Annie Mary. Arhosodd ei thad yn ei gartref newydd, Gwynfor, Trefor ('Bynglo' i ni!) sydd yn un o'r tai olaf ar y chwith wrth deithio allan o'r pentref i gyfeiriad Caernarfon. O fewn pedair blynedd ailbriododd hwnnw ym mis Gorffennaf 1928 gydag Annie Roberts o Bwllheli a chychwyn ar ei fywyd priodasol newydd yn 'Bynglo'. Gwraig dawel, bell ac oeraidd oedd Nain Bynglo, ac ni fu i mi erioed deimlo'n agos iawn ati. A dweud y gwir ni allwn ei chysidro fel dim byd mwy na gwraig Taid.

Er ei bod bellach yn chwech oed, ni symudodd Mam at ei thad a'i wraig newydd gan fod perthynas agos iawn eisoes wedi datblygu rhwng Nan Nan (Annie Mary) a hithau. Yn wir, roeddynt fel dwy chwaer ac felly y bu am weddill eu hoes. Bu aelwyd ei nain a'i thaid yn gartref i Mam am dros chwarter canrif, hyd at flynyddoedd cynnar ei phriodas. Nid oes amheuaeth nad oedd hyn wedi cael effaith mawr arni gan iddi nid yn unig golli ei mam yn blentyn bach ond, i raddau, ei thad hefyd. Perthynas hyd braich fu ganddi gyda'i thad tan ddiwedd ei oes a thyfodd hithau i fod yn wraig benderfynol a styfnig ar adegau. Nid oedd yn wraig hawdd ei phlesio ond er hynny bu'n fam gariadus, gofalus a balch.

O'r ddau bwnc mae'n deg dweud mai cerddoriaeth fuasai ei dewis cyntaf, a hynny yn sicr wedi dod o'r aelwyd ble'i magwyd. Gan fod doniau Nan Nan fel cantores soprano o safon dra uchel, mae'n bur debyg fod yr hen ganiadau ac anthemau clasurol yn atsain dros aelwyd ei phlentyndod wrth i'w modryb ymarfer yn y parlwr. Bellach, mae hen gopïau o unawdau Nan Nan yn fy meddiant ers rhai blynyddoedd a braf o beth yw hynny.

Bu Mam yn aelod o Gôr Wil Parsal am flynyddoedd, yn ogystal â Chôr Eisteddfod Genedlaethol Pwllheli yn 1955. Roedd ganddi glust a diddordeb i wrando ar gerddoriaeth, cantorion, partïon a chorau bob amser, boed ar y radio, y teledu neu'n fyw mewn cyngerdd neu eisteddfod. Byddai'r *Eurovision Song Contest* yn achlysur arbennig iawn yn ein cartref ni bob blwyddyn, gyda phawb ond Dad yn edrych ymlaen at wrando ac edrych ar y teledu yn eiddgar. Deuai Nan Nan acw yn unswydd ar gyfer y noson ac i feirniadu yn answyddogol trwy gydol y rhaglen, gan gael boddhad mawr o wneud hynny.

Yn dilyn y rhyfel dychwelodd y rhan fwyaf o'r dynion i'r chwarel i weithio, gydag amryw o gyn-gondyctors y Moto Coch yn eu dilyn. Cynigiwyd cyflog llawer gwell yn y chwarel nag am weithio ar y bysys. Oherwydd y prinder dynion penderfynodd y cwmni gyflogi merched i gasglu'r arian a chanu'r gloch, a dyna fu swydd Mam tan ddydd ei phriodas. Pleser mawr i ni yn blant oedd gwrando ar straeon difyr y cwmni a'r staff, yn ogystal ag anturiaethau'r cwsmeriaid a'r teithwyr. Anodd oedd credu fod y bws yn cario moch, defaid, lloi a gwartheg yn ogystal â phobl. Roedd yn gwbl amlwg fod bywyd ar y Moto Coch yn llawer mwy na 'job' i Mam. Roedd criw hwyliog a chymwynasgar iawn yn gweithio gyda hi, a hynny mewn oes pryd nad oedd sôn am 'Iechyd a Diogelwch' yn rheoli popeth. Bu'n ffyddlon i'r cwmni gydol ei hoes a byddai'n teimlo'n chwithig iawn wrth deithio ar fws unrhyw gwmni arall yn yr ardal.

Priododd Owie a Jennie Jones yng Nghapel Penmount, Pwllheli ddydd Sadwrn, 9 Hydref 1948 a mwynhau'r brecwast priodas yng Nghaffi Gwalia ar y stryd fawr, cyn treulio eu mis mêl yn Lerpwl ac yng nghartref Walter a Gertrude Jennings (chwaer y priodfab) a oedd yn gweithio fel nyrs yn Ysbyty Broadgreen. Am gyfnod byr ar ôl priodi bu'r ddau yn byw yng nghartref y briodferch a Nan Nan, cyn symud allan ar ôl prynu cartref newydd dafliad carreg i lawr y ffordd yn 26 Croeshigol Terrace.

Ar ôl y briodas ac fel y rhan fwyaf o wragedd y dyddiau hynny, daeth diwedd ar weithio ac ennill cyflog i Mam. Dyletswydd pob gwraig dda oedd aros adra i fagu, golchi, llnau a bwydo pawb yn y tŷ, gyda'r tad yn llafurio i ennill bywoliaeth dros bawb. Roedd hyn yn drefniant cyffredin iawn ac yn bur debyg o fod yn gweithio'n dda, gyda sefydlogrwydd i fagwraeth gariadus a gofalus mewn cymdeithasau bach diwylliedig, saff a chrefyddol.

Daeth mwy o waith i Dad yn y chwarel fel saer maen yn yr adran 'Moniwmentals' yn dilyn y newid mawr a fu ers tranc y farchnad sets. Daeth teithio a chyfnodau hir oddi cartref yn rhan o fywyd iddo. Lawer tro byddai angen cludo a gosod cofgolofnau mawr o graig ithfaen wedi iddynt gyrraedd pen eu taith o'r Gwaith Mawr. Testun balchder hyd heddiw i ni fel brodyr yw fod Dad wedi cynhyrchu archebion enwog a phwysig o'r chwarel, megis cofeb Llywelyn ein Llyw Olaf yng Nghilmeri. Nid oes amheuaeth nad hon i mi oedd yr anrhydedd fwyaf a gallai unrhyw saer maen o Gymro ei chael, a gallaf deimlo ychydig o genfigen o'r fraint a gafodd 'Nhad yng Nghilmeri yn 1956. Cofeb arall y bu'n gweithio arni oedd honno i'r llong danfor *HMS Thetis* yng Nghaergybi. Dyma gofeb hyfryd gyda chleddyf mawr yn disgyn i donnau'r môr ac angor ar y gwaelod, a'r cyfan wedi ei saernïo yn gelfydd o'r garreg. Bu hefyd yn gyfrifol am y gwaith cerrig tu ôl i gofeb drawiadol Owen M. Edwards ac Ifan ab Owen Edwards yn Llanuwchllyn.

Cynlluniwyd y rhan helaeth o'r gwaith uchod o'r chwarel gan ŵr o'r enw Robert Lambert Gapper o Lanaelhaearn, a oedd gryn filltir a hanner o Drefor. Daeth Lambert yn un o brif gerflunwyr Cymru yn yr ugeinfed ganrif a bu'n gweithio fel prif ddarlithydd celf yn y Brifysgol yn Aberystwyth. Cyn hynny bu'n gweithio fel peiriannydd trydanol yn Rugby am bedair blynedd, ac ymhen rhai blynyddoedd daeth y dref honno yn rhan o fywyd ein teulu ni hefyd. Dyma'r gŵr a luniodd logo'r Urdd a'r bathodyn bach triongl sydd bellach yn adnabyddus i lawer cenhedlaeth o Gymry Cymraeg. Daeth yn gyfaill mawr i Dad gan iddynt gydweithio ar aml i brosiect am flynyddoedd lawer. Bu aml i gyfarfod yn tŷ ni yn astudio cynlluniau a threfnu'r gwaith fyddai ar y bwrdd o'u blaenau. Roedd yr achlysuron hyn yn anodd i ni fel plant gan fod rhaid bod yn blant da, distaw fel llygod, rhag tarfu ar y trafodaethau a rhag ofn i Dad gael y sac! Er hynny, ni fu'r bartneriaeth yn gwbl gadarn bob amser gan i'r hen Owie gael ei siomi yn Lambert o dro i dro. Cofiaf un stori iddo ei hadrodd am y tro pan ddaeth y cerflunydd i'r chwarel gyda chriw teledu a newyddiadurwyr i gofnodi'r stori am greu'r gofeb enfawr i *HMS Thetis*. Ar ôl wythnosau o lafur yn gweithio ar y gelfyddyd gain o siapio'r angor a'r cleddyf yn y garreg, daeth Lambert ymlaen a chydio yn y peiriant cerfio. Pwrpas pennaf yr ymyrryd yng nghanol gwaith celfydd y dynion oedd tynnu llun a sicrhau digon o sylw iddo'i hun ar gyfer y papur a'r teledu. Enghraifft berffaith o 'ddiawl digywilydd', meddai Dad, a phechodd yn y fan a'r lle! Er hynny, rhaid cyfaddef i'r ddau fod yn gyfeillion da am flynyddoedd gyda pharch mawr gan y naill at y llall.

Bu Capel Gosen yn rhan fawr o fywyd fy rhieni ac ni ddeallais erioed pam na fu iddynt briodi yno. Yn wir, gweinidog Gosen, y Parch. Emyr Roberts, fu'n gwasanaethu yn eu priodas a hynny ym Mhwllheli. Tybed a oedd Capel Penmount yn grandiach?

Y drefn ran amlaf ar y Sul oedd fod Dad a ninna fel hogia yn mynychu oedfa'r bore, yna yr ysgol Sul yn y prynhawn i'r plant a'r teulu oll yn yr hwyr. Ni allaf ddweud fod awr o wasanaeth gyda phregeth yn y canol yn rhywbeth yr oeddwn yn ei fwynhau nac yn edrych ymlaen tuag ato. Dyna oedd trefn y Sabath mewn llawer cartref a rhieni'r plant yn daer mai dyna'r ffordd gywir i gychwyn eu plant ar daith bywyd. Er nad oeddwn yn mwynhau'r profiad mae lle i ddiolch gennyf i fy rhieni am fagwraeth Gristnogol sydd wedi dylanwadu arnaf hyd heddiw, er nad ydw i yn mynychu'r capel yn rheolaidd erbyn hyn.

Ar gyfartaledd, bychan iawn oedd cyflog y chwarel ond er hynny llwyddodd Dad a Mam yn rhyfeddol. Prynwyd tŷ, magwyd tri o hogia a dod yn berchen car bach Austin 7 pan oeddwn yn gwta saith oed. Byddai'r Nadolig yn achlysur o haelioni mawr a digon o bopeth ar gael. Cefais yr argraff fod hynny o arian prin oedd ganddynt yn cael ei anelu at y plant i bob pwrpas. Ni wyddwn ar y pryd pa mor anodd oedd pethau arnynt yn ariannol, ond bellach gallaf werthfawrogi yr aberth a wnaed ganddynt i fagu eu teulu bach.

Plentyndod

Ganwyd tri o hogia i Owie a Jennie Jones mewn cyfnod o ddeuddeng mlynedd, Dewi Wyn yn gyntaf ddydd Mercher, 17 Awst 1949, a'r ieuengaf, Robert Trefor (Robat) ddydd Mawrth, 5 Rhagfyr 1961. Ganwyd John Glyn Jones ddydd Mercher, 13 Chwefror 1958 rhwng y ddau arall a hynny yn Ysbyty Bryn Beryl ger Pwllheli. Bu hynny ynddo'i hun yn destun balchder a hwyl i mi gan i Dewi a Rob gael eu geni yn Ysbyty Dewi Sant ym Mangor. Daeth hynny â chyfle i mi ymffrostio yn y ffaith fy mod yn wahanol ac yn sbesial iawn wrth dynnu coes y ddau. Ni chefais erioed wybod pam fod hynny wedi digwydd ac nid oes dim cof gennyf i mi holi chwaith.

Anodd credu mai 'Owain Glyn' oedd fy enw i fod cyn i mi gyrraedd y byd, a gallwch ddychmygu fy siomedigaeth ymhen blynyddoedd pan ddeallais y bu 'change of plan' y munud olaf. Penderfynwyd fy ngalw yn John ychydig cyn cofrestru er parchus gof am hen berthnasau oedd yn y goeden deulu. Gallaf ddweud yn gwbl onest na faddeuais yn llwyr i fy rhieni am y fath ffwlbri er bod perffaith hawl ganddynt, wrth gwrs. Setlo ar 'John Glyn' fu raid, ac erbyn hyn ni fuaswn byth yn ystyried ei newid am unrhyw bris yn y byd. Byw gyda'r enw fu raid a cheisio profi mai dim ond un 'John Glyn' oedd 'na, a derbyn y cyfrifoldeb o gario'r enw ymlaen er cof am gyndeidiau dwy ochr y teulu.

Yn naturiol ddigon nid oes cof gennyf am flynyddoedd cynnar fy mywyd, ond gan fod Dewi naw mlynedd yn hŷn daeth dysgu ar yr aelwyd yn rhywbeth cwbl naturiol. Fel llawer i ail blentyn arall, fe ddechreuais siarad yn sydyn iawn trwy ei watwar a dilyn ei gambyhafio diniwed trwy rannu ei gampau gwirion.

Roedd y capel yn chwarae rhan bwysig iawn yn ein bywydau fel teulu a buan iawn y dilynodd yr ysgol gynradd i'r un cyfeiriad. Daeth yr ysgol Sul a'r Band o' Hôp yr un mor bwysig â gwersi dyddiol Ysgol Trefor, a chefnogaeth ein rhieni i addysg a chyfleoedd cymdeithasol yn rhywbeth gwerthfawr a chyson iawn.

Un o uchafbwyntiau mawr a diflas pob blwyddyn oedd yr Arholiad Sirol. Dyma pryd y byddai'n rhaid eistedd yn y festri i ysgrifennu o dan amodau arholiad ac ateb cwestiynau am y Beibl. Hefyd byddai dysgu'r *Rhodd Mam* yn dasg ac yn boen ar lawer plentyn, gan gynnwys fi fy hun. Llyfryn bychan oedd y *Rhodd Mam* yn llawn cwestiynau crefyddol gydag atebion byr, a rhaid fyddai cofio'r atebion cywir 'air am air' yn ystod y prawf. Prif nod y dasg (neu'r gosb!) oedd y ffaith fod posib ennill llyfr Cymraeg am y llafur. Pleser mawr oedd teithio i dref Pwllheli a dewis llyfr newydd ar gyfer y cyflwyniad yn Sasiwn y Plant ymhen rhai wythnosau fel gwobr.

I bob pwrpas roedd bron holl fywyd cymdeithasol y pentref yn troi o gwmpas y capeli, gyda gweithgareddau amrywiol ar gyfer pob aelod o'r teulu yn ei dro. Byddai'r Seiat, Cyfarfodydd Gweddi, Clas Gwnïo, y Gymdeithas, ysgol Sul, y Band o' Hôp yn ychwanegol i wasanaethau'r Sul. Cafwyd cyfle i ddisgleirio gymaint â phosib wrth ddweud adnod yn y capel, ac roeddwn i'n edrych ymlaen yn fawr at weithgareddau'r Nadolig bob blwyddyn. Roedd llawer cyfle i blant berfformio a dim prinder o hyfforddwyr canu, adrodd ac actio.

Yn rhyfedd iawn nid oedd tafarn, gwesty na chlwb yn Nhrefor, ac anodd iawn oedd deall hynny mewn pentref o chwarelwyr gweithgar. Yn wir, pwy bynnag a fynnai lymaid o'r ddiod feddwol rhaid fyddai iddo deithio (neu gerdded) milltir neu ddwy i bentrefi cyfagos Clynnog neu Lanaelhaearn o ben y lôn bost. Roedd nifer fawr o longwyr sychedig yn ymweld â'r pentref trwy gydol y flwyddyn wrth aros i gael llwytho cynnyrch y chwarel yn y cei. Ond

nid oedd y ddiod feddwol ar y fwydlen iddynt, a dyna un
peth oedd yn gwneud Trefor yn unigryw o'i gymharu â
phentrefi eraill o gwmpas yr ardal.

Heb yn wybod ac yn gwbl naturiol daeth mwy nag un
cyfle i mi ddod wyneb yn wyneb a chlywed gwahanol
fathau o gerddoriaeth yn 'fyw' am y tro cyntaf, a thrwy
hynny gael y teimlad o gyffro a gwirioni'r un pryd. Y cyntaf
ohonynt fyddai canu cynulleidfaol mewn oedfa yn y capel
i gyfeiliant yr organ, a hynny yn aml iawn mewn harmoni
pedwar llais. O gymharu, bychan iawn oedd y profiad
hwnnw ar ôl cyrraedd tref fawr Pwllheli a chapeli Salem a
Phenmount ar gyfer Sasiwn y Plant a'r Gymanfa. Yma ceid
organ anferth gyda pheipiau o bob maint a'r sain ryfeddol
yn cael ei chynhyrchu gan 'frenin yr holl offerynnau'.
Roedd sain a phŵer yr organ yn llenwi'r adeilad gyda
rhagarweiniad i ryw dôn cyn bo'r dorf yn ymuno i ganu
rhai o emynau mawr ein gwlad. Os nad oedd hynny yn
ddigon i gynhyrfu plentyn a oedd yn mynd i ddilyn
gyrfa gerddorol (er na wyddwn hynny ar y pryd), roedd
presenoldeb arweinydd y gân gyda'i faton mawr gwyn yn
cadw rheolaeth ar y cyfan yn wefreiddiol. Cefais y teimlad
fwy nag unwaith yn ystod yr achlysuron hynny mai 'dyna
be dwisio neud'.

Nid wyf yn hollol siŵr sut y dois ar draws y band am
y tro cyntaf ond mae'n un o ddau beth, dwi'n meddwl.
Bu Dewi yn aelod am gyfnod byr tra oedd yn yr ysgol, ac
felly mae'n bur debyg fod cornet wedi bod ar yr aelwyd
a 'mod i wedi ei weld a'i glywed o dro i dro. Er hynny, nid
wyf yn meddwl fod llawer o ymarfer gan mai ychydig
iawn o frwdfrydedd oedd ganddo tuag at y band a'r corn.
Prif ddiléit Dew gyda'r corn oedd ei olchi a'i llnau nes
ei fod yn sgleinio fel swllt. Yn yr ysgol, peirianneg oedd
ei ddiddordeb mwyaf ac o ganlyniad, yn un ar bymtheg
oed cafodd brentisiaeth fel peiriannydd electroneg gyda
chwmni yn Rugby. Bu rhaid iddo adael cartref (a'i frodyr
bach hiraethus) am gyfnodau hir, ond gallaf gofio hyd

heddiw am y cynnwrf a'r croeso a gâi pan ddôi adra ar wyliau gyda ambell anrheg gwerth chweil fel Meccano a Scalextrics.

O ran clywed a gweld y band am y tro cyntaf, mae'n bur debyg mai Carnifal Trefor neu Sasiwn y Plant ym Mhwllheli oedd yr achlysur hwnnw. Cof plentyn sydd gennyf o sefyll ar ochr y ffordd a chlywed curiad y 'drwm mawr' fel ergyd galed a chadarn yn tanio. Yna yn gwbl ddisymwth deuai sain y band yn taro nodau cyntaf ymdeithgan megis 'Slaidburn', 'The Villager' neu 'Chieftain' wrth iddynt agosáu tuag atom. Roedd hynny yn codi cynnwrf mawr ynof am reswm na allwn ei esbonio na'i ddeall. Golygfa wefreiddiol oedd edrych ar griw o bobl yn ymdeithio gyda'i gilydd mewn lifrai lliwgar a chyrn disglair yn eu dwylo, cyn gweld y drwm mawr yn cael ei daro i guriad cyson ac awdurdodol. Yn rhyfedd iawn, curiad y drwm sydd yn aros yn y cof ac nid sain y cyrn arian. Buaswn yn tybio fy mod yn blentyn oddeutu pump neu chwech oed ar y pryd a dyma un o'r profiadau cerddorol prin sydd yn dal yn fy nghof ers pan oeddwn yn blentyn bach, a'r teimlad o gyffroi yn glir iawn yn fy meddwl hyd heddiw.

Roedd y carnifal yn achlysur pwysig iawn yn Nhrefor bob haf gyda holl blant y pentref yn cael y cyfle i wisgo fel rhywun enwog, arwr ac ambell i berson amlwg fel plismon, soldiwr, nyrs a chowboi. Prif atyniad y diwrnod i'r plant oedd gweld oedolion, llawer ohonynt yn rhieni, yn gwisgo i fyny ar gyfer y cystadlu. Golygfa ryfeddol oedd edrych ar ffarmwr lleol wedi gwisgo fel dynes grand a dwy wraig amlwg yn y capel wedi gwisgo fel Steptoe and Son.

I mi, enw ar hogyn oedd Gwynfor ac nid enw ar dŷ, ac felly 'Bynglo' fu cartref Taid i mi erioed. Byddwn wrth fy modd yn mynd yno gan ei fod yn lle delfrydol i blentyn chwarae. Treuliais oriau yn yr afon fach oedd yn rhedeg trwy ganol yr ardd gefn ac i mewn i dwnnel o dan y 'Reiland'. Yna heibio Croeshigol tuag at Gapel Gosen ac

i mewn i dwnnel arall cyn ailymddangos yng nghanol
y pentref tu ôl i doiledau cyhoeddus Pin Dŵr. Roedd yr
afon yn lle delfrydol i hogia'r pentref chwarae cychod
bach gyda brigau coed a dail, a gwneud 'dams' gyda mwd
a cherrig yng nghanol budreddi, ysbwriel a llygod mawr.

Yn ystod yr ymweliadau i chwarae yn Bynglo byddai'n
rhaid dychwelyd i'r tŷ am ddiod oer i dorri syched a phrofi
hwyl y 'bybls' ar fy nhrwyn cyn mynd adref. Nid oedd
'Nain Bynglo' yn wraig lawn haelioni a dweud y lleiaf
ac roedd gwario a gwastraffu arian yn gas beth ganddi.
Er mwyn "plesio 'rhen blant" gyda'r ddiod hudol ceid
glasiad neu ddau o ddŵr wedi ei gymysgu gyda llwyaid
neu dair o'r Original Andrews Salts. Stwff gwyn fel halen
a ddefnyddid yn bennaf fel lacsatif oedd hwnnw, a chyn
gynted ag y câi ei gymysgu gyda'r dŵr fe ffurfiai nwy a
bybls ffyrnig fel lemonêd gwyllt. Roedd profi cyffro'r
'bybls' yn destun hwyl a sbri wrth roi ein trwynau yn y
gwpan, ac yn ffordd hawdd a rhad i Nain Bynglo blesio'r
"hen fois bach". Nid oedd Mam o'r un farn gan iddi ein
rhybuddio fel tri brawd nad oeddem i dderbyn nac yfed y
fath stwff, gan ei fod yn gwneud ei waith yn bur aml ac yn
effeithiol iawn.

Un o'r prif ffynonellau adloniant mewn cartrefi yn y
cyfnod yma ar wahân i'r piano, yn y parlwr, oedd y radio
neu'r weiarles, a hynny fel arfer mewn bocs mawr tywyll
yn yr ystafell fyw ac yn rhan hynod bwysig ym mywyd y tŷ.
Nid oedd ein cartref ni ddim gwahanol ac roedd y weiarles
Excelsior yn aelod ffyddlon o'r teulu. O'r bocs yma deuai
newyddion mawr y byd gan y BBC a dramâu poblogaidd
megis yr *Archers* gyda'r gerddoriaeth agoriadol hynod
gofiadwy a llon. Hefyd ceid cyngherddau lu yn cynnig
pob math o gerddoriaeth megis canu Cymreig a Seisnig,
cerddoriaeth glasurol o'r radd flaenaf a cherddoriaeth
bop ac ysgafn y cyfnod. Profiad braf fyddai dychwelyd
o'r capel ar fore Sul ac aros am ginio gorau'r wythnos i
gyfeiliant canu cynulleidfaol o gapeli eraill trwy gyfrwng

y bocs hudol ar ben y seidbord ar y rhaglen *Caniadaeth y Cysegr* gan y BBC.

Ar ôl colli Yncyl Ifan mor sydyn a finnau ond yn gwta wyth oed, mae'n debyg y buasai unrhyw brofedigaeth arall wedi bod yn anodd iawn delio â hi. Bu bron i hynny ddigwydd o fewn y flwyddyn pan aeth Rob yn ddifrifol wael ac yntau ond yn bump oed. Bu rhaid ei gludo i Ysbyty Dewi Sant ym Mangor gan ei fod yn gwanhau yn ddyddiol, gyda'r arbenigwyr mewn penbleth fawr ynglŷn â'i gyflwr a'i waeledd. Gyda thri meddyg oedd yn arbenigo mewn iechyd plant yn prysur golli'r frwydr i'w achub, bu'n rhaid i Mam a Dad wynebu'r gwaethaf a datgelu'r gwir i Dewi a finnau. Nid hawdd oedd derbyn yr hyn yr oeddwn yn ei glywed gan fy mod eisoes wedi colli Dewi i Rugby, a rŵan roedd yn edrych yn debyg fy mod yn mynd i golli Rob hefyd. Nid oeddwn yn siŵr iawn sut i ddelio â'r sefyllfa ond mae cof gennyf i mi gymryd y penderfyniad i ddal ati fel petai dim o'i le. Y gwir ydoedd fy mod yn poeni fy enaid ac nad oeddwn am wynebu profedigaeth arall, ac felly yn byw mewn ofn. Ni fu raid i mi ddioddef lawer yn hirach ar ôl derbyn y newyddion am ei waeledd gan i'r amgylchiadau newid yn sydyn ac yn syfrdanol. Ar yr unfed awr ar ddeg penderfynodd un o'r tri arbenigwr, yn groes i'r ddau arall, y buasai yn rhoi cynnig ar drallwysiad gwaed fel ei gynnig olaf. Dyma'r tro cyntaf i mi glywed y term 'blood transfusion' ac nid oedd unrhyw syniad gennyf beth oedd yn ei olygu. Bu'n rhaid i Dad a Mam gytuno i hynny, ac mae'n bur debyg mai dyna oedd eu penderfyniad mwyaf a phwysicaf trwy gydol eu bywyd fel rhieni. Bu newid mawr yn iechyd Rob o fewn ychydig ddiwrnodau ac fe ddaeth adref i fyw bywyd gydag iechyd ardderchog fel plentyn ac oedolyn.

Am flynyddoedd lawer yn dilyn yr argyfwng yma nid oedd llawer o groeso i'r Jehovas a'u llyfrau *Watchtower* ar stepan drws ein tŷ ni. Pobl oeddynt oedd yn galw o ddrws i ddrws i gynnig math gwahanol o grefydd gyda gwrthwynebiad cryf i'r broses o drallwyso gwaed. Nid wyf yn gor-ddweud wrth ddweud fod Dad yn eu casáu ac yn gwbl gadarn yn erbyn eu daliadau – "without that transfusion, I would have lost a son" oedd ei ddadl bob amser.

Rob oedd yr unig un ohonom a ddilynodd yrfa ei dad i brentisio a gweithio yn y chwarel. Cwmnïau bychain a phreifat oedd y cyflogwyr erbyn hynny, ac fe'i hyfforddwyd yn y grefft gan ei dad ei hun. Yn anffodus, caewyd y chwarel bron yn gyfan gwbl yn y diwedd a daeth ffordd o fyw yn Nhrefor i ben yn sydyn iawn. Er hynny, braf yw gallu dweud fod aelodau o'r teulu wedi gweithio yn y 'Gwaith Mawr' bron trwy gydol oes y chwarel reit tan y diwedd un.

Aelwyd gyffredin, hapus a chariadus oedd 26 Croeshigol Terrace, ac ni allai unrhyw blentyn ofyn na dymuno am fwy na hynny mewn cyfnod eithaf tlawd yn ariannol ond cyfoethog iawn ymhob ffordd arall. Do, cefais sylfaen gadarn a chyfle i wreiddio fel unigolyn. Flynyddoedd yn ddiweddarach, fe gofiaf i Dad ddweud wrthyf lawer tro, "Lle bynnag yr ei di yn dy fywyd, paid ag anghofio o lle ti wedi dŵad."

Ysgolion Trefor

A finnau bellach yn bump oed dechreuais fy nghyfnod yn Ysgol Trefor ac yn adran y babanod, gyda Miss Winifred Hopkins BA yn athrawes. Gwraig o dde Cymru oedd Miss Hopkins a bu'n athrawes yn yr ysgol am gyfnod o ddwy flynedd ar bymtheg. Roedd yn uchel iawn ei pharch yn y pentref a chefais sylfaen wych i gychwyn dyddiau ysgol gan wraig hoffus a charedig. Y prif beth sydd yn aros yn y cof fel disgybl iddi oedd yr acen ddeheuol gref wrth iddi siarad yn ystod y gwersi – cyflwyniad ardderchog i ddechrau deall nad oedd pawb yn y byd yn siarad 'run fath â phobl Trefor.

Pwysicach na Miss Hopkins yn ystod y blynyddoedd cynnar hynny yn yr ysgol oedd y ffaith fod Nan Nan yn gweithio yno fel cogyddes yn y gegin. Edrychwn ymlaen yn fawr iawn at amser cinio bob dydd, nid yn unig am y bwyd ond hefyd i dderbyn gwên a chyfarchiad balch fy modryb annwyl. Ni allaf fod yn hollol siŵr pwy oedd yr hapusaf o'r ddau ohonom, ond roedd ei phresenoldeb yn sicr yn gryfder mawr i hyder hogyn bach tawel ac ofnus fel fi.

Ar ôl dwy flynedd hapus daeth yn amser ffarwelio â Miss Hopkins a'r dosbarth babanod a symud i fyny i ddosbarth Mrs Williams 'Llanhuar' i ddechrau dysgu cyfri, darllen, a sgwennu o ddifri. Dyma'r cyfnod y dois yn ymwybodol o'r Urdd ac ymuno fel aelod balch, derbyn y bathodyn bach triongl a'i warchod fel trysor gwerthfawr. Gwisgais y bathodyn a thei'r Urdd a dysgu arwyddocâd y lliwiau i Gymru, i Gyd-ddyn, i Grist. Byddwn wrth fy modd yn ymarfer a pharatoi ar gyfer yr eisteddfodau, yn unigol ac yn aml iawn fel rhan o'r gân actol flynyddol.

Daeth pêl-droed yn ddiddordeb ac yn gêm bwysig iawn i'r hogia yn nosbarth Mrs Williams trwy ddylanwad yr hogia mawr. Buan iawn y daeth chwaraewyr enwocaf y byd yn arwyr mawr i ni, a datblygodd hynny yn fwy fyth ar ôl cystadleuaeth Cwpan y Byd yn 1966. Daeth yn amser dewis clwb i'w ddilyn a'i gefnogi, ac i mi Manchester United fu hwnnw. Daeth y diddordeb hyd yn oed yn fwy pan ddaeth teledu Ferranti newydd sbon i tŷ ni am y tro cyntaf. Byddem yn rhyfeddu at sgiliau gwefreiddiol Bobby Charlton, George Best a Denis Law ar y sgrin fach ddu a gwyn yn wythnosol ar *Match of the Day*. Yn 1968 enillodd tîm Matt Busby y gwpan anferth i Bencampwyr Ewrop, a byth er hynny bûm yn cefnogi a dilyn hynt a helynt Man U yn frwd a ffyddlon. Roedd wal fy llofft yn blastar o luniau fy arwyr a darllen y cylchgrawn *GOAL!* yn rheidrwydd cyffrous pan oeddwn yn ddigon ffodus i'w gael.

Ar 21 Hydref 1966 daeth newyddion erchyll i gartrefi pobl Cymru a thu hwnt. Dyma drychineb Aber-fan pan fu i'r tip glo lithro i lawr y llethrau gyda thunelli o wastraff mwdlyd, gwlyb y diwydiant yn claddu rhan fawr o'r pentref, gan gynnwys yr ysgol gynradd leol. Er nad oeddwn yn gwbl ymwybodol o'r hyn oedd wedi digwydd, daeth yn amlwg o'r newyddion a'r adroddiadau ar y teledu fod llawer o blant bach yr un oed â fi wedi marw. Nid oedd yn hawdd i blentyn wyth oed ei ddeall gan fod bron yr holl sylw a roddwyd ar gyfryngau'r dydd yn uniaith Saesneg. Penderfynais holi Dad be yn union oedd wedi digwydd a chefais esboniad clir a manwl ac yn sicr, un nad oeddwn yn ei ddisgwyl nac yn dymuno ei glywed. Ar ochr chwith y chwarel mae tipiau gwastraff o gerrig a baw a thrwy eu defnyddio fel enghraifft esboniodd Dad yr hyn a ddigwyddodd: "Meddylia fod y tipia yn llithro lawr o'r Gwaith a chladdu'r ysgol a chitha ynddi."

Nid oeddwn yn deall ar y pryd fod y tipiau yn Chwarel Trefor yn dra gwahanol o ran sylwedd a chynnwys, gan fod y gwastraff hwnnw yn llawer saffach na thipiau

Aber-fan. Er hynny, gallwn ddeall yr hyn oedd Dad yn ei ddweud a chael darlun clir iawn yn fy meddwl. Nid wyf yn gor-ddweud wrth ddweud fy mod yn ofnus iawn o fynd yn ôl i'r ysgol ar ôl y diwrnod hwnnw, a hynny am beth amser. Gadawodd esboniad manwl fy nhad deimlad o fraw mawr ynof ynglŷn â'r hyn a ddigwyddodd yn Aber-fan. Rwy'n siŵr fod llawer i blentyn arall o ardaloedd y chwareli a'r pyllau glo yng Nghymru wedi derbyn yr un math o gyffelybiaeth a phoen meddwl. Ni allaf ddechrau dychmygu'r hyn yr aeth plant a phobl y Cymoedd drwyddo yn feddyliol yn dilyn y fath hunllef.

Yn dilyn cyfnodau anodd pan fu Seindorf Arian Trefor yn methu'n lân â chynnal y band yn rheolaidd, daeth tro ar fyd ar ddiwedd 1966. Penderfynodd gŵr ifanc lleol, Geraint Jones, ddychwelyd adref i Drefor ar ôl cyfnod yn gweithio yn ne Cymru. Roedd yn awyddus i geisio ailgodi'r band a dechreuodd ar y gwaith o hyfforddi aelodau newydd. Daeth cyfle euraidd i blant a phobl ifanc y pentref gamu i mewn i fyd o addysg gerddorol fel aelodau o gymdeithas werthfawr ac i fagu hyder a thyfu yn oedolion. Roedd yn fater o fod 'in the right place at the right time' a diolchaf hyd heddiw am freuddwyd a brwdfrydedd Geraint.

Gwnaeth Dad gais i mi gael ymaelodi ac fe ddaeth y gwahoddiad a chadarnhad ar ddechrau'r flwyddyn 1967 fy mod bellach i dderbyn gwersi corn wythnosol, a hynny yn rhad ac am ddim gan Geraint yn y Cwt Band. Gan fod cymaint o hogia wedi dangos diddordeb roedd y gofyn am offerynnau yn uwch na'r disgwyl ar y cychwyn, a bu'n rhaid rhannu offeryn gydag un neu ddau aelod newydd arall. Trefniant digon anghyfleus oedd hynny ond ni fu'n ddigon i dorri calon neb, a buan iawn ar ôl trwsio ac atgyweirio y daeth offeryn ar gyfer pawb yn unigol. Bellach roeddwn yn aelod o Seindorf Arian Trefor gyda balchder a brwdfrydedd yn berwi yn fy ngwaed ac yn methu'n lân â rhoi'r corn i lawr. Daeth ymarfer yn bleser a'r gwersi yn y Cwt yn cyffroi fy meddwl ar bob achlysur. Roedd cael bod yn aelod o'r 'Band Bach' yn llawer mwy o hwyl na bod yn ddisgybl yn yr ysgol.

Ni chefais y fraint na'r cyfle i symud i ddosbarth yr ysgolfeistr Mr T. E. Parry a fu mor weithgar yn yr ysgol a'r pentref, gan iddo ymddeol ar ôl cyfnod o ugain mlynedd wrth y llyw ar ddiwedd tymor yr haf 1967. Er hynny datblygodd y flwyddyn honno yn un arbennig a chofiadwy iawn yn fy mywyd. Dyma pryd y cerddodd Mr Harold Parry Jones o Fethel ger Caernarfon i mewn i fy mywyd fel prifathro newydd yr ysgol ac athro newydd arnaf innau. Sefydlwyd perthynas agos a chyfeillgar iawn rhyngom yn syth ac roedd hynny yn rhywbeth a barhaodd tan ddiwedd ei oes.

Bu newid mawr yn yr ysgol ar ddyfodiad y pennaeth newydd gyda diflaniad yr hen sgolarship a fu'n fwrn ar lawer plentyn a rhiant am flynyddoedd lawer. Daeth rhyddid i'r ysgolion ganolbwyntio ar feithrin doniau naturiol y plant gyda llawer mwy o bwyslais ar waith creadigol yn hytrach na dim ond sgwennu, darllen a syms. Roedd hynny yn ddelfrydol i mi, a chafwyd llawer o bleser yn creu celf ac adeiladu modelau o bob math gan anghofio am y gwaith academaidd yn aml iawn. O fewn ychydig fisoedd daeth Mr Jôs yn ddyn uchel iawn ei barch i mi a llawer o'i ddisgyblion yn yr ysgol. Daeth yn amlwg i rieni'r pentref ei fod yn berson caredig, yn gymeriad lliwgar ac yn brifathro gyda gweledigaeth a meddylfryd hollol wahanol i benaethiaid y gorffennol a fu'n dilyn yr hen drefn. Roeddwn wrth fy modd yn creu allan o glai, papur a gliw a phob math o ddeunyddiau naturiol fel coed, dail a cherrig.

Yn ystod y cyfnod o ddwy flynedd a gefais yn nosbarth Mr Jones mae un achlysur ar lawr y dosbarth yn dal i aros yn fy nghof hyd heddiw. Daeth ymwelydd i'r ysgol o Adran Addysg Sir Gaernarfon. Haydn Wyn Davies oedd hwnnw sef trefnydd cerdd ysgolion y sir, gŵr bychan crwn o gorff gydag acen 'sowthwelian' nad oedd yn creu dim anhawster i ni gan ein bod eisoes wedi cael dos o Miss Hopkins yn yr ysgol. Pwrpas yr ymweliad oedd cyflwyno cynllun newydd gan yr Adran Addysg i blant hŷn yn yr ysgolion cynradd gael cyfle i chwarae offeryn cerdd. Dyma'r cyfnod y daeth y recorders i'r ysgolion, gan roi cychwyn ar y partïon recorders a ddaeth yn rhan o bob steddfod a chyngerdd ar hyd a lled y wlad am flynyddoedd i ddod. Gan fy mod eisoes yn y band ac yn ystyried fy hun yn dipyn o gerddor, rhaid oedd cael recorder ac roeddwn wrth fy modd yn ceisio chwarae'r offeryn bach pren golau, gyda'r darn ceg plastic gwyn. Dois ar draws Haydn Davies lawer tro ar ôl hynny ar gyrsiau cerddorfaol a bandiau sir mewn lleoliadau crand megis Plas Glynllifon a Thanybwlch. Yn ddiweddarach cefais y fraint o gydfeirniadu ag o mewn eisteddfodau a'i gyfarfod lawer tro pan oedd yn arolygydd ysgolion. Gŵr addfwyn a cherddor gwych, ond eithriadol o anodd dilyn ei faton fel arweinydd, dyna sut y cofiaf yr annwyl Haydn Davies.

Ar ôl cael benthyg cornet gan y band daeth ymarfer cyson yn bleser, yn hwyl ac yn ffordd o fyw. Roeddwn yn awyddus i lwyddo'n gyflym a hynny am ddau reswm: y cyntaf oedd er mwyn plesio a chadw'r ochr iawn i Geraint, ond teimlwn hefyd fod dysgu chwarae'r corn yn rhywbeth yr oedd yn rhaid i mi ei wneud rywsut, a'i wneud yn dda. Bu cynnydd mawr yn y chwarae a'r darllen yn ystod y misoedd cyntaf, gyda mwy a mwy o bleser o ddydd i ddydd. Pleser o'r mwyaf oedd mynychu'r gwersi yn y Band Bach gyda Wynne Williams, John Trefor Williams, Gwyrfai Williams, Llywarch B. Jones, Malcolm John a Granville Scott. Ar ddiwedd y flwyddyn gyntaf cawsom gyfle i ymuno â'r Band Mawr i chwarae carolau o gwmpas y pentref ar fore dydd Nadolig. Yn bwysicach na hynny tynnwyd llun o'r band, a dyma'r tro cyntaf i ni gael y teimlad ein bod yn aelodau llawn (a phwysig!) o'r gymdeithas orau yn y pentref. Ychydig a wyddem y bore hwnnw fod blynyddoedd o bleser, buddugoliaethau a balchder enfawr ar fin gwawrio i bawb ohonom gyda'r band.

Daeth y fuddugoliaeth gyntaf gyda'r corn yn sydyn ac annisgwyl rhywsut. Penderfynodd Geraint y buasai'n dda o beth i gael cystadleuaeth unawd corn dan 12 yn Eisteddfod Gŵyl Dewi 1968. Roedd yn syniad ardderchog er mwyn annog mwy o ymarfer a chynnydd i'r holl ddisgyblion. Cafodd pob un ohonom alaw Gymreig wahanol i'w hymarfer ganddo wedi ei hysgrifennu yn ei lawysgrifen daclus a chlir. 'Rhyfelgyrch Capten Morgan' oedd y darn i mi ac mae'r tamaid papur gwreiddiol wedi ei ludo ar gefn bocs Corn Flakes yn dal gennyf hyd heddiw. Bu cystadlu brwd rhwng yr hogia, gyda phawb yn aros yn eiddgar am y canlyniad gan y beirniad enwog Haf Morris. Gwraig o ardal Trawsfynydd yn wreiddiol oedd Haf a fu'n bennaeth yr Adran Gerdd yn Ysgol Syr Thomas Jones, Amlwch am flynyddoedd lawer. Dyma un a roddodd wasanaeth oes i gerddoriaeth yng Nghymru ac yn arbennig i Gerdd Dant. Yn wir, roedd yn cael ei hadnabod gan lawer un fel 'Brenhines Cerdd Dant'. Ymhen blynyddoedd daeth Haf a finnau yn gyfeillion da trwy gydweithio mewn eisteddfodau, cyrsiau cerdd a chyngherddau lu gyda phlant a phobl ifanc. Cefais f'atgoffa lawer tro ganddi, "Ew, anghofia i byth yr hogyn bach pen cyrliog yn chwarae'r corn yn Steddfod Trefor flynyddoedd yn ôl." Do, bûm yn ddigon ffodus i ennill y gwpan fach arian yn y gystadleuaeth gyntaf i'r cyrn yn Steddfod Trefor y noson honno. Cyflwynwyd y gwpan i mi gan hen ŵr a chyn-arweinydd y band, Huw Williams. Yn bwysicach i mi ar y pryd roedd Huw Band yn un o bennaf ffrindiau Taid Bynglo, ac yn dad i Robin Band a ddaeth yn un o fy nghefnogwyr ffyddlonaf fel arweinydd. Hefyd, roedd yn daid i Elfed Gyrn Goch (mab Robin) a oedd ychydig flynyddoedd yn fengach na fi.

Ffrind ffyddlon ac agos i mi yn yr ysgol oedd David Glyn Roberts. Er ei fod yn gefnder i Elfed a Robin yn ewythr iddo ni chyrhaeddodd David Glyn y band, ac mae'n debyg fod dau reswm am hynny. Yn gyntaf, roedd yn byw tua milltir a hanner tu allan i Drefor mewn pentref bach o'r enw Tyddyn Hywel ar waelod mynydd Tan y Graig a chyn cyrraedd pentref Gyrn Goch. Yn ddiarwybod i ni fel plant roedd David Glyn yn fachgen gwael ac yn dioddef o'r clefyd creulon lewcemia. Er fy mod wedi sylwi ei fod yn colli dipyn o ysgol ni chefais esboniad na rhybudd o'r hyn oedd i ddod. Yn ystod gwyliau'r haf ac ychydig wythnosau cyn dechrau ein blwyddyn olaf yn Ysgol Trefor daeth y newyddion a chwalodd fy myd ar y pryd. Bu farw David Glyn ddydd Mercher, 24 Gorffennaf 1968 yn ddeg mlwydd oed. Roedd hon yn ergyd enfawr i mi a hynny ond ychydig dros ddwy flynedd ers colli Yncyl Evan. Nid hawdd i blentyn cynradd oedd colli dau ffrind agos a ffyddlon a hynny heb fawr ddim rhybudd yn y byd.

Bu sawl peth o gymorth i mi yn ystod y cyfnod tywyll yma, a'r cyntaf ohonynt oedd y ffaith i ni fel teulu symud i gartref newydd. Mentrodd Dad a Mam brynu Bryn Awel yn Sychnant Terrace, a hwnnw yn dŷ llawer mwy i fagu teulu. Chwe thŷ oedd yn y teras uwchben y pentref ac ar waelod y llethrau wrth droed yr Eifl. Fe'u hadeiladwyd yn wreiddiol ar gyfer rheolwyr y chwarel ac ar y pryd galwai pobl Trefor y teras yn 'Boss-Town', er bod yr enw'n llawer crandiach na'r tai eu hunain. Er hynny, roedd pensaernïaeth y tai yn eu gwneud yn unigryw ac roedd digon o sgôp i'w haddasu i fod yn gartrefi moethus. Un peth oedd yn eu gwneud yn unigryw oedd y to teils coch o gymharu â'r llechi traddodiadol oedd ar ran helaeth o dai'r pentref. Hefyd, am y tro cyntaf yn ein bywyd, roeddem yn byw mewn byngalo gyda bathrwm a dyna be oedd moethusrwydd, er bod y bath yn wyrdd a'r dŵr yn oer ran amlaf. Roedd Bryn Awel dafliad carreg o'r ysgol ac yn bwysicach fyth ddim ond led 'cae bach' o'r Cwt Band. Daeth hyn ag annibyniaeth i 'hogyn mawr' trwy gael rhyddid i gerdded yn ôl ac ymlaen i'r ddau sefydliad pwysicaf oedd yn bod.

Daeth ychwanegiad annisgwyl a phleserus iawn i 'mywyd yn sgil y mudo i ochr arall y pentref. Dyma pryd y dois ar draws Ifan Vaughan Pritchard am y tro cyntaf. Nid oes cof gennyf i mi gyfeirio ato wrth ei enw llawn erioed gan i mi ei fedyddio fel Ifan Drws Nesa yn syth. Dyna fu ei enw tan i ni ein dau gyrraedd oedran pan oeddem yn ddigon hen i gael smôc ac yfed cwrw. Roedd Ifan oddeutu pedair blynedd yn hŷn na fi ac yn naturiol ddigon byddwn bob amser yn edrych i fyny ato fel hogyn mawr. Roedd ci ganddo, o'r enw Pwt, a byddai hwnnw bob amser yn rhan o'r anturiaethau a'r drygioni. Nid wyf yn hollol siŵr pwy oedd wedi gwirioni fwyaf o gael ffrind newydd i chwarae, ai Ifan, Pwt neu fi. Ymhen amser daeth dringo coed a gwneud den yn orchwyl bwysig, a chrwydro llawer ymhellach gyda chaniatâd ein rhieni i fentro i lawr i'r pentref i chwarae efo gweddill yr hogia. Anturiaethau mawr fyddai chwarae 'noc dôrs' a dwyn afalau, heb sôn am fentro i Lle Brics a Garej Moto Coch i chwarae yn y bysys ar ôl i'r gweithwyr fynd adref. Ymhen blwyddyn neu ddwy dechreuodd Robat y brawd bach ffansïo dod yn rhan o'r chwarae o gwmpas y tŷ, a rhaid oedd mentro mwy i greu argraff. Dyna pryd y dechreuwyd gwneud tân i drio berwi wyau a chynhesu *baked beans* mewn hen sosban wedi ei dwyn o garej Yncyl Robin, tad Ifan. Yn drist iawn collodd Ifan ei fam pan fu farw Anti Mair yn ifanc, ac yn ystod y galar a'r brofedigaeth bu'n aros acw am gyfnod byr gan ddod â'r ddau ohonom yn agosach fyth.

Achubiaeth arall i mi o brofedigaeth galed yr haf hwnnw oedd cyfarfod John Cled. Ffarmwr a hen lanc oedd John Cledwyn Thomas yn byw yn Llwyn y Brig gyda'i rieni, William ac Eunice Thomas. Dyma gymeriadau lliwgar, hen ffasiwn, diffwdan a di-lol, yn byw bywyd syml yn yr hen ffordd Gymreig. Daeth eu cartref fel ail ysgol i mi a honno yn ysgol bleserus dros ben. Tyddyn neu fferm fechan ar lethrau'r Eifl oedd Llwyn y Brig ('Llw

Pric' i mi) gyda gwartheg godro, defaid cadw, ieir, hwyaid, cathod a chŵn.

Ar ôl symud i Bryn Awel dois i sylwi ar y 'stêj laeth' oedd ar ben draw y stryd, ar waelod y ffordd fach Lôn 'r Eifl oedd yn arwain tua'r mynydd. Dyma'r llwyfan concrit ar ochr y ffordd lle deuai'r ffermwyr llaeth cyfagos gyda'u cynnyrch dyddiol mewn caniau llawn ar gyfer eu llwytho i'r lorïau i'w cludo i'r ffatri yn Rhydygwystl, ger y Ffôr. Roedd hon yn olygfa ddyddiol a chyffredin iawn ymhob rhan o gefn gwlad Cymru yn y dyddiau hynny. Wrth gofio am y lorïau caniau llaeth daw y lorri lo a'r fan fara hefyd i'r cof. Pwysicach i ni yn blant oedd y lorri Corona a'i diodydd blasus a'r fan *ice cream* gyda'i cherddoriaeth atyniadol ar ddiwrnod poeth o haf. Siomedigaeth a ddeuai yn sgil y ddwy yma ran amlaf gan fod pres yn brin a'r cynnyrch yn ddrud, er i ni brotestio hyd eithaf ein gallu bob tro. Ond, pan ddeuai pwl o haelioni dros Mam ar bnawn crasboeth, roedd y cynnwrf yn rhywbeth i'w drysori a'i werthfawrogi.

Deuai John Cled i lawr gyda'r Ffyrgi Bach a'r trelar bob bore i ddadlwytho'r caniau llawn a chodi caniau gwag ar gyfer y diwrnod canlynol. Wrth fy stwffio fy hun o dipyn i beth i gwmni'r cyfarfod boreol o ffermwyr balch, dois i sylweddoli fod gan John Cled gwmni yn teithio gydag o ambell i fore. Eisteddai Anti Eunice ar y drobar rhwng y tractor a'r trelar trwy gydol y siwrnai gan fanteisio ar y cyfle i gael neges a nwyddau angenrheidiol o'r siop. Dyma enghraifft berffaith o ddiffyg pwysigrwydd Iechyd a Diogelwch pan oedd bywyd mor syml a braf. Ar ôl rhai wythnosau o siarad a chyfarch daeth gwahoddiad i deithio yn y trelar i fyny i Llw Pric i weld holl ryfeddod y fferm. Bu'n rhaid gweithio ar berswadio Mam a Dad am beth amser ond dyfal donc... fe ddaeth yr "ok, cyn belled â dy fod yn dod adref cyn iddi dywyllu". Dyma ddechrau ar flynyddoedd o gyfeillgarwch a chyfle i flasu a phrofi gwir fywyd cefn gwlad ar ei orau.

Bellach roedd gennyf bedair ysgol yn y pentref ac

anodd iawn oedd dewis rhwng yr ysgol gynradd, yr ysgol Sul, y band a'r ysgol amaethyddol answyddogol yn Llw Pric, gyda'r pedair yn cynnig profiadau amrywiol ac amhrisiadwy.

Yn ystod 1968 aeth y Band Bach (a Mawr!) o nerth i nerth a chafwyd cyngerdd ganddynt am y tro cyntaf. Daeth hyd yn oed mwy o gyfle rheolaidd i geisio chwarae gyda'r Band Mawr, er nad oes llawer o gof gennyf fod cynnydd mawr i fy ymdrechion cynnar. Er hynny, un peth sydd yn aros yn y cof oedd penodiad arweinydd proffesiynol i geisio codi safon y chwarae i safon gystadleuol. Ar y pryd nid oedd enw Bob Morgan o Flaenau Ffestiniog yn golygu dim i mi, ond cafwyd ar ddeall gan Geraint ei fod yn arwain band enwog iawn y Royal Oakeley. Mae'n rhaid bod y band yma yn enwog (ac yn llawer gwell na Band Trefor) efo enw fel yna. A dyma'r tro cyntaf i mi gyfarfod Bob a dod yn ymwybodol o'i fand enwog a ddaeth yn gymaint rhan o fy mywyd innau ymhen blynyddoedd.

Roedd y 'Roials' yn beth mawr iawn yng Nghymru yn y chwedegau gan ein bod ar fin cael arwisgiad a thywysog newydd yn ystod haf 1969. Ychydig iawn o ddiddordeb oedd gennyf yn y peth gan fy mod erbyn hynny yn ffarmwr prysur bob cyfle a gawn. Ar ôl dweud hynny, roedd bron yn amhosib i unrhyw un osgoi beth oedd ar y gorwel gyda sylw o bob cyfeiriad i'r 'achlysur arbennig a phwysig' hwn yn hanes ein cenedl. Yn anffodus, dyna'r ffordd y gwelai y rhan helaeth o bobl, cymdeithasau a chynghorau Cymru'r hyn oedd ar fin digwydd yng Nghastell Caernarfon yr haf hwnnw. Ond cyn i hynny ddigwydd daeth pentref Trefor (a'r band yn arbennig) yn destun newyddion trwy holl wledydd Prydain.

Ar ddechrau'r flwyddyn daeth gwahoddiad a braint enfawr (fel y cafodd ei gyflwyno) i chwech o fandiau pres Môn ac Arfon fod yn rhan o'r seremoni fawreddog ar Orffennaf y cyntaf. Yn wahanol i'r gweddill, ni welodd criw Band Trefor y peth fel braint nac anrhydedd gan nad oedd yn fawr ddim byd mwy na chwarae ychydig o gerddoriaeth (pwrpasol i'r achlysur, mae'n debyg) ar ochr y ffordd fawr ryw filltir neu ddwy tu allan i dref Caernarfon.

Prif bwrpas y gwahoddiad oedd diddori ffans cynhyrfus y 'Roials' wrth iddynt aros am oriau i weld eu tywysog newydd. Gwrthododd y pwyllgor y gwahoddiad, a hynny maes o law yn tanio ysbryd gwleidyddol a chenedlaethol yn fy mol innau am y tro cyntaf yn fy mywyd.

Nid oedd pawb yn y pentref o blaid y safiad o bell ffordd a chafwyd peth drwgdeimlad ymysg y trigolion. Yn blentyn deg oed ar ddechrau '69 daeth cyfle i flasu a phrofi cenedlaetholdeb ar ei orau (er ei fod yn 'hynod eithafol' yn ôl rhai), a dysgu beth oedd sefyll i fyny dros yr hyn yr oedd rhywun yn credu ynddo gyda balchder a hyder.

Un o hoff raglenni newyddion y BBC gan Dad yn ystod y cyfnod yma oedd *24 Hours*, rhaglen eithaf tebyg i *Newsnight* heddiw yn llawn newyddion a materion cyfoes. Ar ddechrau'r flwyddyn daeth criw o Lundain yr holl ffordd i Drefor i ddilyn y stori ac i ffilmio a chofnodi'r hyn oedd yn digwydd yn lleol. Roedd hon yn stori fawr! Cafwyd cyfweliad gyda rhai o aelodau'r band ac amryw ohonynt yn datgan eu gwrthwynebiad yn gryf iawn i'r holl beth. Er nad oeddwn yn rhan o'r peth, fe ffilmiwyd rhai o blant y pentref ar y traeth mewn cystadleuaeth taflu cerrig at fygiau crand yr arwisgo. Cafwyd lluniau o'r 'investiture mugs' yn deilchion ar y llawr yng nghanol cerrig, tywod a chrancod marw. Yn ôl pwysigion ein cenedl a gwleidyddion mawr Llundain dyna beth oedd GWARTH!

Nid oes amheuaeth na fûm yn lwcus iawn o fod yng nghanol y bwrlwm ac iddo adael argraff ddofn arnaf fel Cymro bach ifanc. Gallaf ymfalchïo fy mod wedi cael bod yn rhan o'r hyn a ddigwyddodd er mai plentyn oeddwn. Edrychaf yn ôl gan feddwl gyda balchder mai ychydig iawn o blant eraill deg oed a fu'n rhan o ffrae wleidyddol a phrotest fel hyn yng Nghymru yn yr ugeinfed ganrif. Yn ddiweddar bu rhaglen deledu ar ITV Wales, *The Prince and the Bomber*, yn adrodd hanes y gwrthwynebiad i'r arwisgo ac yn ystod y rhaglen daeth llun ar y sgrin o hogia bach Trefor mewn ymarfer band yn 1967. Daeth geiriau Max Boyce i'r meddwl, 'I was there!', wrth edrych arnaf fy hun ar y bocs.

Er nad oedd Dad a Mam yn 'roials' nac yn genedlaetholwyr, nid hawdd oedd iddynt dderbyn fod eu mab yn prysur droi yn 'Welsh Nash' a'r fath ddaliadau eithafol yn datblygu ynddo. Pechodd y band gyda llawer yn y pentref yr haf hwnnw, ond nid felly y bu hi yn tŷ ni a chefais ddal ati fel aelod. Diolchaf hyd heddiw i fy rhieni am eu doethineb a'u cefnogaeth mewn amser cythryblus iddynt hwythau fel dau o gefnogwyr y Blaid Lafur Brydeinig.

Bellach, roeddwn wedi sefydlu fy hun fel gwas ffarm bach yn Llwyn y Brig ac yn treulio pob dydd Sadwrn a gwyliau ysgol yn chwarae gweithio yng nghanol y prysurdeb hamddenol. Dysgais lawer mwy am y tymhorau, anifeiliaid a natur nag a wnes i yn yr ysgol, gyda gwahanol ddyletswyddau a gofynion amrywiol yn galw trwy gydol y flwyddyn. Pleser mawr fyddai helpu John a'i dad i dorri coed a logiau (gyda'r lli gadwyn) ar bnawn Sadwrn oer yn y gaeaf ar gyfer yr wythnos i ddod. Yna dychwelyd i'r cwt sinc wrth ochr y tŷ am bowlennaid o lobsgows cynnes Anti Eunice, cyn troi am adref yn y tywyllwch. Gallaf arogli gwres y stof baraffin yn fy meddwl hyd heddiw, a dyna beth oedd teimlad o groeso cynnes hen ffasiwn. Cymeriad tawel oedd William Thomas ac i mi yn hen ŵr rhadlon a bodlon ei fyd. Eisteddai mewn cadair siglo fawr bren yn y cwt sinc ac wrth ochr y bwrdd bwyd am ran helaeth o'r dydd. Byddai'n edrych allan drwy'r ffenest a gwrando ar *The World at One* gan y BBC ar y radio a sgwrsio gyda Moi a Fflei, y cŵn defaid. Pan ddeuai allan i'r awyr agored gyda'i getyn yn ei geg byddai hynny yn arwydd fod rhywbeth pwysig ar y gweill yn y fferm. Rhyw beiriant newydd wedi cyrraedd, croesawu neu ffarwelio ag ymwelydd neu ddyddiau cario gwair. Y cof mwyaf sydd gennyf amdano a'r hyn sydd bob amser yn codi gwên yw cofio ei ffordd unigryw o weiddi ar Moi y ci. Dyma'r dechneg... "Moi Moi Moi Moi Moi Moi Moi Moi Moi Moi Moi Moi Moooooooooooooooooooooi" a hynny yn cael ei ailadrodd tan ddôi Moi i'r golwg. Annwyl a chroesawgar iawn oedd William Thomas.

Adeiladwyd y cwt sinc fel rhyw fath o estyniad rhad i'r tŷ, ac yno y treuliai Anti Eunice y rhan helaeth o'r dydd yn paratoi prydau bwyd nid yn unig i'r dynion ond hefyd i'r anifeiliaid. Roedd y cyfan yn digwydd yng nghanol llanast ac annibendod llwyr mewn cynhesrwydd braf ac yn arogl y nwy a'r paraffin. Buasai swyddogion Iechyd a Diogelwch heddiw yn cael hunllef o weld beth oedd yn digwydd yn y cwt o ddydd i ddydd. Er hynny, yn fy meddwl bach i roedd y prydau bwyd yn hynod flasus, yn ddigonol a chan mil gwell na phrydau bwyd adra gan Mam. Wrth reswm, nid oedd y farn honno yn plesio Jennie Jôs a buan iawn y cefais wybod hynny.

Dau achlysur fyddai yn ein denu i fwyta yn y tŷ. Roedd set deledu ddu a gwyn eithaf sâl yno, a byddai bywyd a gwaith y fferm yn stopio yn gyfan gwbl pan fyddai gemau rygbi rhyngwladol ar ddechrau'r flwyddyn a Chymru yn chwarae. Gan nad oedd diddordeb gan Dad mewn chwaraeon, John Cled gyflwynodd y gêm rygbi i mi gan weiddi nerth ei ben pan fyddai Gareth Edwards, Barry John a JPR yn ymladd dros ein gwlad. Yr achlysur arall yn rhyfedd iawn oedd y gemau criced yn yr haf. Ni ddeallais eto be oedd yn denu John Cled o bawb tuag at griced ond bu'n addysg ac agoriad llygad arall i mi.

Daeth y dyletswyddau a'r cyfrifoldebau bychain a roddwyd i mi yn Llw Pric yn bleser ac yn addysg heb yn wybod i mi rhywsut. Roedd hel wyau'r ieir yn joban bwysig a darganfod nythod cuddiedig o gwmpas y buarth yn bwysicach fyth. Sôn am gynnwrf pan fyddai darganfyddiad, a'r oedolion annwyl yn ymuno yn y dathlu ac yn gorfoleddu. Byddwn hefyd wrth fy modd yn y *dairy*, enw crand ar gwt bach glân ac oer lle deuai John Cled â'r pwcedi llaeth i'w gwagio wrth odro'r gwartheg yn y beudai. Roedd angen labelu pob can llaeth gyda label brown ar damaid o linyn, ei stampio gydag enw'r perchennog a'i glymu ar y can haearn. Wel dyna job ddifyr a phwysig!

Daeth Moi a Fflei yn ffrindiau ffyddlon iawn i mi dros y blynyddoedd a byddwn wrth fy modd yn cerdded gyda nhw i nôl y gwartheg ar gyfer eu godro ar ddiwedd y pnawn, gyda gwelltyn yn fy ngheg 'run fath â ffarmwr go iawn. Ar ôl i'r gwartheg setlo yn y beudai ar gyfer eu godro ar y stôl (â llaw!) gan John Cled, roedd un joban arall i'w gwneud cyn troi am adra a chyn iddi dywyllu. Byddai Anti Eunice yn paratoi 'swper bach' i John oddeutu hanner ffordd trwy'r amser godro gan fod oddeutu dwsin neu fwy o wartheg angen sylw. Pleser fyddai cario'r *tray* gyda brechdan ham a phaned, sosej rôl a crisps neu bowlennaid o sŵp o'r cwt sinc i fyny trwy'r ardd yng nghefn y tŷ i John yn y beudy. Un nos Sadwrn daeth llwgfa a gwendid drosta i wrth gario brechdan ffres a phowlennaid o *oxtail soup* cynnes ar y *tray*. Bu'r demtasiwn yn ormod, a dyma helpu fy hun i lwyaid o'r sŵp; aeth un llwyaid yn ddwy a thair a phedair tan nad oedd dim ar ôl. Penderfynais gerdded lawr yn ôl i'r cwt sinc i esbonio'r cwbl gyda chelwydd perffaith a gofalus. "Anti Eunice, dwi 'di baglu yn yr ardd a cholli'r sŵp i gyd," meddwn. "Paid â phoeni, 'ngwash i, mi wnawn bowlennad arall i John, siŵr." Dwi'n sicr hyd heddiw na lyncodd yr hen wraig y stori mor rhwydd ag y llyncais i'r tuniad o *oxtail soup* gorau a gefais erioed, er mawr gywilydd i mi.

Defaid cadw o ffermydd eraill oedd yn Llw Pric fel llawer i fferm arall yn yr ardal, a rhaid oedd edrych ar eu holau yn ofalus tra oeddynt yn ein meddiant. Fel gwas bach byddai cerdded y caeau gyda Moi a Fflei i edrych am fylchau yn y waliau a'r ffens yn dasg dra phwysig. Roedd modd cerdded i fyny reit at waelod Craig y Cwm, y graig fawr ar wyneb

Mynydd Canol yr Eifl. Yn aml iawn byddai cyfarfod y geifr
gwyllt yn brofiad cyffrous ac yn rhan o'r daith. Yn ystod un
prynhawn o gerdded yn ystod y gwyliau, sylweddolais fod
argyfwng ar y graig lle'r oedd myn gafr yn brefu'n wanllyd
a'i fam wrth ei ochr yn cysgu neu wedi marw. Doedd dim
amdani ond dechrau dringo'r graig i archwilio'r sefyllfa a
hynny i gryn uchder. Daeth yn bur amlwg fod y creadur
bach yn amddifad ac mai'r unig obaith oedd ganddo i fyw
oedd achubiaeth ddewr gen i. Llwyddais i'w gario i lawr
yn fy nghôt heb ddim profiad achub mynydd ac, o edrych
yn ôl erbyn heddiw, gyda llai fyth o synnwyr cyffredin.
Ar ôl dychwelyd i Llw Pric i adrodd y stori a chyflwyno'r
anifail bach, cafodd ei fedyddio yn syth fel 'Billy' gan
John Cled. Rhoddwyd potel o laeth cynnes o'r *dairy* iddo
a gwely cyfforddus yn y cwt sinc. O fewn yr wythnos, a
finnau wedi ei fagu bob dydd, daeth cryfder yn ôl i 'rhen
Billy a buan iawn y daeth i gerdded hyd y lle fel brenin
a pherchennog y fferm. Daeth Billy a finnau'n ffrindiau
da am gyfnod o ddwy flynedd, a chefais lawer o hwyl yn
ei gwmni yn ogystal ag ambell bwniad hegar iawn. Hyd
heddiw rwy'n sicr ei fod yn ymwybodol mai fi achubodd ei
fywyd a'i fod yn gwerthfawrogi hynny yn fawr. Tyfodd yn
anifail cryf a hyderus cyn dychwelyd yn ôl i'r mynydd at ei
griw, a chollais innau ffrind ffyddlon arall.

Y Band ac Ysgol Dre

Ddechrau mis Medi 1969 a finnau yn un ar ddeg oed, daeth yn amser gadael Ysgol Trefor a symud ymlaen i'r ysgol uwchradd yn y dre. Dyma'r flwyddyn y gwnaeth Ysgol Ramadeg Pwllheli ac Ysgol Frondeg ymuno fel un ysgol gyfun newydd. Codwyd adeilad Ysgol Glan y Môr o'r newydd ar gyfer plant Form Three ac uwch a bu raid i blant newydd Form One a disgyblion Form Two setlo yn hen adeilad yr Ysgol Ramadeg, a fedyddiwyd yn Ysgol Penrallt, Pwllheli. Yn yr ysgol hon, sydd bellach yn gartref i Goleg Meirion-Dwyfor, y cefais y ddwy flynedd gyntaf o addysg uwchradd cyn symud i lawr i Glan y Môr yn 1971. Ar ôl setlo a deall y drefn, a oedd mor wahanol i'r ysgol fach, bu'r ddwy flynedd yn Ysgol Penrallt yn rhai pleserus dros ben. Cas beth am yr ysgol oedd ei lleoliad gan fod angen cerdded i fyny'r allt serth ymhob tywydd gyda bag ysgol mawr, dillad ymarfer corff ac ambell ddiwrnod y corn hefyd. Heddiw mae rhan helaeth o fyfyrwyr y coleg yn archebu tacsi i'w cludo i fyny mewn steil a moethusrwydd a byddaf yn ysgwyd fy mhen yn aml wrth weld y fath beth. Plant bach un ar ddeg oed oeddem ni, llawer o'r hogia mewn trowsusau bach a'r genod mewn sgertiau a sanau pen-glin haf a gaeaf.

Yn Ysgol Penrallt daeth cyfle i fwynhau gwersi mewn ffordd dra gwahanol i'r ysgol gynradd, gydag athrawon gwahanol ar gyfer pob pwnc. Yn fuan iawn datblygodd ambell un yn ffefryn gen i, fel Mrs Nansi Mai Evans (yn wreiddiol o Drefor), yr athrawes gerdd, a gwraig y prifathro. Mae'n debyg mai'r hyn sy'n aros fwyaf yn y cof am Ysgol Penrallt a dweud y gwir yw'r cyngherddau Nadolig o dan ei gofal hi. Dyma'r tro cyntaf i mi fod ar lwyfan yn

rhan o gyngerdd gyda chynulleidfa swmpus. Roedd cyfle
i bob disgybl oedd â diddordeb mewn llwyfannu, boed
yn lleisiol, yn offerynnol neu ddawnsio gymryd rhan.
Byddai'r ymarferion yn mynd ymlaen am wythnosau ac
yn bwysicach na gwersi na hyd yn oed arholiadau diwedd
tymor, o leiaf i Mrs Evans a ni. I mi, ac ambell un arall,
roedd y corn yn allwedd ardderchog i gamu ar y llwyfan
a byddai eitemau wedi eu trefnu ar gyfer unigolion a
grwpiau ohonom. Ar ôl yr holl baratoi dwys a brwdfrydig
byddai corau, partïon, unawdwyr ac offerynwyr yn werth
gwrando arnynt bob blwyddyn.

O ran gwersi rhaid dweud i mi fwynhau bron pob pwnc
ar wahân i Fathemateg a Saesneg, gan nad oeddwn yn eu
deall nac yn dangos llawer o ddiddordeb chwaith. Yn gwbl
wahanol, roedd y Gwaith Coed yn y gweithdy bach a'r
gemau pêl-droed ar y cae mawr yn atyniad mawr iawn i'r
rhan fwyaf o'r hogia. Breuddwydiais lawer tro fy mod yn
George Best ar y cae a chyffroi yn fawr wrth sgorio ambell
i gôl brin mewn crys coch a choler wen.

Dechreuodd yr hogia ddod yn ymwybodol am y tro
cyntaf fod y genod yn wahanol ac yn rhai i'w hedmygu,
er na feiddiai neb gyfaddef y fath beth. Roedd y genod yr
un mor fawr eu diddordeb yn yr hogia ac yn llawer mwy
hyderus i gyfaddef hynny. Fel llawer i hogyn arall yn Form
One, cefais ambell i *love letter* a chynhyrfu yn fawr wrth
eu derbyn. Er hynny, fyddwn i ddim yn dilyn eu cynnwys
fawr ddim pellach heblaw am eu darllen ddegau o
weithiau, a'u cadw'n saff ym mhoced y *blazer* werdd. Er na
wnes i gyfaddef wrth neb, roedd un ferch yn sefyll allan,
ond yn anffodus ni chefais *love letter* gan honno er fy mod
yn weddol sicr ei bod yn fy ffansïo yn fawr. Dyddiau da,
diniwed oedd dyddiau Penrallt!

Roeddwn bellach yn prysur fagu hyder a phrofiad fel
aelod llawn o'r band a hynny yn parhau o dan y ddau
arweinydd. Y prif arweinydd oedd Geraint, a fo oedd yn
gwneud y gwaith caib a rhaw o ddysgu'r offerynwyr i

chwarae holl nodau'r darnau prawf ar gyfer y cystadlu. Yna deuai Bob Morgan i gynnig sglein ar bethau cyn y gystadleuaeth. Roeddwn bellach yn cael y gorau o ddau fyd fel bandar bach ifanc, ac fel llawer un arall cefais gyflwyniad, hyfforddiant a chychwyn ardderchog i fyd cystadlu y bandiau pres.

Roedd noson yr ymarfer yn waith caled, gyda phob manylyn yn cael sylw teilwng ac ailadrodd rhannau amryw o weithiau yn boenus i'r gwefusau meddal. Er hynny, roedd 'noson practus band' yn addsyg ynddi'i hun yn gymdeithasol ac yn gerddorol. Dyma lle deuai oedolion, boed ferched neu ddynion, i ymlacio ar ôl diwrnod o waith ac i geisio creu cerddoriaeth i'r safon uchaf posib o fewn eu gallu. Roedd llawer o hwyl a thynnu coes a thrafod materion mawr y dydd yn ystod 'half-time'. Yna'n ôl i weithio a chanolbwyntio gant y cant wrth fwynhau'r ymdrechion di-ben-draw i godi'r safon ar gyfer yr ornest nesaf.

Ar ddiwedd fy mlwyddyn gyntaf ac ar ddechrau gwyliau'r haf yn 1970 penderfynodd y band gystadlu yn Eisteddfod Genedlaethol Rhydaman. Ni fu'r band erioed yn llwyddiannus iawn yn y Genedlaethol cyn hynny, ond roedd Geraint a'r pwyllgor yn awyddus iawn i gystadlu er mwyn magu hyder ac ennill profiad i'r dyfodol. Pobl gyda gweledigaeth a breuddwyd oedd pwyllgor y band a phob un ohonynt yn weithgar a chefnogol iawn i'r gymdeithas. Gan fod amryw o blant ifanc yn aelodau, penderfynwyd y buasai'n syniad da i gael rhiant neu oedolyn i deithio lawr i'r de gyda phob un. Roedd angen aros dros nos, a gwnaethpwyd hynny mewn neuadd ysgol a honno yn llawn o wlâu bach sengl cwbl anghyfforddus. Ychydig iawn o gwsg a fu'r noson honno i ran helaeth o'r criw ond fe gysgodd Dad, a chwyrnu drwy'r cwbl er mawr syndod i bawb arall. Codwyd cywilydd mawr arnaf ar fore'r gystadleuaeth pan oedd pawb yn tynnu ei goes a chyfeirio ato fel y 'Cysgadur'. Er hynny nid oedd Dad yn cynhyrfu dim am y peth, dim ond chwerthin yn iach gyda phawb arall, heblaw fi.

Y darn prawf i'r gystadleuaeth oedd *Over the Hills* gan J.A. Greenwood a chafwyd perfformiad o safon dda gyda Bob Morgan yn arwain. Pan ddaeth y canlyniadau bu gorfoleddu a dathlu enfawr gan i'r band ddod yn ail allan o naw o fandiau. Dyma'r tro cyntaf i mi flasu llwyddiant mawr gan i'r ail wobr honno fod bron cystal ag ennill y gystadleuaeth ei hun. Dois adref o'r Steddfod gyda thân yn fy mol ac yn ysu am fwy o gystadlu, gan ddechrau arni yn syth i ymarfer mwy nag erioed.

Ymhen y flwyddyn ac ar ôl ambell gystadleuaeth arall roedd y band yn ôl yn y Genedlaethol, a hynny y tro yma ym Mangor. Unwaith eto Bob oedd wrth y llyw, ac unwaith eto dois adref gyda'r ail wobr ar ôl perfformiad da o *A Rural Suite* gan Eric Ball. Ymhen blynyddoedd daeth Eric Ball yn bartner cerddorol da i mi fel cyfansoddwr ym myd y cystadlu gan i mi gael llawer o lwyddiant gyda'i waith. Roedd ei arddull yn taro deuddeg i mi a'i ddawn i gyfansoddi i fand pres heb ei hail, a hynny i fandiau o bob safon. Dim ond unwaith neu ddwy y bûm yn ddigon ffodus i'w weld mewn cystadleuaeth bandiau ond yn anffodus, ni fu i mi ei gyfarfod erioed. Ni allaf byth anghofio ei wallt gwyn yn disgleirio fel sidan a'i bresenoldeb anferthol – yn blentyn cawn y teimlad fy mod yn edrych ar dduw y bandiau pres. Bythygofiadwy!

Ddiwedd 1971 bu rhaid ffarwelio â Bob fel arweinydd proffesiynol ar ôl cyfnod llwyddiannus a llewyrchus iawn yn hanes Seindorf Trefor. Daeth yn ôl i chwarae'r trombôn gyda ni lawer tro ar ôl hynny gan ddod ag ambell i ddisgybl disglair o'r Oakeley gyda fo. Un o'r rhai hynny oedd John Keith Roberts a oedd yn chwaraewr cornet penigamp, ac yn un a ddaeth yn gyfaill oes i mi gan i'r ddau ohonom hefyd fod yn chwarae ym Mand Pres Ieuenctid y Sir am flynyddoedd lawer. Aeth John ymlaen i'r coleg ac i weithio i dde Cymru fel gwyddonydd, cyn ymgartrefu gyda'i deulu

yng Nghaerdydd a dod yn aelod ffyddlon a gwerthfawr
iawn o Fand Pres Dinas Caerdydd (Melingriffith). Pleser
bob amser ers hynny fyddai ei weld yn yr Eisteddfod bob
blwyddyn ac mewn llawer i gystadleuaeth arall i fandiau
pres ymhob rhan o Brydain.

Bellach roedd fy hyder fel bandar yn prysur dyfu a'r
teimlad o fod yn berfformiwr yn apelio mwy bob dydd.
Roedd sylw a chanmoliaeth yn dod o bob cyfeiriad a
llawer i ferch yn edrych i fyny at aelodau deniadol y band
llwyddiannus ac enwog o Drefor. Dwi ddim yn siŵr a
oedd hynny'n wir neu yn freuddwyd ffŵl gan yr hogia,
ond roedd yn deimlad pleserus wrth feddwl ein bod yn
rhyw fath o 'selébs'. Roedd bywyd yn grêt, er i mi golli
Taid Bynglo y flwyddyn honno ac yntau erbyn hynny yn
76 oed. Dyma'r angladd cyntaf i mi gael bod yn rhan o
gario a thywys yr arch tuag at y bedd a hynny yn brofiad
cymysglyd ac emosiynol iawn. Roeddwn bellach yn ddyn
go iawn! Er hynny, ychydig a wyddwn mai dyma'r tro
cyntaf o ddegau o weithiau i mi gael y fraint nad oedd neb
yn ei dymuno ar unrhyw adeg mewn bywyd.

Ar ôl dwy flynedd hapus iawn yn Ysgol Penrallt
dechreuais yn Form Three i lawr yn Ysgol Glan y Môr.
Dyna'r drefn ar y pryd, cyn iddynt godi mwy o adeiladau
ac uno'r ddwy ysgol ugain mlynedd yn ddiweddarach yn
y nawdegau. Roedd manteision amlwg i'r ysgol newydd ac
un o'r rhai hynny oedd cludiant gan y Moto Coch i ddrws
yr ysgol bob dydd. Hen hanes bellach oedd cerdded
a stachu i fyny'r allt ym mhob tywydd. Er hynny, roedd
teimladau cymysg gennyf am y symud gan fod llawer
o'r hogia hŷn yn y band wedi ein rhybuddio a chodi ofn
arnom cyn i ni gyrraedd wrth sôn am ddisgyblaeth lem y
prifathro E. R. Hughes. Gwyddai pob plentyn am ei hoffter
o ddefnyddio'r gansen i ddisgyblu plant drwg.

Nid oeddwn yn edrych ymlaen at ei wynebu ar
unrhyw ddiwrnod pan fyddai tempar ddrwg arno ac yn
sicr ddim ar y diwrnod cyntaf un, ond yn anffodus felly y

bu. Ar ôl cofrestru arweiniwyd holl ddisgyblion yr ysgol o'u dosbarthiadau i'r neuadd ar gyfer yr *assembly* boreol, a oedd yn fwy o gyfle i'r pennaeth gosbi a phwysleisio disgyblaeth nag o achlysur crefyddol. Eisteddai holl athrawon yr ysgol ar y llwyfan – rhai mewn clogau graddio du hyll fel petaent yn ymffrostio ac ymfalchïo yn eu camp o ennill gradd i ddysgu plant. Nid oeddynt i gyd yn gwirioni ar chwarae 'Batman' chwaith. Safai pawb arall ar y llawr mewn rhesi gyda Form Three yn y blaen a Form Four a Five y tu ôl iddynt, a chriw Form Six ar ben pob rhes fel soldiwrs. Cerddodd Bòs i mewn a chamu i'r llwyfan yn ei glogyn du fel bwgan gan godi ofn ar bawb. Cyflwynodd ei hun i'r criw distaw, ofnus a chrynedig a phawb yn ceisio gwneud ei hun yn anweledig.

Ar ddiwedd y chwedegau a dechrau'r saithdegau roedd yn eithaf ffasiynol i'r hogia dyfu eu gwalltiau yn hir. Daeth hynny i raddau yn sgil dylanwad aelodau grwpiau pop megis y Beatles a'r Rolling Stones oedd mor boblogaidd ar y pryd. Sodrodd 'rhen Hughes ei reol a'i gasineb at y ffasiwn hwnnw yn ei ffordd ymosodol ei hun fel bod pawb yn deall y drefn ddisgwyliedig. Er mwyn dangos a phrofi ei awdurdod ymhellach, penderfynodd bigo ar un plentyn newydd yn Form Three ar fore cynta'r tymor gan wneud esiampl ohono. Yn anffodus, fi oedd y plentyn hwnnw a chefais y gorchymyn, "You, boy, yes, you!" gyda'i fraich a'i fys yn pwyntio reit ataf. "Step out, and join me on this platform." Cerddais i fyny yn grynedig a llawn ofn. Yn anffodus roeddwn yn eithaf tal hyd yn oed yn fy arddegau cynnar, ond yn waeth na hynny roedd mop o wallt cyrliog du gennyf nad oedd â dim i'w wneud â'r grwpiau pop. Roeddwn wedi cyrraedd yr ysgol newydd y diwrnod hwnnw gyda dillad, sgidiau a *satchel* newydd. Roeddwn wedi torri fy ngwallt yn daclus a thwt yn y dre rai dyddiau ynghynt, ond yn anffodus nid oedd gwaith y barbar yn plesio 'rhen Hughes. Cefais fraw a dychryn a theimlwn fel crio wrth grynu yn ofnus ar y llwyfan mawr. Roeddwn yn teimlo yn unig, ofnus a chwbl ddihyder mewn sefyllfa gwbl ddieithr.

O edrych yn ôl, anodd iawn fuasai maddau i unrhyw un am weithredu mor ymosodol tuag at blentyn heb wybod dim am ei gefndir, natur ei gymeriad na'i gyflwr meddyliol. I mi, dim ond un disgrifiad sydd o'r fath berson a 'bwli' ydi hwnnw. A dyna oedd E. R. Hughes yn y bôn, ond er hynny am bum mlynedd o dan ei awdurdod roedd gennyf ryw barch rhyfedd tuag ato gan fy mod yn gwybod mai fo oedd yn iawn ran amlaf. Yn anffodus, nid dyna'r tro olaf i mi wynebu awdurdod a chosb Bòs gan i mi herio'r ffiniau yn aml o dan ei ofal.

Enghraifft dda o hynny oedd y dydd y cefais gosb am orwedd yn braf yn torheulo ar bwt o laswellt o flaen yr ysgol er fy mod yn gwybod yn iawn am y rheol 'out of bounds'. Cystadleuaeth oedd hi i weld pwy fuasai'n meiddio aros ar y gwair hiraf heb gachgïo. Roedd y sialens yn apelio'n fawr gan fod cyfle i mi ddangos fy hun a phrofi pa mor ddewr oeddwn i i ferched yr ysgol. "Mae John Glyn yn uffar o gês" (neu ffŵl!).

Yn y drydedd flwyddyn dois yn ymwybodol o'r smocio ar y bws, gan ddangos cryn ddiddordeb yn y weithred. Buan iawn y dois yn rhan o'r peth, ac erbyn tymor y Pasg roeddwn yn mwynhau mygyn braf ymysg yr hogia mawr ar y bws ac yna ar iard yr ysgol a thu ôl i'r cwt beics. Roedd hynny yn bur fentrus, ond yn rhywbeth a roddai bleser a chyffro i mi wrth geisio cadw lwc-owt a mwynhau smôc yr un pryd. Cefais gopsan fwy nag unwaith efo ffag yn fy ngheg a thalu gyda'r wialen a 'six of the best' ar fy llaw. Prysuraf i ddweud mai fy nghyfrifoldeb i oedd cadw at y rheolau, er nad oeddwn y gorau am lwyddo i wneud hynny o bell ffordd. Roeddwn yn haeddu'r gosb ac ni fu i mi erioed gwyno am hynny.

A finnau bellach newydd ddathlu fy mhen blwydd yn bedair ar ddeg oed daeth y smôc yn rhywbeth eithaf pleserus a phwysig i lawer ohonom fel aelodau o'r band, er nad oedd pob un o fy ffrindiau yn ddigon gwirion i gael eu temtio i ddechrau. Y pleser mwyaf o danio ffag yn ystod 'half-time' yr ymarfer oedd mwynhau smôc heb ofni awdurdod y Bòs a'i ysgol. Gwnâi smocio i mi deimlo fel oedolyn, ac roedd yn beth ffasiynol i'w wneud er mai rhannu ffag fyddai'r drefn yn aml iawn. Byddai disgwyl am stwmp yn creu cyffro na ellid ei ddisgrifio yn hawdd, gyda phleser pur i'w gael wrth ddiweddu bywyd y sigarét cyn ei thaflu i'r llawr a'i sathru.

Ychydig a wyddai unrhyw aelod o'r band ar y pryd y buasai 1972 yn flwyddyn a fyddai'n aros yn y cof am weddill ein bywydau. I mi yn bersonol roedd mwy nag un rheswm i hon fod yn flwyddyn ac yn garreg filltir hynod o bwysig yn fy mywyd. Am yr ail flwyddyn yn olynol mentrwyd i gystadlu i'r Belle Vue ym Manceinion, gydag un ar bymtheg o fandiau yn brwydro yn y Spring Festival. A brwydr ydoedd, gan fod meddylfryd pob un ohonom yn ysu i chwalu pob band arall. Roedd ennill yn hanfodol, ac nid oedd dim arall yn cyfrif. Wrth gwrs, doedd hynny ddim yn digwydd bob tro a rhaid oedd derbyn hynny cyn symud ymlaen i'r ornest nesaf. Yn wir, gallaf dystio fy mod wedi cario'r meddylfryd yna ar hyd fy ngyrfa er nad oeddwn mor eithafol fel arweinydd ac wrth heneiddio fel cerddor.

Roedd Belle Vue yn lle rhyfeddol i ni yn blant wrth gerdded i mewn i fyd o ffantasi lliwgar, gyda cherddoriaeth hapus yn seinio trwy'r lle a'r ffair anferth yn cynnig pob math o antur. Yn ystod y saithdegau mae'n debyg fod y lle yn un o'r prif atyniadau o ran adloniant teuluol yng ngogledd-orllewin Lloegr gyda'r ffair, y sw, gerddi crand a thrac rasio moto-beics. Nid oedd dim byd tebyg yn Nhrefor, er bod llawer ohonom wedi cael ychydig o flas cyffelyb yn Marine Lake, y Rhyl ar ddiwrnod tripiau ysgol Sul. Roedd y lle yn ddelfrydol i gynnal cystadlaethau bandiau, ac yn atgoffa rhywun o leoliad Steddfod Butlins ger Pwllheli.

Ar ôl hir ymaros, camodd Band Trefor i'r llwyfan fel

cystadleuwyr olaf y dydd o dan arweiniad medrus Geraint Jones i chwarae'r darn prawf *Little Suite for Brass* gan Malcolm Arnold. Nid hawdd fuasai disgrifio'r gorfoledd pan gyhoeddwyd o'r llwyfan yn ystod y feirniadaeth gan Rex Mortimer mai'r band buddugol oedd y band a chwaraeodd yn olaf. Y rhai olaf a fyddant flaenaf yn wir! Roedd Band Trefor wedi cyrraedd y brig yn Belle Vue o bob man, mewn ardal a fu mor enwog a llwyddiannus ym myd bandiau pres y Saeson ers blynyddoedd maith. Cyflwynwyd cwpan anferth o lwyfan y King's Hall i Geraint gan neb llai na Harry Mortimer ei hun. Cafwyd perfformiad gwych gan y band a dehongliad arbennig o'r unawd cornet yn yr ail symudiad gan Richard Williams (Dic Sychnant), ein prif gornetydd. Bu Dic yn aelod ffyddlon o fand Excelsior Ropes yng Nghaerdydd (Melingriffith) am flynyddoedd tra oedd o'n gweithio yn y de, ond un o hogia ni oedd Dic yn y bôn. Yn blentyn ysgol adref yn yr ardd, bûm yn ddigon ffodus i'w glywed yn ymarfer yn ei gartref yn Sychnant yn ystod cyfnod o wyliau. Wrth wrando ar ei dôn gyfoethog a'i sgiliau chwim breuddwydiais lawer tro am efelychu'r hyn yr oedd Dic yn gallu ei wneud ar y cornet. Yn Belle Vue y diwrnod hwnnw bu'r profiad o gydchwarae gyda fy arwr yn werthfawr iawn, gyda'r perfformiad yn aros yn y cof am byth. Y diwrnod canlynol cafwyd gorymdaith drwy bentref Trefor gyda'r gwpan fawr yn cael ei chario gan R.J. Williams (Robin John), a fu'n aelod ffyddlon iawn o bwyllgor y band am flynyddoedd lawer. Daeth Robin John yn gyfaill mawr i mi a chefais lawer o hwyl yn tynnu ei goes yn ddiddiwedd, ac yntau yn llawn fwynhau'r hwyl. Rai blynyddoedd cyn i mi ymuno â'r band bu ei fab Dennis Williams yn aelod am rai blynyddoedd. Daeth Dennis yn amlwg ym myd y bandiau, gyda chysylltiadau agos â Band Porthaethwy a Band Deiniolen fel arweinydd a chwaraewr. Yn ddiweddarach cefais y pleser o gydweithio gyda Dennis am flynyddoedd fel hyfforddwr i'r Gwasanaeth Ysgolion.

Yn fuan iawn ar ôl y fuddugoliaeth fawr daeth yn amser i'r band benodi prif gornetydd newydd, gan i Dic benderfynu na allai ddal ati oherwydd pwysau gwaith fel pensaer. Braint ac anrhydedd i mi yn fachgen ifanc pedair ar ddeg oed oedd cael fy mhenodi fel 'principal', er fy mod yn eithaf pryderus ac ansicr a fyddwn yn gallu cyflawni'r cyfrifoldeb gyda chyn lleied o brofiad. Mae'n amlwg fod gan Geraint lawer mwy o ffydd ynof nag yr oeddwn am ei roi ynof fi fy hun.

Daeth y prawf cyntaf i ddangos ymrwymiad i'r penodiad ar ddechrau mis Awst a'r band yn paratoi i gystadlu yn Eisteddfod Genedlaethol Hwlffordd. Ychydig llai nag wythnos cyn y gystadleuaeth bu farw Yncyl Elis yn frawychus o sydyn. Tad fy nghyfnither Margaret oedd Yncyl Elis, yn byw gyda'i wraig Anti Grace (chwaer Dad) yn 2 Eifl Road, Trefor. Dyma HQ y teulu, ac yma y deuai pawb am baned a sgwrs ac i drafod pethau mawr bywyd a theulu. Byddai drws 2 Eifl Road yn agored i bawb bob amser ac yntau fel taid balch i ni fel hogia. Gŵr annwyl ydoedd, yn ymfalchïo ym mywyd hogia Owie ac yn falch o fod yn rhan o fwrlwm ein tŷ ni. Bu farw ar ddydd Iau, 3 Awst gyda'r angladd i ddilyn ar y dydd Llun. Dilema mawr i mi oedd y ffaith mai ar y dydd Llun hwnnw yr oedd y band i gystadlu yn Hwlffordd, a minnau'n brif gornetydd am y tro cyntaf. Ni allwn adael y band i lawr ac yn sicr ni allwn siomi Yncyl Elis chwaith. Daeth fy mhoendod yn amlwg i'r teulu i gyd gan fy mod yn ddistaw, yn methu cysgu na bwyta, gyda newid mawr yn fy mhersonoliaeth a hynny am un rheswm yn unig. Ar ôl trafodaeth yn fy absenoldeb daeth Dad ataf a dweud fod Anti Grace yn dymuno cael gair bach efo fi yn unig. Cerddais i mewn i'r parlwr yn Eifl Road lle roeddwn wedi chwarae cymaint ar y corn i gyfeiliant y piano gyda Margaret pan oeddwn yn y Band Bach.

Darbwyllodd Anti Grace fi i beidio â phoeni dim am golli'r angladd, gan ddweud y buasai ei gŵr yn drist iawn pe bawn yn methu'r cyfle i chwarae gyda'r band yn y Steddfod. "Dos i'r Steddfod, John bach, a chwarae dy orau i Yncyl Elis" oedd ei geiriau. Nid oedd angen dweud mwy, a disgynnodd pwysau enfawr oddi ar fy ysgwyddau yn y fan a'r lle. Aeth y sgwrs yn ei blaen rhwng y ddau ohonom, gyda fy modryb yn siarad am ei cholled ond ar yr un pryd yn datgan ei gwerthfawrogiad o gael bywyd llawn a hapus gyda'i gŵr. Yna dywedodd rywbeth nad oeddwn erioed wedi ei glywed nac wedi meddwl amdano o'r blaen: "Cofia di, mae pob un o'r pethau gorau mewn bywyd i'w cael am ddim. Teulu, ffrindiau, hapusrwydd ac iechyd." Ar hynny gorffennodd y sgwrs ond fe arhosodd geiriau Anti Grace efo fi hyd heddiw. Dyna beth oedd gwers!

Wythnos yn ddiweddarach roedd Anti Gert (Gertrude), chwaer arall i Dad, wedi aros ymlaen yn 2 Eifl Road gyda'i phlant ar ôl yr angladd yn gefn i'w chwaer yn ei phrofedigaeth. Yn Lerpwl yr oedd y teulu wedi byw erioed ond roedd y plant Mary a David yn rhugl yn y Gymraeg er mai Sais oedd eu tad, Yncyl Walter. Roedd David oddeutu wyth mlynedd yn hŷn na fi ac, yn gwbl naturiol, yn dipyn o arwr yn ein tŷ ni. Ddydd Llun, 14 Awst 1972, a finnau newydd gyrraedd tŷ Anti Grace ar fy ymweliad boreol i weld David, daeth cynnig na allwn gredu fy mod yn ei glywed: "Wel John, mae Lerpwl yn chwarae ffwtbol nos fory yn Anfield yn erbyn Man U. Fasat ti'n licio mynd i'r gêm?" Cefais deimlad fy mod yn toddi ac yn llewygu 'run pryd o glywed y fath beth, a gyda cheg agored mewn sioc enfawr atebais, "Baswn plis" mewn llawenydd mawr. Roedd y cwbl wedi ei drefnu ymlaen llaw gan David oedd yn berchen tocyn tymor yn Anfield. Cafwyd tacsi o Drefor i Lerpwl yng nghar Ieu (gŵr Margaret) oedd yn gefnogwr pêl-droed mawr ac yn fwy na bodlon ymuno yn yr antur. Roeddwn ar y ffordd i weld gêm go iawn am y tro cyntaf, ac yn fwy na hynny i weld fy arwyr yn chwarae yn erbyn yr hen elyn.

Tri thocyn yn y Kop yng nghanol cefnogwyr Lerpwl a

gafwyd yn naturiol ond nid oedd hynny yn amharu dim ar fy mwynhad na'r cyffro pan ymddangosodd George Best, Bobby Charlton, Alex Stepney a Brian Kidd ar y cae. Roeddwn yn fy nefoedd ac yn methu'n lân â dygymod â'r freuddwyd a pha mor berffaith yr oedd popeth yn edrych. Y gwellt ar y cae mor llyfn â bwrdd snwcer a chrysau'r chwaraewyr mor lliwgar, heb sôn am y dorf enfawr swnllyd a phwerus. Yn ddiarwybod i mi ar y pryd roeddwn yn dyst i ddiwedd cyfnod un o'r timau gorau a welodd Man U erioed – dyma rai o'r hogia enillodd Gwpan Pencampwyr Ewrop yn 1968. Heb yn wybod i mi ac efallai i lawer un arall oedd yn y gêm y noson honno hefyd, roeddem yn edrych ar dîm newydd oedd ar fin datblygu i fod yn un o'r timau mwyaf llwyddiannus erioed yn Ewrop. Yn anffodus, tîm Lerpwl oedd hwnnw o dan reolaeth Bill Shankly gyda chwaraewyr megis Ray Clemence, Tommy Smith, Emlyn Hughes, Steve Heighway, Kevin Keegan a John Toshack. Colli fu hanes fy arwyr o ddwy gôl i ddim ond unwaith eto, ni amharodd hyd yn oed hynny ar noson bleserus, gyffrous a bythgofiadwy i mi.

Yn ystod gwyliau'r haf cafodd Wynne, Ysgubor Wen (Wynne Williams), un o fy ffrindiau pennaf yn y band, a finnau waith mewn siop ffrwythau yng ngwersyll Butlins ger Pwllheli. Roedd y ddau ohonom wedi tyfu i fyny gyda'n gilydd trwy'r ysgol a'r band a dod yn ffrindiau agos iawn trwy gydol ein hoes. Datblygodd yntau i fod yn chwaraewr cornet penigamp a bu ei gyfraniad i fandiau pres gogledd Cymru yn amhrisiadwy dros flynyddoedd lawer. Ar wahân i Fand Trefor bu ganddo gysylltiad gyda llawer o fandiau eraill, ac yn ddiweddarach sefydlodd Fand Pwllheli er mwyn rhoi cyfle i gerddorion ifanc yr ardal.

Ni allaf feddwl am neb â llai o brofiad i redeg siop na'r ddau ohonom ni, ond felly y bu. Cawsom gynnig y swydd gan Mr Davies, Siop Spar, Pwllheli ar y dydd Gwener a dechrau arni ar y dydd Llun canlynol. Ni chefais erioed gymaint o hwyl mewn unrhyw swydd ag a gefais am

y ddau haf yng ngwersyll gwyliau Butlins yn gwerthu
llysiau a ffrwythau i'r ymwelwyr. Deuai pob math o bobl
i mewn yn rheolaidd, gan gynnwys y merched ifanc, a
ninnau yn ymddwyn fel perchnogion y siop i greu argraff.
Byddai cadw ffrwythau drwg yn bwysig iawn ar gyfer
anifeiliaid y sw, a ninnau yn derbyn potel o gwrw bob un
o'r French Bar gan y staff fel tâl am y ffafr. Ar ddiwrnod
poeth byddai gofyn mynd o gwmpas y gwersyll gyda throli
llawn ffrwythau i fachu'r cwsmeriaid cyn iddynt fynd
lawr am y traeth. Dyna oedd sbort wrth sgwrsio gyda hwn
a'r llall a thynnu cocs gweithwyr y gwersyll wrth iddynt
basio. Pobl a theuluoedd cyffredin oedd rhan helaeth
o'r ymwelwyr, a phleser oedd gweithio yn eu mysg gan
gyfarch a chroesawu gyda hiwmor a gwên. Daeth y cyfan i
ben yn syfrdanol o sydyn ar 9 Awst 1973 pan fu tân anferth
yn un o adeiladau mwyaf y gwersyll. Yn ffodus i ni a phawb
arall, digwyddodd y trychineb yn oriau mân y bore ac ni
anafwyd neb ond collwyd theatrau, siopau a bwytai gyda
dros filiwn o bunnau o ddifrod.

Yn anffodus, ni chafwyd llawer o lwc yn Eisteddfod
Hwlffordd ac ni ddaeth gwobr gyntaf arall i'r band yn
fuan er i ni gystadlu yn rheolaidd. Ni allwn ond meddwl
fod diffyg profiad y prif gornetydd yn cyfrannu tuag at y
llymder a'i bod yn amser i mi dorchi fy llewys i ymarfer a
gweithio llawer iawn yn galetach eto. Ymhen y flwyddyn
daeth dwy ail wobr yn Eisteddfod Rhuthun – ond coron
y flwyddyn i mi yn bymtheg oed oedd ennill gwobr y
chwaraewr cornet gorau mewn cystadleuaeth adloniant
yn Llandudno ym mis Tachwedd allan o ddeg o fandiau
o'r gogledd. Rhoddodd hynny hwb mawr i fy hyder a bu'n
anogaeth berffaith i weithio yn galetach fyth a datblygu fel
chwaraewr. Cyflwynwyd y fedal i mi gan neb llai na Bob
Morgan o Flaenau Ffestiniog. O'r diwedd roedd gennyf
brawf fy mod yn gwneud rhywbeth yn iawn.

Ffrind ffyddlon arall ac aelod gwerthfawr o'r band oedd
John Trefor Williams. Roedd John flwyddyn yn hŷn na fi

gyda chysylltiad agos â theulu Llwyn y Brig. Oherwydd hynny cawsom ganiatâd gan John Cled i wersylla yn un o gaeau'r fferm a byw fel hipis am ychydig ddiwrnodau. Dyna oedd hwyl wrth gynnau tân, bwyta bwyd cowboi ac yfed cwrw Double Diamond allan o ganiau bach wedi eu prynu ar gyfer y fenter gan hogia mawr o'r pentref. Gyda phrofiad o gampio, llwyddodd y ddau ohonom i berswadio ein rhieni i roi rhyddid i ni gael mentro gwersylla efo'r hogia mawr yn Eisteddfod Rhuthun am rai diwrnodau. Daeth hynny â llawer mwy o ryddid i flasu'r Double Diamond a pheint o *mild* mewn tafarn a theimlo fel oedolion go iawn. Steddfod dda oedd Steddfod Rhuthun i mi a'r band.

Bûm hefyd yn ffodus ar fwy nag un achlysur i gael gwahoddiad gan Geraint i fynychu un o gystadlaethau blynyddol mwyaf byd bandiau pres Prydain, a hynny ar y lefel uchaf. Oherwydd perthynas deuluol Gwyrfai Williams gyda Geraint a Sheena ei wraig, deuai gwahoddiad iddo fynychu'r British Open Brass Band Championships yn Belle Vue, Manceinion bob mis Medi. Gan nad oedd Gwyrfai yn dymuno teithio yn y car a threulio'r dydd gyda Geraint a Robin Band, daeth gwahoddiad i minnau fod yn rhan o'r antur fel ffrind iddo. Roedd hwn yn gyfle nad oeddwn am ei golli, yn brofiad anhygoel ac yn gyflwyniad gwych i wrando ar rai o fandiau pres gorau'r byd. Dyma Premier League y bandiau pres. Yn Belle Vue y dois i sylweddoli pa mor uchel yr oedd safon perfformio yn gallu bod, a hynny maes o law yn gosod uchelgais anferth i mi fel bandar bach ifanc. Roedd gwrando ar fandiau megis Black Dyke, Grimethorpe a Brighouse a Faireys o dan arweinyddion fel Roy Newsome, Geoffrey Brand a Walter Hargreaves yn agoriad llygad a rhyfeddod llwyr. Ar ôl gwrando ar berfformiadau buddugol Black Dyke yn '73 a '74 buan iawn y dois yn gefnogwr ffyddlon iddynt, a chwaraewyr fel Jim Shepherd (cornet) a John Clough (ewffoniwm) yn gymaint o arwyr â George Best a Bobby Charlton. Buan iawn y cefais lun o Jim a'i gornet i fyny ar

wal fy llofft a record LP o Black Dyke yn anrheg Nadolig
gan fy rhieni.

Ddydd Sadwrn, 7 Ebrill 1973 cefais y fraint o fod yn was
priodas am y tro cyntaf erioed. Fe ddaeth y gwahoddiad
gan neb llai na Dewi fy mrawd mawr a'i briodferch,
Carol o Gaernarfon. Merch oedd Carol i George a Katie
Thomas a fu'n cadw siop camerâu a thynnu lluniau yn y
dref am flynyddoedd lawer. Yn bymtheg oed, dyma mae'n
debyg oedd y profiad cyntaf i mi o siarad yn gyhoeddus
a chyflwyno araith i gynulleidfa. Gallaf gofio rhannau
helaeth o'r diwrnod, a theimlo hyd heddiw i mi fwynhau'r
profiad o fod yn gallu denu cymaint o sylw ataf fy hun.
Roeddwn wrth fy modd yn diddanu a chreu adloniant a
chlywed pobl yn chwerthin ac yn mwynhau. Bu'r diwrnod
yma'n ysgol dda gan i mi fod yn was priodas lawer tro
wedyn yn ystod yr hanner can mlynedd a aeth heibio.

Heblaw'r band a'r ysgol roeddwn yn cymryd diddordeb
yng ngweithgareddau Capel Gosen o dan ofal ein gwein-
idog, y Parch. Goronwy Prys Owen. Fel llawer i blentyn arall
roedd yr ysgol Sul yn gyfarfod pwysig i mi bob wythnos,
ag ambell i oedfa yn cynnig y cyfle i ni gymryd rhan mewn
gwasanaeth. Bu Mr Owen yn weithgar iawn ymysg y bobl
ifanc yn y capel gan annog pob un ohonom i fod yn rhan o'r
sefydliad, ac yn arbennig ar ôl cael ein derbyn yn aelodau
llawn. Rhoddai'r term 'pobl ifanc' deimlad o falchder
ac aeddfedrwydd i ni, gan gyfrannu hefyd at newid ein
diddordebau a rhoi sylw i bethau pwysicach mewn bywyd.
'Pan oeddwn fachgen, fel bachgen y llefarwn, fel bachgen
y deallwn, fel bachgen y meddyliwn; ond pan euthum yn
ŵr, mi a rois heibio bethau bachgennaidd' (1 Corinthiaid
13:11). Daeth gwahoddiad gan Mr Owen i bobl ifanc y capel
ddod yn rhan o'r ymgyrch genedlaethol ar y pryd, 'Cofia'r
Iesu', a oedd yn cenhadu trwy rannu a glynu posteri ar
hyd a lled yr ardal. Byddai gwahoddiad i'w gartref i'r holl
griw gweithgar am baned a sgwrs yn achlysur hapus, ac
ni allaf byth anghofio sosej rôls cartref Mrs Owen. Roedd

hwn yn gyfle euraidd i'r hogia dreulio llawer mwy o amser gyda'r genod i geisio creu argraff ac i ddenu sylw a chalon ambell un. Roedd y cwbl yn cael ei wneud yn ddiniwed a pharchus yng ngolwg ein rhieni, a hynny i gyd o dan adain a goruchwyliaeth Iesu Grist. Ganol y saithdegau bu colled fawr i Gapel Gosen pan benderfynodd Mr Owen dderbyn galwad i Eglwys Heol y Dŵr, Caerfyrddin a gadael gyda'i briod Eirlys a'r plant. Byth ers hynny bu'n ffyddlon iawn i bentref Trefor mewn amryw o angladdau ac ambell briodas. Bu hefyd yn ffyddlon iawn ac yn gyfaill mawr i'n teulu ni ar bob achlysur, ac yn uchel iawn ei barch bob amser gan fy rhieni a phawb arall.

Tra bu Wynne a finnau yn llafurio yn Butlins, roedd gweledigaeth Geraint yn carlamu ymlaen a dyfodol disglair y band yn hollbwysig iddo. Ar gyfer Eisteddfod Genedlaethol Caerfyrddin yn 1974 penderfynodd wahodd hyfforddwr proffesiynol newydd i arwain y band. Y person hwnnw oedd neb llai na George Thompson, gŵr adnabyddus fel cyn-arweinydd hynod lwyddiannus Band Grimethorpe o Swydd Efrog. Fel rhan o'r trefniant cafwyd llety i George a'i wraig Elsie yn y pentref am yr wythnos mewn lle gwely a brecwast, ac ni fuasai'r lleoliad wedi bod ddim gwell petawn wedi ei drefnu fy hun. Roedd y ddau yn aros drws nesaf i tŷ ni efo Anti Katie yn Trelawny. Sefydlwyd perthynas gyfeillgar rhyngom ein dau yn syth, a gellid dweud yr un peth am ei berthynas gyda gweddill aelodau'r band yn yr ymarferion trwy gydol yr wythnos cyn y gystadleuaeth. Cododd safon y chwarae yn uwch ymhob ymarfer trwy gydol yr wythnos a dysgwyd lawer am y grefft o hyfforddi band pres ar gyfer cystadlu.

Cafwyd perfformiad o safon uchel ar ddiwrnod y gystadleuaeth yng Nghaerfyrddin ac am y tro cyntaf yn hanes y band enillwyd y wobr gyntaf yn yr Eisteddfod Genedlaethol. Tynnwyd llun ar faes yr Eisteddfod gyda'r hyfforddwr newydd, a dyma lun yr wyf yn ei drysori hyd heddiw wrth edrych yn ôl ar y fuddugoliaeth fawr gyntaf i minnau fel prif gornetydd. Yn y llun mae Geraint Jones, George Thompson, Bob Morgan a finnau. I orffen y flwyddyn daeth y band yn gyntaf yn Eisteddfod Butlins ac yn bencampwyr gogledd Cymru mewn dau ddosbarth gwahanol. Roedd pawb yn ei seithfed nef ac yn edrych ymlaen at ddyfodol disglair iawn.

Y Chweched

Ar ddiwedd gwyliau'r haf yn 1974 daeth canlyniadau'r arholiadau Lefel O, a braf oedd deall fy mod wedi llwyddo'n ddigon da i fynd i'r Chweched Dosbarth yn yr ysgol ym mis Medi. Prysuraf i ddweud nad oedd y canlyniadau yn berffaith o bell ffordd, ond roedd Cerddoriaeth a Chymraeg Iaith a Llên wedi taro'r graddau uchaf. Ac felly dyna fyddai'r pynciau i mi eu hastudio am y ddwy flynedd nesaf ar gyfer Lefel A. Roeddwn yn dysgu yn sydyn, ond yn llawer arafach yn deall a gwerthfawrogi oni bai fod diddordeb mawr gennyf yn y pwnc. Ni fu Mathemateg, Saesneg na Gwyddoniaeth yn bynciau cryf nac o ddiddordeb mawr i mi a balch oeddwn o gael eu taflu i'r gwellt mawr am byth. Penderfynais ollwng Hanes a Daearyddiaeth er fy holl ddiddordeb, a chanolbwyntio ar fy nau bwnc gorau. Bûm yn ffodus o gael dau athro arbennig iawn ar gyfer y pynciau hynny, a'r ddau yn bobl y mae gennyf barch mawr iawn tuag atynt hyd heddiw.

Bu'r diweddar Eric Lloyd Williams yn athro cerdd yn yr ysgol uwchradd ym Mhwllheli am flynyddoedd lawer. Yn ŵr tawel a charedig dyma gerddor arbennig a chyfeilydd o'r radd flaenaf, a chefais y fraint lawer tro o berfformio gydag ef mewn cyngherddau, eisteddfodau ac arholiadau. Bu'r gwersi cerdd yn ddiddorol a phleserus iawn trwy gydol y ddwy flynedd. Dysgais lawer am harmoni, gwrthbwynt a chyfansoddi, hanes cerddoriaeth y Gorllewin, cyfansoddwyr mawr a'u bywydau yn ogystal â champweithiau mawr byd cerdd. Dyma'r tro cyntaf i mi ddysgu am ddatblygiad cerddoriaeth dros y canrifoedd, o'r *Gregorian chants* hyd at yr *Avant-garde*. Rhaid cofio wrth gwrs mai cerddoriaeth a ddaeth i'r byd gyntaf, ac yna yr

iaith lafar. Ac felly, yn fy nhyb i beth bynnag, roeddwn
wedi dewis y pynciau yn y drefn gywir: Cerdd ar y brig
a Chymraeg yn ail agos. Roeddwn ar dân i agor drysau i
fyd o addysg gerddorol a'm hysbryd yn llawn cyffro. Daeth
Eric a finnau yn gyfeillion mawr dros y blynyddoedd, ac ar
ôl i mi adael yr ysgol byddai wastad yn dangos diddordeb
yn fy ngyrfa.

Bu'n gefnogol iawn i mi bob amser ac ym mhob
ffordd y gallai – nid oedd dim yn ormod ganddo. Cefais
fenthyg llawer o recordiau LP clasurol o'r cwpwrdd pren
yn y dosbarth yn wythnosol a braf fyddai gwrando ar
gerddoriaeth y meistri gan gerddorfeydd ac arweinyddion
mawr y byd. I gyd-fynd â'r disgiau amrywiol, cefais hefyd
helpu fy hun i'r *miniature scores* bach melyn gan Eulenburg
er mwyn astudio'r gerddoriaeth yr oeddwn yn gwrando
arni. Dyma gyfle euraidd i ddisgybl oedd â diddordeb
gwirioneddol yn y pwnc gael dysgu gwrando a deall gyda'r
adnoddau angenrheidiol yn rhad ac am ddim.

Daeth cyfle arall gan Eric a hynny tu allan i'r ysgol
trwy wahoddiad i Wynne a finnau ddod yn aelodau o
gerddorfa'r 'PADS', Pwllheli. Dyma'r Pwllheli Amateur
Dramatic Society o dan ofal Mrs Jenkin Evans a fyddai'n
cynhyrchu *operettas* hynod boblogaidd yn flynyddol yn
Neuadd y Dref – Mrs Jenks fel cyfarwyddwr artistig ac
Eric yn gyfarwyddwr cerdd. Byddai tair neu bedair noson
o berfformiadau yn Neuadd Dwyfor, neu'r Town Hall fel
y'i gelwid ar y pryd, a honno'n llawn i'r ymylon bob nos. Ni
fuasai chwarae yn Covent Garden wedi bod ddim gwell, ac
yn sicr ddim cystal â'r *aftershow party* gwyllt a difyr ar y nos
Sadwrn olaf yng ngwesty'r Tŵr yng nghanol y dref. Dyma
brofiadau bythgofiadwy a roddodd flas ar fywyd cerddor
proffesiynol i ddau o drwmpedwyr bach ifanc o Drefor,
wrth iddynt gael gweithio gyda cherddorion o safon uchel
mewn cynyrchiadau gwych.

Tu allan i'r ysgol hefyd daeth cyfle i chwarae ym Mand
Pres a Cherddorfa Ieuenctid y Sir, a hynny eto yn brofiad

gwych a phleserus bob amser. Byddai edrych ymlaen
mawr at y cyrsiau haf yn ogystal â chyrsiau'r band yng
Nglynllifon, a chael cyfle i ddod i adnabod a chreu ambell
ffrind newydd. Daeth rhai hogia fel Gwyn Vaughan Jones
o 'Stiniog, a ddaeth yn actor proffesiynol, a David Lloyd
Evans o Fiwmaris yn gyfeillion oes. Bu Dafydd yn bennaeth
yn Ysgol Llanfair Caereinion am rai blynyddoedd, ond
yn bwysicach fyth yn aelod ffyddlon a gweithgar iawn o
Fand Pres y Drenewydd. Roedd cyrsiau preswyl y Band
Pres Ieuenctid yng Nglynllifon o dan ofal Bob Morgan,
Ed Needham, Geraint Jones, Haydn John, Jack Beardmore
a Brian Thomas yn achlysuron bythgofiadwy i lawer
ohonom.

Yn ystod y gwersi Cymraeg bu'n rhaid i Miss Annette
Thomas ddioddef fy nireidi a thynnu coes bron yn
wythnosol. Er hynny, ni allaf gofio iddi godi ei llais na
hyd yn oed golli ei thymer gan fod ganddi ffordd gelfydd
iawn o ymdrin â disgybl oedd wastad am greu ysgafnder
diniwed yn y gwersi. Byddwn wrth fy modd yn procio a
chreu dadl, a daeth cyfle ardderchog i wneud hynny tua
hanner ffordd trwy'r flwyddyn gyntaf yn y Chweched.

Ar ddechrau Mawrth 1975 bu farw'r Prifardd Syr T.H.
Parry-Williams a ninnau eisoes wedi astudio ambell i
soned megis 'Tŷ'r Ysgol' a 'Llyn y Gadair'. Cawsom ar
ddeall yn ystod y gwersi pa mor bwysig oedd ardal Rhyd-
ddu i'r bardd a chymaint o ddylanwad a gafodd y lle ar
ei farddoniaeth. Rai dyddiau ar ôl ei farwolaeth daeth y
newyddion y cynhelid ei angladd ym mynwent Beddgelert
o bob man. "Ym Meddgelart?" meddwn mewn syndod.
"Ar ôl yr holl addoli ar Ryd-ddu." Gwelais gyfle i dynnu
coes a mynnu esboniad gan ein hathrawes druan, gan
ofyn pam fod ein harwr mawr wedi bradychu ei bentref
genedigol. "Alla i byth gredu yn ei farddoniaeth eto,"
meddwn. Ychydig a wyddwn ar y pryd mai ym Meddgelert
roedd mynwent y teulu ac mai ychydig dros dair milltir i
fyny'r ffordd roedd ardal Rhyd-ddu. Daeth hyn â gwên hyd

yn oed i wynebau'r disgyblion gorau yn y dosbarth ac yn wir, roedd llawer iawn o rai gwych yno. Fel pob dosbarth Lefel A arall roedd disgyblion a oedd yn wirioneddol o ddifri yn paratoi a gweithio ar gyfer astudio'r pwnc ymhellach mewn prifysgolion.

Daeth syniad gwallgof i ben un o'r hogia yn y Chweched pan ddaeth hwnnw â garlleg amrwd i'r ysgol er mwyn rhoi cyfle i ni ddangos pa mor ddewr oeddem yn ei fwyta. Daeth syniad am hwyl i fy mhen ar gyfer y wers Gymraeg ar ddechrau'r prynhawn a dyma fwyta'r llysieuyn bach drewllyd i gyd. Fel arfer roeddwn yn eistedd yng nghanol y dosbarth ymhob gwers ond er mwyn denu sylw a chael fy ngalw i eistedd reit o flaen desg Miss Thomas, dechreuais siarad a phiffian chwerthin yn ddi-stop yn gwbl fwriadol. "Dowch i eistedd i'r ffrynt 'ma, John," oedd y gorchymyn, a dyma ufuddhau yn syth. Ymhen ychydig eiliadau gwelais wyneb ein hathrawes ifanc olygus yn troi a thynnu i bob cyfeiriad wrth iddi geisio osgoi'r drewdod afiach. "Ewch yn ôl i eistedd i'r canol os gwelwch yn dda," oedd ei geiriau nesaf, a finnau yn ufuddhau unwaith yn rhagor gyda gwên fach ddireidus ar fy ngwyneb. Oes, mae gennyf lawer o waith ymddiheuro i Annette Thomas.

Ar ddiwedd un noson rieni pan oeddwn yn astudio ar gyfer Lefel O daeth fy rhieni i wybod am ymddygiad eu mab mewn ambell ddosbarth. Dywedodd fy athrawes Saesneg ar y pryd, "John seems to turn everything into a joke." Cafodd ei geiriau argraff arhosol ar Dad, yn arbennig pan fyddai angen fy atgoffa i weithio yn galetach. Roedd hynny yn cael ei ddweud yn bur aml yn anffodus.

Daeth nos Sadyrnau yn bwysig iawn yn y dyddiadur wythnosol i lawer o hogia Form Six. Dyma'r tro cyntaf i ni gael ein traed yn rhydd i deithio ar y Moto Coch i Bwllheli a dechrau teimlo fel oedolion go iawn. Daeth hyn â chyfleoedd i gael cwmni ambell ferch yn y pictiwrs heb ddangos fawr o ddiddordeb yn y ffilm na'r stori. Hefyd, rhaid oedd mentro i ambell dafarn fel Penlan Fawr, y

Black Lion, y Tŵr neu unrhyw le arall lle roedd posib cael peint. Roedd mynychu'r tai potas yn achlysur eithaf mentrus ac ofnus gan fod rêd gan yr heddlu yn beth eithaf cyffredin. Peint a smôc sydyn ac allan heb fwynhau dim ar yr ymweliad fyddai'r drefn ran amlaf. Yn ôl i'r ysgol fore Llun a datgan o flaen pawb fy mod wedi bod am beint nos Sadwrn a theimlo fel person deg troedfedd a cheiliog balch.

Cefais gwmni aml i ferch yn sinemâu'r Town Hall a'r Paléd (Palladium) wrth wylio'r ffilmiau a rhannu pop-corn. Un ohonynt oedd y ferch o ddyddiau Ysgol Penrallt na lwyddais i dderbyn *love letter* ganddi. Merch o Lithfaen yr ochr arall i'r Eifl oedd Glenys, ac roedd hi wedi bod yn ddigon call i beidio dod 'nôl i'r Chweched Dosbarth ond symud ymlaen i weithio a phrentisio fel arianwraig yn swyddfa Bon Marche, y siop fwyaf yn y dref. Gan ei bod hithau'n teithio gyda'i ffrindiau ar y bws i lawr o Lith-faen ar gyfer anturiaethau'r penwythnos byddai'n rhaid iddi ddefnyddio'r Moto Coch i fynd adref, gan nad oedd gwasanaeth bws hwyr yn ôl i ben yr Eifl. Roedd ganddi drefniant ei bod yn teithio i Lanaelhaearn ar y bws efo ni, ac yna bod ei thad yn ei chodi a'i gyrru'n ôl i'w chartref ar ochr y mynydd. Golygai hyn fod modd cael mwy o amser na dwy awr o ffilm gyda'r cariad newydd gan fod siwrnai o ugain munud da cyn y sws olaf a'r ffarwél am wythnos arall.

Ar fwy nag un nos Sadwrn awgrymais y buaswn yn ei hebrwng o'r bws i gyflwyno fy hun a dweud 'Helô' sydyn, cyn cerdded gweddill y daith o ddwy filltir adref i Drefor yn y tywyllwch. Ni lwyddais i berswadio'r ferch fach swil gyda fy syniad, dim ond derbyn y gorchymyn pendant bob tro, "Sticia lle w't ti a dos adra i dy wely." Erbyn heddiw gallaf ddatgan fy mod yn edifarhau yn fawr iawn i mi wrando arni gan na ddaeth cyfle arall i ddweud 'Helô' wrtho.

Yn dilyn buddugoliaeth Eisteddfod Caerfyrddin aeth Band Trefor o nerth i nerth, gan ennill y wobr gyntaf bum gwaith o fewn y flwyddyn mewn gwahanol gystadlaethau. Er hynny, yr ail wobr mewn cystadleuaeth ym mis Mawrth 1975 sydd yn aros yn y cof i mi. Mentrodd y band gystadlu yn y rowndiau rhanbarthol, y 'Regionals', yn Preston o dan arweiniad George Thompson i geisio ennill eu lle yn rownd derfynol Pencampwriaeth Bandiau Pres Prydain yn Llundain yn yr hydref. Byddai gwahoddiad i'r ddau fand a ddeuai i frig y gystadleuaeth symud ymlaen a pharatoi ar gyfer y ffeinal fawr yn Llundain. Daeth y band yn ail a hynny allan o bedwar ar ddeg o fandiau ar ôl perfformiad ardderchog o *The Seasons* gan John Carr – roeddem ar ein ffordd i Lundain!

Roedd Cymdeithas Bandiau Pres Gogledd Cymru wedi bod yn cynnal pencampwriaethau yn flynyddol o gwmpas mis Tachwedd ers blynyddoedd. Bu'r rhain yn hynod boblogaidd, gyda phob band yn cystadlu am bencampwriaeth y gogledd yn y Rali. Yn ogystal â'r achlysur pwysig yma roedd cystadlaethau'r unawdau, y deuawdau a'r pedwarawdau yr un mor boblogaidd ganddynt yn ystod yr haf. Bûm yn cystadlu lawer tro heb fawr o lwc, ac erbyn i mi gyrraedd fy mhen blwydd yn ddwy ar bymtheg oed rhaid oedd derbyn y buasai angen cystadlu yn y gystadleuaeth Agored. Golygai hyn y buasai rhai o'r gwrthwynebwyr yn oedolion oedd yn cael eu hystyried ymhlith yr offerynwyr gorau ym mandiau pres y gogledd ar y pryd. Penderfynwyd mynd amdani doed a ddêl, a chystadlu ar yr '*Air Varié* Agored' gyda 'Carnival de Venice' gan William Rimmer. Yn wir, ni allaf esbonio na chyfleu'r cynnwrf a'r sioc a ddaeth i'm rhan pan gyhoeddwyd brynhawn Sadwrn, 7 Mehefin 1975 mai fi oedd yn fuddugol a fy mod bellach fel unawdydd yn Bencampwr Bandiau Pres Gogledd Cymru. Bu hynny yn hwb enfawr i mi ac yn sicr, rhoddodd chwistrelliad da o hyder a dos o ddyfalbarhad.

Yn dilyn mwy o lwyddiant yn Eisteddfod Genedlaethol Bro Dwyfor 1975 yng Nghricieth ac Eisteddfod Butlins,

daeth mis Hydref yn nes a rownd derfynol Pencampwriaeth
Bandiau Pres Prydain yn Llundain. I mi a llawer un arall
yn y band roedd cael cystadlu mewn cystadleuaeth mor
fawr yn anrhydedd enfawr, ac yn llawer gwell na chwarae
pêl-droed yn Wembley i Man U yn ffeinal Cwpan yr FA.
Cafwyd canlyniad gwych, yn bumed allan o bedwar band
ar hugain gorau ein dosbarth o dan arweiniad medrus
Geraint gan nad oedd George Thompson ar gael. Camp
aruthrol i fand o bentref bach fel Trefor.

Yn ystod trip y penwythnos cefais flas ar fywyd y ddinas
a gwirioni ar y profiad mewn llawer ffordd. Roedd y
bwrlwm ar strydoedd Llundain a'r prysurdeb ddydd a nos
yn apelio yn fawr. Yma roedd adeiladau enwog, strydoedd
amrywiol; cafwyd cyfle i ymweld â Soho a Piccadilly Circus
yn y tywyllwch lliwgar, cudd. Dyna oedd agoriad llygad!
Nid fel hyn oedd bywyd yn Nhrefor. Yma, roedd pawb yn
rhydd i wneud fel y mynno a neb yn busnesu dim. Roedd
dylanwad y chwedegau yn dal i droedio'r fangre ac ysbryd
o fwynhau a dyddiau da yn gryf. Mae'n deg dweud i mi ryw
fath o ryfeddu a syrthio mewn cariad gyda'r lle. Ar y ffordd
adref ac am rai wythnosau wedyn roeddwn yn ysu am
ddychwelyd i ddarganfod mwy. Fe ddaeth y cyfle hwnnw
yn gynt nag yr oeddwn wedi'i ystyried yn y diwedd.

Nid hawdd oedd cael gwersi piano gan y cerddor enwog
a phoblogaidd G. Peleg Williams a feddyliais i erioed
fod y fath beth yn bosib. Ar ôl derbyn gwersi gan Mrs
Dilys Jones yn Llanaelhaearn am bron i ddwy flynedd,
awgrymodd y buasai o fudd i mi edrych am athro neu
athrawes newydd i symud ymlaen a gwneud cynnydd.
Trefniant digon anodd fu'r gwersi cynnar gan fod angen i
mi fynd oddi ar y bws ysgol yn Llanaelhaearn yng ngŵydd
pawb. Gallwch ddychmygu'r sarhad a'r sbeit a geid gan yr
hogia yng nghefn y bws. Bu'n destun hwyl a phryfocio i
lawer ohonynt, ond ni roddais y gorau i'r gwersi ac nid
oedd dim gwahaniaeth gennyf am eu hymdrechion tila i
ddifetha fy mhleser o chwarae'r offeryn.

Ar ôl priodi ymgartrefodd Dewi a Carol yn Vaynol Street, Caernarfon, a dyma pryd y dois yn ymwybodol fod G. Peleg Williams a'i wraig yn byw dros y ffordd iddynt. Gŵr bychan oedd Peleg o ran taldra gyda gwallt gwyn hir wedi ei gribo i lawr at ei goler. Dyma gerddor, cyfansoddwr, organydd, arweinydd cymanfaoedd, beirniad cenedlaethol a chyfeilydd heb ei ail. Roeddwn eisoes wedi ei weld yn arwain mewn cymanfa yn y capel ac wedi rhyfeddu at yr olwg wahanol oedd arno a'i ddawn gyda'r baton gwyn. Roedd ei bresenoldeb yn llenwi pob ystafell ac yn adlewyrchu'r meistr ei hun, Ludwig van Beethoven. Dyna oedd y bwriad, dwi'n meddwl, gan fod yr hen Ludwig yn arwr mawr iawn iddo yntau hefyd.

Nid oes amheuaeth na fu cael brawd yn byw dros y ffordd yn help mawr i mi gael fy nerbyn fel disgybl. Daeth y gwersi yn hynod werthfawr i mi gan mai dyma'r tro cyntaf i mi gael cyflwyniad i gerddoriaeth glasurol a'r cyfansoddwyr mawr, a hynny mewn manylder diddorol ac addysgiadol. Bu'r tair blynedd o deithio i Gaernarfon yn bleser llwyr a dysgais lawer am gerdd, am arwain ac ychydig am chwarae'r piano yn sgil y sgwrsio a'r trafod. Dysgais ei fod wedi astudio cerdd yn Llundain fel myfyriwr gan fwynhau'r straeon, a'i atgofion am yr addysg a'r profiadau a gafodd yno. Rhyfeddais o glywed am y cyngherddau mawr, a'r bobl yr oedd wedi eu cyfarfod.

Yn ddwy ar bymtheg oed llwyddais i basio fy mhrawf gyrru ar y trydydd cynnig. Penderfynais y noson honno y buaswn yn gyrru i Gaernarfon fy hun ar gyfer y wers biano wythnosol. Gallaf bellach ddweud mai dyma'r siwrnai fwyaf erchyll a llawn ofn a gefais mewn car erioed. Roeddwn ar ben fy hun gyda neb i'm harwain na'm gwarchod, yn gwneud penderfyniadau gan grynu fel deilen mewn ofn. Ychydig a wyddwn y buasai'r profiad anghysurus yma o fudd mawr i mi ymhen rhai misoedd mewn sefyllfa gyffelyb arall, ond nid mewn car, diolch byth.

John R. (y peiriannydd dawnus)
gyda'i wraig a'i blant

Taid a Nain Eifl Rôd

Taid a Nain Bynglo

Mam gydag Annie Mary, a aberthodd
bopeth trwy ddod yn fam dros nos

Priodas Mam a Dad, 9 Hydref, 1948
yng Nghapel Penmount, Pwllheli

Y tri brawd gyda'r delaf yn y canol

Chwech oed, ac Ysgol Trefor

Ysgol Dre a mop o wallt . . .

Band Bach Trefor yn 1968

Huw Williams cyn-arweinydd y band yn cyflwyno fy nghwpan gyntaf i mi yn Eisteddfod Gŵyl Ddewi, Trefor 1968. Yn y llun hefyd mae Trefor Williams, enillydd Adran yr Oedolion

Y Brêc 'a thonnau gwyllt y môr'

Y Brêc a Chlogwyn Morfa gyda
phentref Trefor yn y cefndir

Billy, fy ffrind ffyddlon

Llwyn y Brig a'r cwt sinc

Anti Eunice yn cario'r llaeth

William Thomas a John Cled gyda
Moi a Fflei

NORTH WALES BRASS BANDS' ASSOCIATION

Award of Merit

This is to certify

Mr J. G. Jones (Trefor)

was awarded _First_ PRIZE

in the _Solo - Air Varie - Senior Open_

Annual North Wales Championships - Conwy

John E. Conway _____ Chairman

_____ Secretary

7th June 1975

N W B B A

Pencampwr yr Unawd Agored, Cystadleuaeth Gogledd Cymru yn 17oed

G. PELEG WILLIAMS, L.R.A.M., L.T.C.L.
Organist of Moriah C. M. Chapel.
Adjudicator, Accompanist, Conductor,
Teacher of Piano, Organ and Singing.

GRAIG OLA,
VAYNOL ROAD,
CAERNARVON.
Phone: 3013.

14 - 1 - 76.

John Glyn Jones
to
Piano lessons -
One Term - £4 - 50.

Excellent pupil. £4 - 50

Paid with Thanks.
G. Peleg Williams
21/1/76.

Bob Morgan yn cyflwyno Medal
Gogledd Cymru i mi yn 1973
fel chwaraewr cornet gorau'r
gystadleuaeth o blith deg o
fandiau

Gwersi piano gan yr enwog
G. Peleg Williams

Seindorf Trefor, Eisteddfod 1974 Caerfyrddin gyda Geraint Jones, George Thompson a finnau.
Dyma'r tro cyntaf i'r band ennill yn y Genedlaethol

▲ Anrheg André Previn sydd bellach yn drysor i mi

◀ Dr William Lloyd Webber a Perseus y gath, a godai hiraeth arnaf am adref

Lili Doli Moli, fy nghar bach cyntaf a fu'n dyst i holl ddirgelion a dymuniadau mawr Glen a finnau wrth gynllunio'r dyfodol gyda'n gilydd

'Yr hogia neu fi?' Mi wnes y dewis cywir!

Gyda Nel fy mam yng nghyfraith

Ein priodas yng Nghapel Isaf, Llithfaen ddydd Iau
26 Gorffennaf 1984 (oherwydd anghydfod y cofrestrwyr)

▲ Elin, Robin a Bethan,
disgyblion yn Ysgol Cefn Coch,
Penrhyndeudraeth

◀ Y tri mwrddrwg bach

Seindorf yr Oakeley 1995,
Pencampwyr Gogledd Cymru
a Chymru, buddugol yn yr
Eisteddfod Genedlaethol
ac enillwyr Cwpan
Pencampwriaeth Pontins
(3ydd drwy Brydain)

'Gwobr y Perfformiad Gorau' Dyma'r tocyn i gyrraedd llwyfan y
Royal Albert Hall i agor Proms yr Ysgolion yn 2000

Outstanding: Youth brass group to open Schools Proms

THE HE

Band's Albert Hall honour

Honour: The Gwynedd Môn Brass Band prepare for their performance to open the Schools Proms at the Royal Albert Hall.

A YOUTH brass band has received the honour of being invited to give the opening performance at the Schools Proms in the Royal Albert Hall in London.

The Gwynedd Môn Brass Band, which draws its members from Gwynedd and Anglesey secondary schools, was chosen after it won the prize for a performance of exceptional quality at the Youth Music Festival in July.

The band will take the stage on the first night of the Proms on Monday, November 6.

According to band conductor John Glyn Jones, from Morfa Nefyn, the lively eight-minute programme should be a memorable opening to the three-

By DEWI HUGHES

day festival.

Said Mr Jones, who also conducts Blaenau Ffestiniog's Oakley band: "Rather than performing slow and technically difficult pieces, we will be performing a cheerful programme - one which will hopefully go down well with the audience.

"It's a huge honour of for the band to be chosen to give the opening performance, and for me personally, it will fulfil a lifelong dream to conduct a band at the Royal Albert Hall."

The 37 members of the band come from all over Gwynedd and Anglesey.

They also play regularly for their local bands such as the Llanrug, Deiniolen, Trefor, Porthmadog and Beaumaris bands.

As well as having a conductor and manager, the band also receives tutorship from experienced music teachers Gwyn Evans and Wyn Williams.

According to band manager, Dennis Williams from the William Mathias Schools' Music Service, the band members are a remarkably talented and committed group of musicians.

He said: "They've been together as a band for about three years now, so there's a great spirit and a true feeling of camaraderie between them.

"This will certainly be the pinnacle of their careers so far."

The preparation for the performance will begin with weekly practice sessions in September, and then nightly sessions during the week leading up to the performance.

John Glyn Jones added: "They won't need to learn any new pieces - that's the last thing I would put them through to be honest, considering the short space of time we have to prepare."

The band will travel to London on the Sunday before the performance.

Said Dennis Williams: "It will be some task for us to raise the money to pay for the travel and accommodation costs.

"The band has now reached the stage of being acknowledged as one of the best youth bands in Britain and we would therefore welcome any form of sponsorship."

☎ *Anyone interested in sponsoring the band should telephone Dennis Williams on (01286) 672267.*

Antony Hopkins, cerddor o fri a chyflwynydd *Talking About Music* Radio 3, a finnau'n ymarfer yn yr Albert Hall 2000

'Pibydd Brith' Gogledd Cymru yn ôl cylchgrawn y *British Bandsman*

Bob Morgan a finnau. Dyma'r llun olaf ohono yn y Bandrwm

'Dim ond cerddorion "go iawn" oedd yn cael arwain yn yr Albert Hall?' Siŵr o fod!

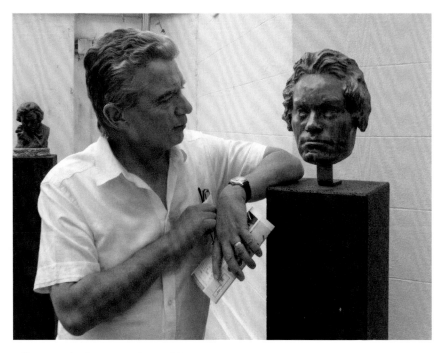

Y 'Maestro' a finnau yn Bonn, 2013

John yn Bonn

Mrs Jôs a TOM!

Elin, Aron, Bethan a Robin

Mr a Mrs Jôs yn ymlacio yn Llundain

Cadiwads ein pedwerydd plentyn a 'chwaer fach' Elin, Robin a Bethan

Cyngerdd pen blwydd yr Oakeley yn 150 oed,
gyda Gwyn, Dilwyn, Arwyn ac Arwel

Gydag Ian a Cyn Lambert ym mwyty Sarastro
ar ôl diwrnod bythgofiadwy yn Wimbledon

Seindorf yr Oakeley adeg recordio ail gryno-ddisg y band yn 2015

Cyngerdd dathlu chwarter canrif
yn chwifio'r baton, gyda Nic Parry,
Bethan Mair ac Eilir Owen Griffiths,
CF1

Dathlu 25 mlynedd wrth y llyw

Aron, Elin, Nel a Casi

Anrheg Seindorf Y Cory

Aduniad gyda'r hen gyfaill Glyn Harvey

Nain a Taid yn cyfrif eu bendithion

Teulu ni ym mhriodas Robin a Laura yn Enniskillen, Awst 2022

Perfformiad cyntaf Cantorion Llŷn

Camu i'r llwyfan unwaith eto

Corn . . .

Baton . . .

. . . a Fi

Daeth rhyddid, mwynhad ac adloniant o bob math o lawer cyfeiriad i fachgen oedd yn prysur ddarganfod y byd, a rhaid oedd cael arian i gynnal yr hwyl. Er mwyn dal ymlaen i fwynhau'r bywyd newydd daeth chwilio am waith tymhorol i ennill cyflog yn flaenoriaeth. Pan ddaeth y cyfle i ennill cyflog bychan cyfforddus, daeth sioc enfawr yn ei sgil pan ddywedodd Mam y buasai angen cyfraniad tuag at fy nghynnal mewn bwyd a dillad. Ar y cychwyn teimlwn fod y trefniant yn hollol annheg, nes i mi sylweddoli mai dyma realiti bywyd ac mai dyma fyddai'r drefn am weddill fy oes. Peth creulon a chas yw tyfu i fyny ar adegau.

Gan fy mod eisoes yn brofiadol a chymwysterau da gennyf ym myd amaethyddiaeth o gyfnod Llwy Pric, cefais waith ar fferm Plas Llwynhudol ger Pwllheli. Prif incwm y fferm yn ystod tymor yr haf oedd gwerthu tatws newydd a Now y perchennog yn hen law arni. Roedd 'Tatws Llwynhudol' yn boblogaidd iawn yn lleol a thu hwnt. Câi'r tatws eu codi fesul tunnell ac yna eu bagio i sachau hanner cant, neu bump a thri phwys ar gyfer y siopau lleol. Nid oedd yn waith hawdd nac ysgafn, ond roedd yn bleserus dros ben ac yn werth y siwrnai bob dydd ar y Moto Coch neu ar y beic os byddai'r tywydd yn ffafriol. Ar ôl diwrnod o godi'r tatws byddai angen treulio oriau yn y cwt yn rhannu a phwyso'n ofalus. Trwy gydol y dydd deuai cwsmeriaid i lawr yn eu ceir i brynu Tatws Llwynhudol a rhai ohonynt yn ymweld yn wythnosol. Byddwn wrth fy modd yn eistedd ar sach o datws yn cael smôc a seibiant, gan sgwrsio gyda hwn a'r llall.

Un prynhawn cefais fraw a sioc enfawr pan oeddwn wrthi'n brysur wrth fy ngwaith. Dyna lle'r oeddwn gyda ffag yn fy ngheg a sach o datws yn fy mreichiau, wrthi'n llwytho'r trelar pan ddaeth car cyfarwydd i lawr i'r iard. Os oedd y car yn gyfarwydd roedd y dreifar yn fwy adnabyddus fyth. Dyma E. R. Hughes, neu Bòs o Ysgol Glan y Môr, a theg yw dweud nad oeddwn innau yn gwbl

ddieithr iddo fo chwaith. Gydag un fflic o'r tafod poerais y
ffag o 'ngheg a sefyll yn 'gryndod solat' gyda'r tatws. Rhaid
oedd wynebu'r canlyniad a'r ddedfryd fel dyn. Er mawr
syndod i mi daeth y prifathro llym ac awdurdodol allan o'r
car gyda chyfarchiad digon annwyl, gan anwybyddu'r hyn
a welodd yn llwyr. Dyma'r tro cyntaf i mi sylweddoli fod
ochr arall i bersonoliaeth 'rhen Hughes wedi'r cyfan.

Bu'r ddau haf o weithio yn Llwynhudol yn rhai pleserus
a difyr iawn gyda llawer o hwyl a mwynhad. Roedd y
prydau bwyd amser cinio gyda'r holl ddynion yn eistedd o
gwmpas y bwrdd yn gwledda a'r merched druan yn gweini
yn brofiad gwahanol a bythgofiadwy. Wedi'r cyfan, gwaith
tîm oedd bywyd y fferm gyda'r merched yn y tŷ yn paratoi
ar gyfer y dynion oedd allan yn gweithio. Anodd deall sut
yr oedd posib ailafael yn y gwaith trwm ar ôl bwyta cinio
rhost a phwdin trwm a blasus, a hynny yn ddyddiol am
hanner dydd ar ei ben.

Rhaid fu dychwelyd i'r ysgol ym mis Medi ar gyfer
y flwyddyn olaf, bwysig yn y wisg ysgol wyrdd tywyll
a melyn. Dyma liwiau Ysgol Ramadeg Pwllheli ers
degawdau lawer ac yn wahanol i ambell ysgol uwchradd
arall o gwmpas y sir dyma yw'r lliwiau hyd heddiw, a da
o beth yw hynny. Bu'r cyfnod yn ysgol dre yn un hapus a
llawn atgofion, gyda llawer o'r athrawon yn aros yn y cof.
Roedd y teithiau dyddiol ar y bws o Drefor i Bwllheli ac yn
ôl bob amser yn heriol pan fyddai'r hogia mawr yn dangos
eu hawdurdod. Rhaid fyddai derbyn pob artaith yn arwrol
a thawel gan mai dyna oedd y drefn.

Yn wahanol i lawer o ddisgyblion mewn ysgolion
ym mhob oes rhaid datgan i mi fwynhau y cinio ysgol
bob amser. Ni allwn ddeall y plant a fyddai wastad
yn feirniadol o ginio ysgol, gan feddwl be ar y ddaear
roeddynt yn ei fwyta adref oedd mor ffantastig o'i
gymharu. Byddwn wrth fy modd gyda'r pei cyw iâr, tsips,
tatws, llysiau a grefi a phwdin reis. Ond i goroni'r cwbl,
roedd y cwstard melyn blasus uwchlaw unrhyw gwstard

a gefais yn unman erioed na byth er hynny. Bendigedig!

Bellach, fel llawer un arall, pleser o'r mwyaf i mi yw edrych yn ôl ar hen luniau o'r cyfnod hwn yn fy hanes a chofio pa mor braf oedd bywyd ar y pryd. Fel pob ysgol arall roedd digon o gyfleon a phrofiadau amrywiol yn Ysgol Glan y Môr, a hynny yn arbennig yn y Chweched Dosbarth. Cafwyd cyfle i berfformio ar lwyfan trwy ganu mewn côr, actio mewn dramâu a darllen mewn gwasan-aethau crefyddol. Cefais gyfle i wneud pob un o'r rhain yn eu tro a mwynhau'r profiad bob amser. Un profiad sydd yn aros yn y cof yn fwy na'r gweddill yw perfformio mewn drama gan Elis Gwyn Jones a oedd yn athro celf yn yr ysgol. Anelwyd y cynhyrchiad at ddisgyblion y Chweched Dosbarth gyda'r dramodydd yn cyfarwyddo. Er nad oedd unrhyw ddawn gennyf i dynnu llun na chreu unrhyw fath o waith celf, roedd Elis Gwyn yn arwr ac yn ysbrydoliaeth i mi a llawer un arall o ddisgyblion yr ysgol fel athro a chenedlaetholwr brwd. Bu ei fab Elis Gwyn yn un o fy ffrindiau pennaf drwy gydol fy amser yn yr ysgol gan i ni ein dau rannu yr un daliadau a diddordebau. Drama oedd hon yn adrodd hanes y bardd ac emynydd Siôn Wyn o Eifion (1786–1859). Caethiwyd y bardd i'w wely am gyfnodau hir trwy gydol ei oes yn dilyn damwain pan oedd yn naw oed. Dywedir iddo dreulio chwarter canrif yn ei wely. Roedd yn stori drist ond cafwyd llawer o hwyl yn ymarfer a pharatoi ar gyfer y perfformiadau. Cefais flas ar yr actio a mwynhau'r profiad, ond nid i'r un graddau â pherfformio fel cerddor.

Profiad gwych arall a ddaeth o'r Adran Gymraeg oedd cwrs penwythnos yng Ngwersyll yr Urdd, Glan-llyn. Roedd gwahoddiad i bob disgybl Lefel A Cymraeg fynychu'r cwrs i astudio gwaith T. H. Parry-Williams, Kate Roberts a Saunders Lewis gyda neb llai na'r Prifardd Gwilym R. Jones yn ein harwain. Arhosodd y penwythnos yn fy nghof am reswm nad oedd yn ddim i'w wneud â'r cwrs ei hun. Yn ystod un o'r gwersi yn yr ysgol daeth cais am i rywun wirfoddoli i drefnu'r penwythnos ar ran y dosbarth. Er mwyn dangos fy hun a chreu argraff cytunais i ymgymryd â'r dasg gerbron. Rhaid oedd trefnu'r cludiant ac archebu bws, hel enwau a blaendaliadau a chysylltu gyda Gwersyll Glan-llyn. Collais lawer noson o gwsg yn poeni am y trefniadau a gweddïo y buasai popeth yn ei le erbyn y diwrnod mawr. Braf yw edrych yn ôl a dweud i bopeth fynd rhagddo heb fawr o broblemau, ac i minnau deimlo'n gymaint o gawr â phe bawn wedi trefnu wythnos yr Eisteddfod Genedlaethol ar ben fy hun. Bu'r cyfrifoldeb yn addysg ac yn brofiad gwerth ei gael, er i mi smocio llawer ffag o dan y fath bwysau fel trefnydd am y tro cyntaf yn fy mywyd.

Ar ddechrau 1976, y flwyddyn olaf yn yr ysgol, rhaid oedd dechrau meddwl am goleg i astudio ymhellach. Daeth cyngor i mi ddechrau chwilio ac ystyried fy nyfodol a dyma'r tro cyntaf i mi ddod ar draws y gair 'prospectus'. Roedd y gair ei hun yn ddigon â chodi ofn arnaf. Ar ôl hir bendroni daeth y dewisiadau i lawr i dri choleg: Coleg Cerdd Llundain, Coleg Cerdd a Drama Caerdydd a'r Coleg Polytechnig newydd yn Huddersfield. Roedd y Polytech yn cynnig cwrs Technoleg Cerddoriaeth ond nid oedd syniad gennyf beth oedd hynny yn ei olygu. Roedd yn werth ei ystyried rhag ofn y buasai angen newid cyfeiriad.

Daeth gwahoddiad i fynychu'r ddwy brifddinas am gyfweliad ganol mis Mawrth a hynny o fewn yr un wythnos. Rhaid oedd cael trên o Fangor i Lundain ar y dydd Mercher gyda Dad yn dod i fod yn gefn i mi. Dyma'r tro cyntaf i mi smocio o flaen un o fy rhieni pan gynigiodd smôc i mi yn y trên. "Dwi'n gwbod bo' chdi'n smocio, sti, a mi fyddi angen un heddiw yn fwy nag erioed." Roedd hynny yn wir bob gair gan fy mod yn hynod nerfus ac yn ofnus o beth oedd i ddod yn y prynhawn. Cyrhaeddwyd Euston mewn da bryd, a chael tacsi drud i lawr i Great Marlborough Street gan nad oedd syniad gennym ble'r oedd y lle na sut i fynd yno. Ar ôl tamaid i'w fwyta cerddais i mewn i'r coleg am y tro cyntaf gyda'r corn i wynebu dwy awr o gyfweliad, gan adael Dad ar y palmant tu allan.

Y prifathro Dr W. S. Lloyd Webber oedd yn bennaf gyfrifol am y cyfweliad gydag un neu ddau arall yn ei gynorthwyo. Mab i blymwr cyffredin ydoedd gyda'i dad yn ymddiddori yn fawr iawn yn yr organ, a hynny mae'n debyg yn deillio o'r holl beips oedd yn yr offeryn. Datblygodd ei fab sgiliau arbennig fel organydd yn blentyn ifanc, a daeth un gwahoddiad ar ôl y llall iddo ymweld ag eglwysi mawr y ddinas i roi datganiadau ar yr organ. Aeth ymlaen i astudio cerddoriaeth a chanolbwyntio ar gyfansoddi gyda neb llai na Ralph Vaughan Williams. Ymhen rhai blynyddoedd trodd ei gefn ar gyfansoddi gan feddwl nad oedd ei waith yn ddigon safonol. Newidiodd gyfeiriad ei yrfa tuag at berfformio a dysgu'n llawn amser yn y colegau cerdd. Daeth yn Gyfarwyddwr Cerdd a Phrif Organydd yn y Methodist Central Hall yn San Steffan ac yn gyfarwyddwr Coleg Cerdd Llundain. Oherwydd ei gysylltiadau gyda phencadlys y Methodistiaid daeth syniad gwirion i 'mhen ein bod ein dau yn dod o'r un capel, fel petae. Ers pan oeddwn yn blentyn bûm yn cario'r syniad mai'r Methodistiaid oedd y Cristnogion go iawn gyda'r Annibynwyr, y Bedyddwyr a'r Eglwyswyr rhyw gam tu ôl. Roedd yr hen William a finnau yn yr un tîm a daeth hynny â chysur mawr i mi am ryw reswm. Ymhen amser ar ôl cyrraedd y coleg i astudio dois yn ymwybodol fod gan y prifathro ffrind ffyddlon yng nghartre y teulu yn South Kensington. Roedd Perseus y gath yn bwysig iawn iddo ac yn aml byddai ambell stori fach ddigri am yr anifail anwes. Dyna un o'r adegau y byddai hiraeth yn fy nharo finnau am Pwtan ein cath fach ni adref yn Nhrefor.

Aeth popeth yn ei flaen yn eithaf da yn ystod y cyfweliad gyda phob cwestiwn yn rhwydd i'w ateb. Y broblem fwyaf o'r cychwyn cyntaf oedd mai uniaith Saesneg oedd y cwbl a rhaid oedd meddwl yn galed cyn ateb. Ychydig iawn o Saesneg yr oeddwn wedi ei siarad erioed heblaw gydag

Anti Elsi, gwraig Yncyl John, brawd Dad. Daeth sgyrsiau gyda George Thompson o fudd mawr i mi hefyd er nad oeddwn wedi sylweddoli hynny ar y pryd.

Cafwyd cwestiynau megis "Who's your favourite composer?" Hawdd, meddyliais innau, "Ludwig van Beethoven." Yna daeth y cwestiwn nesaf, a hwnnw yn gwestiwn byr ac anoddach: "Why?" Yn y fan a'r lle meddyliais, 'Be ddiawl ddeuda i rŵan?' Nid oeddwn erioed wedi meddwl am y fath beth ond yn rhyfedd iawn daeth yr ateb yn gyflawn, rhwydd a hyderus. Diolch i Eric a Peleg, ddwedwn i. Roeddwn wedi synnu fy hun, ac wedi llyncu dos o hyder o rywle. Aeth y cyfweliad yn ei flaen ac ar y diwedd, yn ôl yr hyn a ddeallais roedd gwahoddiad i mi ddod yn ôl i astudio o fis Medi ymlaen. Ni allwn gredu'r peth, roedd lwmp yn fy ngwddw a fy mhen wedi chwalu. Roeddwn eisiau rhedeg allan i'r stryd a chyhoeddi i'r byd fy mod yn dod yma i weithio a dysgu.

Cyn hynny a chyn diwedd y cyfweliad daeth un cwestiwn arall gan Dr Lloyd Webber: "If you do decide to come and study with us, how are you fixed for digs?" meddai. Nid oedd syniad gennyf am beth oedd y dyn yn sôn a daeth hynny yn amlwg iddo wrth edrych ar fy ngwyneb, mae'n debyg. Ceisiodd unwaith eto: "Will you need some help with your digs?" Roedd pethau yn mynd yn waeth – meddyliais mai sôn am gyffuriau yr oedd. Sefais yn llonydd a dweud dim. "Lodgings," meddai, gan ysgwyd ei ben i fyny ac i lawr. Yn sydyn cofiais am Anti Gert, chwaer Dad. Roedd honno yn cadw tŷ lojins i fyfyrwyr Cymraeg yn Lerpwl. "Oh, no sir, no lodgings," meddwn yn hyderus gyda phopeth yn ôl ar y trac, fel petae.

Ar ôl derbyn gwybodaeth am 'digs' o'r swyddfa cerddais allan i'r stryd i chwilio am Dad, yn teimlo fel cawr ac yn llawn gorfoledd a hapusrwydd. Nid oeddwn erioed wedi teimlo fel hyn o'r blaen, a hynny er yr holl fuddugoliaethau mawr gyda'r band. Safai Dad yn yr union le y bu i mi ei adael ryw ddwy awr ynghynt. O gwmpas ei draed roedd tocyn da o stwmps sigaréts nad oeddynt yno pan gerddais i mewn ar ddechrau'r prynhawn. Roedd yn amser troi am adref.

"Paid â chodi gormod ar dy obeithion," oedd ymateb cyntaf Mam, gan feddwl fy mod wedi camddeall y sefyllfa. Penderfynwyd mai aros am y llythyr o wahoddiad swydd-ogol fuasai orau, ac felly y bu er fy mod yn gwbl bendant a siŵr o'r hyn yr oeddwn wedi ei glywed.

Yn gynnar ar y bore Gwener, a finnau'n dal i aros am y llythyr o Lundain, rhaid fu cychwyn am yr ail gyfweliad i lawr i Gaerdydd. Y tro hwn cefais ddwbl y gefnogaeth gan fod Mam wedi penderfynu cael trip, a hynny yn golygu siwrnai ddi-smôc i minnau. Taith undydd yn y car fu hon a chyfweliad llwyddiannus arall pan ddaeth gwahoddiad i astudio yn y brifddinas am dair blynedd. Sylweddolais fod penderfyniad anferthol angen ei wneud a hynny gan neb ond fi fy hun. Cyrhaeddwyd adref yn ôl yn hwyr ac yn flinedig. Roedd dau lythyr wrth y drws. Un o Lundain a'r llall o Huddersfield. Aeth y gwahoddiad am gyfweliad i'r Polytech a'r holl dechnoleg yn syth i'r bin cyn agor yr ail. Mae'n bur debyg mai mantais i Goleg Huddersfield fu'r penderfyniad i mi beidio dewis y cwrs technoleg. Bu'n rhaid darllen llythyr Dr Lloyd Webber dair neu bedair gwaith cyn i'r cynnwys suddo i mewn. Roeddwn ar y ffordd i Lundain.

Er mwyn cael pob chwarae teg i astudio a gweithio ar gyfer yr arholiadau penderfynwyd y buasai'n syniad i mi symud allan am oddeutu dau fis. Dros gyfnod yr haf byddai gosod ein cartref i ymwelwyr yn ffordd o wneud ychydig o arian ychwanegol i Mam a Dad, a byddem ninnau'n mudo i fyw a chysgu yn y garafán a'r garej yn gefn tŷ. Roedd pasio'r Lefel A yn hollbwysig bellach a rhaid oedd dechrau canolbwyntio ar wneud fy ngorau. Cefais lety pum seren yn nhŷ Nan Nan o ddechrau mis Mai tan ddiwedd Mehefin. Roedd brecwast llawn yn aros amdanaf ar y bwrdd bob bore a fy modryb annwyl yn gweini arnaf

trwy gydol y dydd. Roeddwn yn byw fel brenin yn yr atic
ac yn mwynhau pob munud o'r profiad. Roedd ffenest
fach yn y to a honno'n hwylus iawn ar gyfer ambell i smôc
fach dawel a chudd. Cafwyd oriau difyr lawer i gyda'r nos
pan fyddwn yn darlithio i Nan Nan am yr hyn yr oeddwn
wedi ei astudio yn ystod y dydd. Roedd yn ymarfer da i
mi ac yn adloniant iddi hithau. Ni fu adolygu at arholiad
erioed mor bleserus.

Ar ddiwedd yr arholiadau rhaid oedd wynebu realiti
bywyd unwaith eto. Dychwelais i weithio i Blas Llwynhudol
i godi tatws ac ennill arian ar gyfer mwynhau gweddill yr
haf a chamu i fywyd newydd mewn dinas fawr ddieithr a
phell. Mae'n rhaid cyfaddef fy mod ar adegau yn nerfus
iawn am y newid oedd gerbron ac yn cael ychydig o draed
oer hefyd. Er hynny, roedd digon gennyf ar y gweill gyda'r
band yn paratoi i gystadlu yn Eisteddfod Aberteifi. Roedd
llawer o gymdeithasu yn y Clwb yn Nhrefor, y Beuno yng
Nghlynnog, heb anghofio am y Ring yn Llanaelhaearn.
Bu cynnydd mawr yn fy sgiliau chwarae darts a pŵl a dim
ofn cystadlu mewn unrhyw gêm. Roedd bywyd yn braf a
phocedi'r ffarmwr tymhorol yn llawn bob wythnos. Daeth
yn amser meddwl am wyliau, ac yn ystod y cymdeithasu
nosweithiol penderfynwyd y buasai'r hogia yn cael
wythnos o wersylla yn y Steddfod. Dyma'r tro cyntaf i
mi gael wythnos gyfan i ffwrdd heb fy rhieni. Roeddwn
yn meddwl fy mod yn mynd yno i gefnogi diwylliant,
yr iaith, y celfyddydau a phob peth arall Cymreig a
oedd mewn bod. Ond y gwir amdani oedd mai bragwyr
Lloegr a gefnogwyd fwyaf gan i ni dreulio rhan helaeth
o'r wythnos yn y tafarndai lleol. Ni fuaswn yn gwadu i mi
gael llwyr fwynhad o hynny drwy gydol yr wythnos gydag
un noson yn dal i aros yn y cof. Bu edrych ymlaen enfawr
at gyngerdd i gefnogi'r grŵp roc gorau a welodd Cymru
erioed, Edward H. Dafis, oedd i ymddangos mewn noson
yng Nghastell Cilgerran. Dyma fand y bu hogia Trefor
yn ei ddilyn ar hyd a lled Cymru am rai blynyddoedd, a

chael pleser a mwynhad mawr o wneud hynny. Am ryw reswm – ac nid wyf yn hollol siŵr pwy a ddechreuodd y peth – roedd rhai ohonom fel criw yn cyfeirio at ein gilydd fel 'Yr Heavies'. Daeth cerddoriaeth Edward H. fel chwa o awyr iach gyda'r miwsig cynhyrfus, gwallgof a phoblogaidd yn donic pur i holl ieuenctid y saithdegau. Allan ddaeth y crysau-T a'r denims glas golau fel gwisg swyddogol i adlewyrchu aelodau'r band. Daeth Hefin, John, Charli, Pws a Cleif yn arwyr dros nos ac yn ystod eu perfformiadau roedd pawb yn cofio'r geiriau i ganu pob cân. Yn wir, roedd y gynulleidfa yn rhan o'r band. Ond, ar y noson arbennig yma yng Nghilgerran, nid felly y bu. Ar ôl un neu ddwy o ganeuon fe ffrwydrodd y cyflenwad trydan a dyna ddiwedd ar y noson. Nid oedd hyn yn anarferol yn y cyfnod yma gyda thechnoleg sain a thrydan yn datblygu'n gynt na'r peirianwyr. Roedd gwir angen mwy o gyrsiau a cholegau fel y Polythech, mae'n debyg.

Arferiad pwysig iawn i lawer o wragedd tŷ pan oeddwn yn blentyn oedd ymweld â thref Pwllheli ar ddiwrnod marchnad. Byddai pnawn dydd Mercher yn achlysur ac yn ddihangfa o waith a chyfrifoldeb gwarchod y teulu. Dyma'r 'me time' i wragedd Trefor, mae'n debyg, wrth i lawer ohonynt gamu i'r Moto Coch am awr neu ddwy o bleser syml yn cellwair, siopa a sgwrsio ar y Maes. Prysuraf i ddweud nad oedd Mam yn eithriad ac y byddai wrth ei bodd gyda'r ddefod wythnosol, boed haf neu aeaf.

Un dydd Mercher ganol mis Awst 1976 digwyddodd rhywbeth rhyfeddol ac annisgwyl iawn pan oedd Mam yn sefyll ger y stondin ffrwythau a llysiau yn y farchnad. Wrth ei hochr safai gwraig ddieithr iddi a dyma daro sgwrs. "Helô, sut dach chi?" meddai'r dieithryn. "Dwi'n dda iawn, diolch. O lle dach chi'n dŵad?" holodd Mam. "Dwi'n byw yn Llundain erbyn hyn, ond yn wreiddiol o Groeslon," atebodd. "O, mae'r mab yn mynd i Lundain i'r coleg ym mis Medi," dywedodd Mam. "O, tewch! I astudio be felly?" gofynnodd. "I'r Coleg Cerdd," meddai hithau yn falch. "Wel yn y wir, mae'r mab yn dysgu cerdd ac yn arweinydd côr yn Llundain. Tybed fuasai'n syniad iddynt gyfarfod? Mae o ar ei wyliau yma hefyd. Dwi'n siŵr y gallai fod o help i'ch mab. Mi fasai croeso i chi ffonio cartref fy nheulu lle'r ydyn ni'n aros, i drefnu cyfarfod," awgrymodd. "Diolch yn fawr iawn. Beth ydi enw'r mab?" gofynnodd Mam. Daeth yr ateb fel bwled. "Glyn." "Nefoedd," meddai Mam, "John Glyn ydi enw'r mab, wel dyna ddechrau da." Aeth y wraig ymlaen i berswadio Mam y buasai Glyn yn gallu bod yn ychydig o gefn i'w mab yn ystod y dyddiau cynnar ym mhrifddinas y Sais. Cyn ffarwelio cyflwynodd ei hun fel Jenny i Mam cyn iddi hithau ymateb mewn sioc, "Jennie ydi fy enw innau hefyd."

Nid oeddwn yn gyfforddus o bell ffordd ynglŷn â chyfarfod dieithryn o'r enw Glyn yn ein carafán gefn tŷ. Er hynny roedd teimlad o ryddhad ynof yn rhywle. Cyflwynodd Glyn ei hun yn gyfeillgar a sgwrsio'n ham-ddenol gan gynnig dod i 'nghyfarfod i Euston ar y diwrnod y byddwn yn cyrraedd Llundain. Daeth hynny â chryn ryddhad i'm rhieni o wybod y byddai rhywun yno i 'nanfon i'r hostel yr oeddwn i fyw ynddi am y misoedd nesaf. Ychydig a wyddwn ar y pryd y buasai cyfarfyddiad Jenny a Mam ar y Maes ym Mhwllheli y diwrnod hwnnw yn gychwyn ar gyfeillgarwch sydd wedi parhau rhwng Glyn Harvey a minnau hyd heddiw.

Roedd yr amser yn carlamu ymlaen a buan y byddai'n bryd codi pac a ffarwelio â phawb. Cyn hynny dois yn ymwybodol y buasai angen cês mawr arnaf ar gyfer y siwrnai. Nid oedd un yn ein tŷ ni gan na fu erioed angen na gofyn am y fath beth. Penderfynodd Mam y buasai'n syniad i ni fynd i brynu un i Bwllheli. "Lle maen nhw'n gwerthu petha felly?" oedd fy nghwestiwn. "Mae 'na ddigon o ddewis yn Bon Marche," atebodd hithau. Dyna'r lle diwethaf yr oeddwn am gael fy ngweld gyda Mam o gofio pwy oedd yn gweithio yno. Cefais y syniad o ymweld â'r siop dros yr awr ginio er mwyn osgoi'r ferch o Lithfaen a'r embaras i mi fy hun. Pwyntiais fy mys at y cês cyntaf a'r mwyaf a welais gan ddweud, "Neith hwn yn iawn." Ar ôl dewis rhaid oedd ei gario i fyny'r grisiau i dalu yn y swyddfa oherwydd ei bod yn yr awr ginio. Yn ffodus ac anffodus, daeth y ddau ohonom wyneb yn wyneb â'r ferch yr oeddwn eisoes wedi mwynhau ei chwmni ar ambell nos Sadwrn yn y dref. Ni ddywedwyd dim. Talwyd am y *suitcase* a diolch gyda gwên fach swil. Nid oedd angen dweud dim. Dyna'r tro olaf i mi weld Glenys o Lithfaen am dros bedair blynedd. Oedd, roedd rhywbeth wedi sticio ac nid hawdd oedd ei dynnu o fy meddwl.

Wythnos cyn cychwyn am y coleg cefais benwythnos bythgofiadwy yng nghwmni'r 'Heavies' a channoedd o gefnogwyr Edward H. Dafis yng Nghorwen. Dyma noson ffarwél y band roc gorau a glywodd Cymru erioed ar 11 Medi 1976. Achlysur rhyfedd ydoedd, ond ni allaf fyth anghofio'r cyffro, y llawenydd a'r tristwch oedd yn y Pafiliwn y noson honno. I mi roedd holl fwynhad y blynyddoedd a fu yn cau fel drws mawr o fy mlaen. Wrth deithio adref o Gorwen ar y bore Sul canlynol gyda chur pen a stumog wan, roedd pennod arall ar fin agor.

Llundain

Fy nghartref am y rhan helaethaf o f'amser yn Llundain oedd hostel Bowden Court yn Notting Hill Gate o dan ofal y London Hostels Association. Sefydliad i ddynion yn unig oedd Bowden Court ac yn gartref dros dro i amryw o fechgyn ifanc, gyda rhai yn gweithio yn y ddinas a'r lleill yn fyfyrwyr mewn gwahanol golegau. Nid oedd gan y coleg gyfleusterau llety eu hunain ac felly dyma'r 'digs' (neu'r 'lodgings') a awgrymwyd i mi ar ddiwrnod y cyfweliad 'nôl ym mis Mawrth. Hysbysebwyd y lle gydag ystafelloedd sengl, dwbl a threbl. Ar ôl pwyso a mesur penderfynais ar ystafell i dri gan nad oeddwn ffansi un sengl a byw fel meudwy am gyfnod mor hir. Nid oedd ystafell ddwbl yn apelio chwaith, rhag ofn na fuaswn yn hoff o'r person y buaswn yn rhannu ystafell ag o am gyfnod mor hir. Cefais fy sodro yn Ystafell 73 gyda thri gwely, un sinc a dwy ffenestr. Pan gyrhaeddais ar y pnawn Sadwrn fi yn unig oedd yno i gysgu ar y noson gyntaf. Teimlwn yn unig a di-gefn ond at y nos daeth gŵr arall i'r gorlan, John Batt o dde Cymru, ar gychwyn cwrs a gwaith fel syrfëwr siartredig dan hyfforddiant yn y ddinas. Cymro di-Gymraeg oedd John, a dyma'r person cyntaf i mi ei weld yn dioddef o 'athlete's foot', ac yn sicr nid oedd hynny yn rhywbeth i'w groesawu mewn ystafell i dri. Bu'r ddau ohonom yn byw yn gytûn am wythnos gan ddod i adnabod ein gilydd yn dda a chreu cyfeillgarwch agos, cyn croesawu'r trydydd gŵr i lenwi'r gwely gwag. Daeth Ian Harris o'r Alban i astudio fel cyfrifydd ac oherwydd ei natur wylaidd a'i bersonoliaeth garedig yntau, daeth y tri ohonom yn gyfeillion da ac yn gefn mawr i'r naill a'r llall.

Syndod mawr i mi ar ôl ychydig wythnosau oedd

deall fod criw bychan o ddynion mewn oedran ymddeol yn byw yn yr hostel. Dyma eu cartref parhaol, ac roedd gan rai ohonynt anabledd corfforol ac roeddynt yn gaeth i'w cartref cyhoeddus. Treuliai'r rhan helaeth ohonynt eu dyddiau yn y lolfa fawr ar y llawr gwaelod, lle roedd cadeiriau esmwyth, piano, llyfrau amrywiol ac addurniadau eithaf hen ffasiwn a dweud y lleiaf. Gan nad oeddwn yn gweithio yn llawn amser a darlithoedd y coleg yn weddol hyblyg, daeth cyfle i mi dreulio peth amser yn eu cwmni. Dois i'w hadnabod yn llawer gwell drwy sgwrsio a gwrando. Cefais lawer i brynhawn difyr yng nghwmni Frank o Bethnal Green, Harry o Peckham a Mr Bowerfield o Millwall. Cymeriadau gyda straeon difyr, atgofion lu a hiwmor iach ond fawr ddim arall i lenwi eu bywydau.

O ran y criw ifanc yn yr hostel, dois yn agos iawn at griw o hogia oedd yn hanu o Tansanïa yn Nwyrain Affrica. Gweithio i gwmnïau mawr yn y ddinas oedd y rhan fwyaf ohonynt ac wedi dangos diddordeb gan i mi ymffrostio nad Sais oeddwn, a bod iaith arall wahanol i'r Saesneg gennyf. Roedd Amin, Kim a Nizar wedi rhyfeddu fod Cymru a'r Gymraeg mewn bod. Mwslemiaid oeddynt a'u crefydd ac Allah yn hynod bwysig iddynt, a hynny i raddau yn codi cywilydd arnaf fel Cristion eithaf gwan. Roeddynt yn gweddïo a darllen y Qur'an yn ddyddiol a'u hagwedd at fywyd a phobl yn agoriad llygad. Dysgais lawer ganddynt am eu tafodiaith Swahili tra byddwn innau yn ceisio eu hyfforddi hwythau gydag ychydig o Gymraeg. Braf yw cofio ambell wers a gefais ganddynt mewn ymddygiad, gwerthoedd a chwrteisi tuag at bobl a bywyd. Nid oes amheuaeth nad oes llawer ohonom wedi cael camargraff llwyr o'r Mwslemiaid trwy ddrwgweithredu lleiafrif eithafol sydd yn eu plith. Nid oedd yr hogia yma ddim gwahanol i mi, dim ond pobl ifanc gyfeillgar yn mwynhau pob agwedd o fywyd yn y ddinas a hynny heb anghofio eu gwreiddiau.

Cyfaill arall yn Bowden Court oedd Mr Aston y rheolwr, a fyddai'n eistedd am oriau wrth ei ddesg mewn swyddfa fach ger y drws ffrynt yn cadw golwg ar bawb a phopeth. Dois i'w adnabod yn dda trwy ei gyfarch wrth fynd a dod yn ystod y dydd. Yn aml iawn byddai'n gofyn ffafr fel postio llythyrau neu brynu sigaréts Capstan o'r siop. Braf oedd clywed straeon a helyntion trigolion yr hostel, yn arbennig ar ddydd Llun yn dilyn penwythnos prysur o adloniant a chymdeithasu ganddynt yn y tafarndai lleol. Roedd yn gwybod hanes pawb ac yn falch o'i rannu gyda Jê Jî (JG), fel yr oedd yn fy ngalw bob amser. Gan Mr Aston y cefais wybod fod Mr Bowerfield, un o gymeriadau'r lolfa, wedi ei daro'n wael a'i gludo i'r ysbyty lleol. Ymhen deuddydd daeth y newyddion ei fod wedi marw. Y cwestiwn cyntaf cwbl naturiol gennyf i'r rheolwr: "When and where will the funeral be?"

Ar ôl trefnu i golli darlith yn y coleg a theithio i'r amlosgfa oeraidd ar ddiwrnod yr angladd, sioc enfawr i mi oedd sylweddoli mai dim ond Mr Aston a finnau oedd yn y gynulleidfa. Cafwyd gwasanaeth byr dan ofal rheithor cwbl ddieithr. Dyma'r foment y bu i mi sylweddoli pa mor unig a dibwrpas y gallai bywyd dyn fod mewn dinas fawr o saith miliwn o bobl. Sylweddolais, yn wahanol i'r hyn yr oeddwn wedi ei gredu cyn hynny, nad oedd pawb yn byw mewn cymdeithas fach gyfoethog gyda phawb yn adnabod ei gilydd.

Ymgartrefais yn fuan iawn yn yr hostel gan eistedd gyda hwn a'r llall yn y cantîn i fwyta brecwast, cinio a swper. Ar y cychwyn eisteddwn gyda hen ŵr tawel ac unig, gan nad oedd neb arall byth yn eistedd wrth yr un bwrdd efo fo. Un o dras Arabaidd oedd o er nad oedd yn gwisgo ddim gwahanol i neb arall. Ni chefais erioed esboniad o'i gefndir. Gofynnais unwaith i Mr Bowerfield pam nad oedd neb o'r criw hŷn yn cymysgu gyda 'Chris', a daeth yr ateb yn swta: "It's a long story, Jê Jî." Ni feiddias holi ymhellach.

Gadawodd Chris yr hostel yn ddisymwth gan ddatgan i mi ei fod yn mudo i'w gartref genedigol yn Irac o bob man. Roedd ei 'fam' wedi marw ac wedi gadael ei holl gyfoeth iddo. Roedd ar ei ffordd adref i dderbyn cyfoeth anferthol. Ymhen deufis, wrth deithio mewn bws cefais fraw o weld Chris yn cerdded ar y stryd yn yr un dillad ag arfer yn ardal Shepherd's Bush. Yn ddeunaw oed nid oeddwn yn hollol siŵr ble roedd Irac, ond gwyddwn i sicrwydd nad oedd yn ardal Gorllewin Llundain. Ni chefais erioed wybod beth oedd y gyfrinach amdano.

Fel llawer myfyriwr arall cefais gefnogaeth ariannol hael trwy grant llawn gan y llywodraeth. Nid oedd sôn am fenthyciadau a dyledion mawr yr adeg hynny, dim ond arian yn cyrraedd y coleg yn hollol ddiffwdan o Gyngor Gwynedd. Er bod y cymorth yn talu am lety, bwyd a thrafnidiaeth, rhaid oedd bod yn ofalus a cheisio cyllido yn gall bob wythnos. Gyda mwy o gymdeithasu yn datblygu wrth i mi sefydlu fy hun yn yr hostel crebachodd y cyfoeth rhad yn fuan iawn. Roedd angen byw yn ofalus ac yn llawer mwy cybyddlyd o wythnos i wythnos.

Unwaith neu ddwy methais yn llwyr â chadw at yr hyn yr oeddwn yn ceisio ac angen ei wneud. Wrth gerdded adref o'r coleg byddwn yn pasio'r Tea Rooms, sef rhyw fath o gaffi crand. Roedd arddangosfa o gacennau blasus yn y ffenestr bob dydd. Ni allwn beidio â sylwi ar y *cheesecake* drwchus gyda'r mefus o'i chwmpas heb lyfu fy nhafod a chau fy llygaid mewn blys. Nid oeddwn erioed wedi gweld y fath gacen, a doedd gen i ddim syniad sut yr oedd yn blasu. Aeth y temtasiwn yn drech yn y diwedd, ac i mewn â fi ar brynhawn dydd Gwener yn dilyn ymweliad â'r banc i godi arian ar gyfer adloniant y penwythnos. I gyd-fynd â'r *cheesecake* cefais hufen ffres a mŵg o *cappuccino*. Bu'r hanner awr wrth y bwrdd yn fythgofiadwy a dweud y lleiaf ac nid oherwydd safon wych y wledd. Collais bron i hanner yr arian oedd yn fy mhoced ar gyfer y penwythnos cyn sylweddoli fod y lle yn fangre ddrud i selébs, enwogion a phobl gyfoethog yr ardal. Wedi'r cyfan, dim ond tafliad carreg o'r lle oedd y Millionaires' Row! Dysgais wers ddrud y diwrnod hwnnw a sylweddoli pa mor agos yr oedd tlodion a chyfoethogion yn byw yn y ddinas. Yn rhyfedd iawn, rhaid cyfaddef i mi fwynhau'r profiad o eistedd a gwledda mewn moethusrwydd a gadawodd hynny flas ychwaneg yn fy ngheg rhywsut.

Yn ystod y prydau bwyd dois ar draws pethau fel brocoli, *cauliflower cheese* a *spaghetti bolognese* am y tro cyntaf erioed. Bwydydd cyffredin fu'r arfer yn tŷ ni ers pan oeddwn yn blentyn a dim byd mwy na ffish a tsips fel tecawê. Tu allan ar y stryd ac o gwmpas yr ardal roedd mwy o ryfeddodau a themtasiynau megis bwytai Tsieineaidd, Pizza Hut, KFC a Wimpy a seigiau fel *doner kebabs*. Dyma beth oedd nefoedd o fwydiach rhad a blasus a hynny gyda llawer tafarn i olchi'r cwbl i lawr.

Yn unol â ffasiwn y saithdegau a dylanwad Peleg a Ludwig ni fûm erioed yn hoff o dorri fy ngwallt. Cefais fy mendithio gyda mop o wallt cyrliog trwchus ac felly y mae hyd heddiw. O gymharu â rhai o'r hogia yn y coleg roedd fy ngwallt yn eithaf di-drefn a blêr. Gofynnais iddynt beth oedd y gyfrinach o gael gwalltiau taclus a'r ateb a gefais oedd "ladies' hairdressers, rather than a barber". Ac felly, unwaith eto ar brynhawn dydd Gwener gydag 'arian yn fy nghod', cerddais i mewn i *hair salon* ar gyfer y gweddnewidiad. Nid oedd syniad gennyf beth oedd angen i mi ofyn amdano, a daeth hynny yn bur amlwg i'r dyn trwsiadus a chlên gyda'r brwsh a siswrn yn ei law. Awgrymodd "shag, mullet, loose jheri or a perm". Yr unig enw cyfarwydd i mi oedd *perm* gan i mi glywed y gair lawer tro gan Mam ar yr aelwyd pan oeddem yn blant. Cefais brofiad oedd fel llawdriniaeth ar y pen a bûm yn y gadair am gryn amser. Pan ddaeth y cwbl i ben (fel petae) cefais fraw anferthol gan deimlo fy hun wedi rhewi mewn sioc. Wrth edrych ar y drych o fy mlaen buaswn yn taeru mai Mam oedd yn edrych arnaf. Nid wyf yn greadur swil o bell ffordd ond daeth y broses o geisio gwella fy nelwedd yn destun cywilydd mawr i mi. Nid oedd ymateb criw yr hostel na'r coleg ddim llai nag yr oeddwn wedi ei ragweld. Bûm yn destun sbort am rai wythnosau a hynny unwaith eto wedi costio'n ddrud gyda fy arian prin.

Yn ystod gwyliau'r Pasg byddai Glyn Harvey yn trefnu gwyliau a thrip ysgol i lond bws o ddisgyblion difreintiedig o'i ysgol yn ardal Wandsworth. Bu hynny yn drefniant poblogaidd iawn ers iddo ddechrau dysgu yn yr ysgol a'r plant wrth eu boddau yn aros mewn gwesty ar y Prom yn West End, Pwllheli. Gwelodd Glyn ei gyfle i gael tywysydd gwybodus (am ddim!) ar gyfer y tripiau, a hynny i ddarganfod cestyll, mynyddoedd a holl ryfeddodau eraill gogledd Cymru. Byddwn wrth fy modd yn diddanu'r plant a holl staff yr ysgol, a dyna pryd y dois ar draws gŵr a gwraig a ddaeth yn ffrindiau oes. Athrawes Saesneg yn yr ysgol oedd Cyn Lambert a'i gŵr Ian yn athro ymarfer corff. Yn ystod y gwyliau deallais fod Cyn yn gyfeilyddes o safon eithriadol o uchel, a hynny i lefel broffesiynol, ac felly yn aelod gwerthfawr iawn o fywyd yr ysgol. Yr hyn a'i daliodd yn ôl rhag dilyn gyrfa gerddorol oedd yr hen fwgan, swildod. Dyma rywbeth sydd wedi achosi newid gyrfa i lawer o gerddorion gwych dros y blynyddoedd. Bu hefyd yn faen tramgwydd i ddatblygiad llawer un o fewn y proffesiwn. Yn anffodus, nid yw swildod a bywyd cerddor proffesiynol yn priodi yn hawdd.

Ar ôl sgwrsio a holi daeth yn amlwg iddynt y buaswn angen cyfeiliant ar gyfer fy arholiadau diwedd blwyddyn yn y coleg, ac nid tasg hawdd oedd trefnu'r fath beth. Yn aml iawn byddai angen talu am wasanaeth cyfeilydd ac nid oedd hynny'n fusnes rhad o bell ffordd, yn arbennig i greadur oedd mor ddiofal o'i gyfoeth prin. Awgrymodd Ian y buasai Cyn yn gallu fy helpu. Roedd Ian bob amser yn hynod falch o ddoniau cerddorol ei wraig. Derbyniais y cynnig a chytunwyd i fwrw ymlaen gyda'r cynllun.

Er i dîm pêl-droed Lerpwl gael eu coroni yn bencampwyr yr Adran Gyntaf yn Lloegr ar ddiwedd tymor 1975–1976, roedd llawer mwy o gefnogaeth yn Bowden Court i'r tîm a ddaeth yn ail yn y gystadleuaeth. I lawr y ffordd o Notting Hill Gate yr oedd cartref yr enwog Queens Park Rangers. Clwb cymharol fychan fu QPR erioed ac yn cynnig awyrgylch teuluol a chartrefol dros ben ar ddiwrnod gêm. Yn ystod fy ail a thrydedd flwyddyn yn y coleg dois yn un o'r ffyddloniaid ar brynhawniau Sadwrn tu ôl i'r gôl yn Loftus Road.

Nid oes amheuaeth na fu llwyddiant y clwb yn hwb aruthrol i bêl-droed yn yr ardal leol. Buan iawn y sefydlwyd tîm pêl-droed newydd yn yr hostel i chwarae yn erbyn timau cyffelyb. Daeth chwarae pêl-droed ac ymarfer yn Kensington Gardens ar ôl diwrnod o waith a choleg yn arferiad rheolaidd bob nos. Yn sydyn a diarwybod rhywsut dois yn aelod o dîm Bowden Court gan fwynhau'r gemau a gwneud mwy o ffrindiau gyda'r un diddordebau â minnau. Ar ddydd Sul y byddai'r gemau swyddogol ran amlaf a hynny ar gaeau chwarae ar bwys carchar enwog Wormwood Scrubs. Nid oeddwn erioed wedi gweld carchar o'r blaen, ac yn aml iawn byddai mwy o ddiddordeb gennyf mewn edrych tuag at yr adeilad anferth a hyll nag mewn canolbwyntio ar y bêl. Daeth mwy o sioc a braw i mi pan sylweddolais fod rhai o'r carcharorion yn edrych allan drwy ffenestri eu celloedd ar yr adloniant ar y cae. Teimlad rhyfedd iawn oedd meddwl fod posib i lofrudd edrych ar hogyn bach o Drefor yn chwarae pêl ar brynhawn Sul braf yn y parc. Nid oeddwn yn gyfforddus o bell ffordd, a doedd gen i ddim llai nag ofn yn ystod yr wythnosau cyntaf, ond buan iawn yr oedd rhywun yn dygymod unwaith eto â bywyd bob dydd mewn dinas anferth.

Yn ystod y flwyddyn gyntaf daeth tri ymwelydd i chwilio amdanaf yn Bowden Court. Y cyntaf ohonynt oedd Mark Nierada o Nefyn, bachgen yr oeddwn yn ei adnabod yn dda gan i mi dreulio dyddiau ysgol yn ei gwmni ers dyddiau Penrallt. Roedd Mark wedi cyrraedd Llundain i astudio Gwleidyddiaeth a Llywodraeth mewn prifysgol yn y ddinas ac wedi gwneud ei waith cartref i ddod o hyd i mi. Bu'r ddau ohonom yn gyfeillion agos iawn o'r diwrnod hwnnw a thrwy gydol ein dyddiau yn y coleg. Trefnwyd i gyfarfod yn rheolaidd a braf fyddai sgwrsio yn Gymraeg dros beint neu dri, heb sôn am y partïon lu a drefnwyd gan fyfyrwyr ein colegau. Dau ddigwyddiad arbennig sydd yn aros yn y cof yng nghwmni Mark, a'r cyntaf oedd y nos Sadwrn (neu fore Sul) y bu i ni gerdded i mewn i bencadlys y *Sunday Times* yn Gray's Inn Road. Yn dilyn parti hwyrol yn ardal King's Cross ac wrth gerdded adref blygain bore, dois ar draws y pencadlys mawr. Roedd prysurdeb y lle yn agoriad llygad wrth weld y papurau newydd yn cael eu llwytho i lorïau a faniau yn barod i'w dosbarthu i bob rhan o'r wlad. Yn dilyn ymholiad am gopi o'r *Times*, papur nad oeddwn erioed wedi ei ddarllen yn fy mywyd, cawsom wahoddiad i mewn ar ôl perswadio un o'r dynion fod diddordeb gwirioneddol gennym yn y lle. Roeddwn eisoes wedi gweld lluniau ar y newyddion o bapurau o'r fath yn cael eu hargraffu yn eu miloedd, ac yn hedfan yn wyllt uwchlaw'r llawr fel rhan o'r broses gyfosod cyn cael eu didoli. Bellach roedd Mark a finnau yn sefyll yng nghanol y bwrlwm a'r prysurdeb yn edrych ar enedigaeth y *Sunday Times*. Cerddodd y ddau ohonom allan gyda chopi cyflawn o'r papur o dan ein cesail a hynny yn llythrennol 'hot off the press'.

Daeth teithio ar y trên rhwng Bangor a Llundain yn arferiad cymharol reolaidd a braf ar adegau fyddai cael cwmni Mark i dorri'r siwrnai. Pan gyrhaeddwyd pen y daith un pnawn Sul, cefais sioc anferthol o sylweddoli fod rhywun wedi dwyn fy nghês mawr yn llawn dillad glân a newydd ar gyfer y tymor. Roeddwn yn sefyll ar y platfform yn Euston yn gwisgo'r unig ddillad oedd gennyf ar gyfer yr wythnosau nesaf. Roedd y cwbl wedi mynd. Os bu unrhyw fendith i'r profiad erchyll hwnnw, mae'n bur debyg mai'r ffaith i'r lleidr fethu â rhoi ei ddwylo blewog ar gas oedd yn dal dau drwmped gwerthfawr oedd hynny. Buasai colli'r offerynnau a brynwyd gydag arian prin fy rhieni a rhan o fy etifeddiaeth gan Taid Bynglo wedi bod yn llawer mwy o ergyd. Er hynny, rhaid datgan nad oedd yn brofiad pleserus o bell ffordd a bu'n rhaid aros cryn amser am stoc o ddillad newydd gan Mam drwy'r post. Bu Mark yn gefn i mi yn ystod yr wythnosau anodd hynny gan rannu ambell drôns, hosan a chrys fel bo'r angen. Ar ôl gweithio fel cyfreithiwr ym Mhwllheli am rai blynyddoedd symudodd yr hen gyfaill i fyw a gweithio fel cyfreithiwr yng nghanol yr Arabiaid yn Dubai.

Dau ymwelydd arall a gyrhaeddodd wrth ddrws Bowden Court oedd Glyn Owen a Glanville Scott o Drefor. Er bod Glyn bron i bedair blynedd yn hŷn na fi roeddwn yn ei adnabod yn dda, ond roedd Glanville yn agosach fyth gan ei fod flwyddyn union yn hŷn na fi a hynny i'r diwrnod. Bu'r ddau ohonom yn aelodau o'r Band Bach a'r ysgol Sul gyda'n gilydd. Fel Scott Bach yr oedd pawb yn ei adnabod ac roedd yntau fel finnau yn un o'r criw smocio cynnar. Collodd ei fam yn ifanc a chael ei roi mewn gofal, ac oherwydd hynny daeth pawb yn agosach ato rhywsut. Roeddem yn dipyn o fêts yn blant.

Roedd y ddau wedi cyrraedd y ddinas i chwilio am waith yn y diwydiant adeiladu. Cafwyd ar ddeall fod cyflogau uchel ar gael a hwythau wedi mentro i wneud eu ffortiwn. Yn anffodus, nid felly y bu gan i'r ddau fynd i gyfeiriadau gwahanol mewn ychydig iawn o amser. Cafodd Glyn lety yn ardal Maida Vale gyda gwaith a chyflog da. Penderfynodd Scott Bach ddilyn trywydd a ffrindiau hollol wahanol a'i dynged yn fuan iawn, gwaetha'r modd, oedd ei gael ei hun heb waith ac yn ddigartref. Ceisiodd Glyn ei ddarbwyllo lawer tro heb fawr o lwyddiant. Unwaith yn unig y gwelais Scott ar y stryd ac nid oedd am siarad â fi y noson honno.

I'r gwrthwyneb, gweithiodd Glyn yn galed a derbyn swydd gyda'r London Transport yn trwsio'r grisiau symudol mewn gorsafoedd tanddaearol. Oherwydd natur y gwaith rhaid oedd gweithio trwy'r nos tra bod y trenau yn segur, a hynny yn cynnig cyflog llawer uwch. Bu'r ddau ohonom yn gyfeillion da, gyda'r ymweliad â'r fflat yn achlysur wythnosol ar nos Fercher am swper a sgwrs. Pobl Trefor, Rod Stewart a Man U fyddai'r testun sgwrs ran amlaf a byddai'n rhaid iddo gychwyn am ei waith oddeutu deg o'r gloch y nos. Cerddwn innau yn ôl i Notting Hill trwy'r strydoedd hir a thywyll heb ofni dim. Ymhen amser prynodd Glyn ei fflat ei hun a byw ynddo yn hapus am flynyddoedd lawer, cyn ei werthu a dychwelyd i Gymru i ymddeol. Yn drist iawn bu farw yn frawychus o sydyn yn 49 mlwydd oed.

Dyma stori o lwyddiant a methiant i ddau ffrind yr oeddwn wedi eu hadnabod ers dyddiau plentyndod. Sylweddolais yn fuan pa mor denau yw'r llinell a pha mor hawdd oedd ei chroesi. Do, fe gollais gwsg lawer noson gyda phoen a nerfusrwydd yn fy mol yn meddwl am Scott Bach. Bu farw ar y stryd yn Llundain, ond trwy ryfeddol wyrth llwyddodd y gwasanaethau cymdeithasol i ddychwelyd ei weddillion yn ôl i'w bentref genedigol. Yn hynny o beth bu diweddglo saff i'w fywyd bregus, dideulu gydag angladd a gwasanaeth byr ar lan ei fedd ym mynwent Trefor gan y Parchedig Idris Thomas, rheithor y plwyf.

Ar ddiwedd y tymor a diwedd y flwyddyn gyntaf yn y coleg cefais wahoddiad i dreulio penwythnos yn Benhill Road, Sutton. Dyma'r tro cyntaf i mi fynd draw i gartref Ian a Cyn Lambert ar gyfer ymarferion gyda chyfeiliant i ddarnau prawf fy arholiad ymarferol. Nid tasg hawdd i unrhyw gyfeilydd oedd gweithio ar ddarnau megis y *Trumpet Sonata* gan Paul Hindemith, a dyna pryd y sylweddolais fod cyfeilyddes o safon uchel iawn gennyf. Roedd Cyn yn brofiadol a cherddorol dros ben. Ni allwn gredu pa mor lwcus yr oeddwn o gael ystyried y ddau yn ffrindiau a hwythau yn fwy na bodlon fy helpu i lwyddo.

Roedd y ddau i raddau wedi fy mabwysiadu tra bûm yn y coleg a byddai croeso mawr yn eu cartref pryd bynnag y byddwn yn ymweld. Ar nos Wener y byddai hynny yn digwydd ran amlaf trwy ddal trên o Victoria i Sutton ar gyfer penwythnos o waith ac adloniant. Ian fyddai'n diddanu fel arfer, gyda nosweithiau yn y dafarn leol neu weithgareddau chwaraeon megis rygbi yn y gaeaf a chriced yn yr haf. Ar un achlysur cefais wahoddiad i edrych ar gêm griced yr oedd Ian yn rhan ohoni. Ar ôl cyrraedd y maes cefais fraw o ddeall y buasai angen i mi fod yn rhan o'r ornest gan fod y tîm un yn fyr. Nid oeddwn erioed wedi chwarae'r gêm yn fy mywyd ac nid oedd syniad gennyf beth oedd i fod i ddigwydd. Cytunais i roi cynnig arni gan nad oeddwn am siomi neb ac yn sicr ddim am adael fy ffrind ffyddlon i lawr. Cefais fy hebrwng i'r pafiliwn i newid i ddillad pwrpasol ar gyfer y diwrnod. Dim ond un pafiliwn a fu yn fy mywyd i erioed a hynny ar ddechrau Awst bob blwyddyn, ac felly roedd cerdded i gwt pren yn hynod ddigri ac yn denu gwên ddireidus yn fy meddwl. Cefais grys, trowsus, esgidiau a siwmper wen a dos o gywilydd gan fy mod yn edrych fel alarch ac yn teimlo fel Sais. Daeth pwl o ddychryn drosof wrth feddwl be fuasai'r hogia adra yn ei ddweud am y peth.

Dechreuodd y gêm, ac yn gwbl onest nid oedd syniad gennyf beth oedd yn mynd ymlaen. Deallais fod angen taflu'r bêl yn ôl cyn gynted â phosib bob tro a cheisiais fy ngorau i wneud hynny. Ymhen hir a hwyr daeth y cwbl i stop a daeth diweddglo i'r diwrnod. Sioc anferthol oedd deall fod mwy i ddod ar ôl mwynhau 'afternoon tea' yn y Pavilion, a dyna pryd y dechreuais ddifaru na fuaswn wedi aros yn Benhill Road i ymarfer y piano a'r corn. Daeth y cwbl i ben cyn i mi orfod batio, a diolch byth am hynny i'r tîm a finnau. Ni fu hwn yn ddiwrnod i'w gofio, ond yn sicr bu'n brofiad gwahanol, blinedig a diflas a dweud y lleiaf.

Rhaid oedd chwilio am waith unwaith eto yn ystod gwyliau'r haf gan fod costau byw wedi cynyddu yn enfawr i mi. Nid hawdd oedd cymdeithasu heb arian, ac oherwydd anffawd colli'r holl ddillad ar y trên rhaid oedd prynu o'r newydd ar gyfer y dyfodol. Daeth achubiaeth ardderchog i'm rhan gan i mi gael cynnig gwaith yn y chwarel, a hynny yn rhoi cyfle i mi weithio gyda Dad a'i gyd-weithwyr yntau. Roeddwn yn hynod falch o gael y cyfle i flasu yr hyn roedd fy nhad wedi ei wneud fel gyrfa wrth fagu ei deulu. Roedd y cyflog yn hael a'r gwaith yn drwm a chaled ond roedd y profiad yn amhrisiadwy.

Tyllu cerrig anferth o'r graig oedd fy ngwaith trwy gydol y dydd gyda'r injan dyllu swnllyd. Peiriant nad oedd yn annhebyg i'r un sydd gan ddynion y Bwrdd Dŵr neu'r Cyngor Sir wrth dyllu ar ochr y ffyrdd ydoedd. Pwrpas y tyllu oedd paratoi'r garreg i'w hollti'n llai gan grefftwyr profiadol. Fel yr oeddwn yn gorffen hollti un llwyth byddai mwy o ffrwydro ar y graig a thunnell arall yn cyrraedd. Roedd y gwaith yn ddiddiwedd o ddydd i ddydd a hynny yn yr awyr agored ymhob tywydd. Dyma'r broses a fu'n rhan o fywyd y chwarelwyr yn yr ardal ers degawdau, a bellach roeddwn yn chwarae rhan fechan yn yr hanes hwnnw. Yn fwy na hynny, pwrpas ffrwydro, hollti a saernïo'r cerrig oedd cyflenwi'r adeiladwyr ar gyfer codi'r wal gerrig anferth ger ffordd osgoi canol tref Caernarfon. Wrth deithio rhwng tafarn yr Eagles a'r cylchfan ger yr hen eglwys lle mae Hwylfan heddiw, ni allaf beidio teimlo balchder wrth edrych ar y wal o gerrig ithfaen sy'n gwarchod ardal Twthill uwchlaw. Nid yw'r wal yn Gofeb Cilmeri o bell ffordd, ond i mi peth braf yw teimlo fy mod wedi cyfrannu rhywfaint o lafur i'w chodi.

Roeddwn wrth fy modd yn y Gwaith, ac ar adegau cawn awydd rhoi'r gorau i'r coleg a dal ati yn llawn amser i weithio yn y chwarel am gyflog da. "Ew, mae'n braf yma," meddwn wrth un o'r chwarelwyr wrth fwynhau paned ar fore heulog cynnes. "Tyrd yma am hanner awr wedi saith y bore yn gaea, 'ngwash i, pan fo pob dim wedi rhewi yn gorcyn. Niwl trwchus tu allan a thamaid o dân yn gornel y cwt byta. Ista yn fanno drwy'r dydd yn gwneud dim ond rhynnu," atebodd. Sylweddolais pa mor lwcus yr oeddwn i'n syth. Er hynny, bûm yn gweithio yn y chwarel am dri haf yn olynol a mwynhau pob munud o'r profiad a'r cyflog. Dyna oedd gwrthgyferbyniad llwyr gyda fy mywyd braf fel myfyriwr yn y saithdegau.

Roeddwn bellach wedi hen sefydlu fy hun fel un o drigolion sefydlog Bowden Court ac yn prysur ddod i adnabod yr ardal o fy nghwmpas. Bu Mr Aston yn ddigon caredig i fy nghroesawu yn ôl ar ddiwedd pob gwyliau, er nad oeddwn yn llwyddo i gadw'r un ystafell na chyfeillion i rannu ystafell â hwynt. Un o'r cymeriadau y dois ar ei draws oedd Gratiliano o Dwrci a gyrhaeddodd yn Llundain i ddysgu Saesneg. Pan ddechreuodd ar ei arhosiad ni allai siarad gair o Saesneg, a phenderfynodd y buasai yn ymddiried ynof fi fel hyfforddwr rhwng ei wersi swyddogol. Ni allaf ddychmygu fod unrhyw un erioed wedi cael swydd o'r fath gyda chyn lleied o gymwysterau. Yn fuan iawn daeth yr holl beth yn llawer mwy pleserus i'r athro a'r disgybl pan symudwyd y gwersi i'r Devonshire Arms, er nad wyf yn siŵr pa mor llwyddiannus fu'r hyfforddiant i Gratiliano druan. Un arall a fu'n rhannu ystafell gyda mi oedd Clifford o Leeds, bachgen croenddu, cryf a hynod o ffit. Myfyriwr yn y Royal Ballet School oedd Cliff ac yn hynod ymroddgar i'w waith. Dysgais lawer am ei grefft, ac roeddwn yn llawn diddordeb yn y pwnc oherwydd perthynas hollbwysig cerddoriaeth â dawnsio *ballet*. Ni allai sefyll yn llonydd i sgwrsio, roedd wastad yn neidio, plygu neu sefyll ar un goes i wneud y *pirouette*. Yn rhyfedd iawn ac er syndod i mi, ychydig iawn o ddiddordeb oedd ganddo mewn cerddoriaeth a'r cyfansoddwyr mawr. Dawnsio oedd popeth iddo a dim byd arall. Nid yw'n syndod na fûm erioed yn y Devonshire Arms nac unrhyw dafarn arall gyda Cliff. Ambell dro pan fyddai pawb allan ac yn ddigon pell o'r ystafell, manteisiais ar y cyfle i gael 'go' ar wneud y *pirouette* yn esgidiau Cliff a ffansïo fy hun fel dawnsiwr. Buan iawn y deuai'r ymgais i ben a hynny ar lai na hanner tro trwy syrthio ar fy nhin ar ganol y llawr. Nid oeddwn wedi fy ngeni i wneud *ballet*.

Bws neu droed fyddai'r ffordd orau o ddarganfod rhyfeddodau a daearyddiaeth y ddinas, a byddwn wrth fy modd yn ymweld â gwahanol ardaloedd bob penwythnos. Un diwrnod crasboeth cerddais ar hyd ochr afon Tafwys fel rhan o'r daith gerdded noddedig, Taith y Pontydd. Rhaid oedd croesi pob un bont i godi arian i Ysbyty Plant Great Ormond Street a hynny o Bont y Tŵr (Tower Bridge) hyd at Bont Lambeth, ac yna yn ôl yr un ffordd cyn gorffen wrth Dŵr Llundain wedi ymlâdd. Cyflwynwyd medal a thystysgrif i bawb a gyflawnodd y dasg am gefnogi achos mor deilwng, a balch iawn oeddwn ohonynt ar y pryd. Bellach, nid oes syniad gennyf ble aeth y gwobrau gan iddynt ddiflannu am byth i rywle. Yn anffodus, dyna fel yr oeddwn yn ifanc, heb fod yn gweld llawer o werth mewn dim i'r dyfodol. Heddiw buaswn yn gwneud unrhyw beth i gael arddangos y fedal a llawer peth arall a gollais ar y ffordd heb sylweddoli eu gwerth fel rhan o daith bywyd.

Yn ystod y saithdegau roedd pob unigolyn yn ymwybodol iawn o ymgyrch fomio yr IRA mewn dinasoedd, ac yn arbennig yn Llundain. Roedd yn gyfnod o ansicrwydd ac ofn i lawer, ond yn rhyfedd iawn nid oedd yn amharu dim ar fywyd neb o ddydd i ddydd. Ni fuaswn erioed wedi dychmygu y buaswn yn dygymod mor rhwydd â'r fath fygythiad. Yn fuan iawn daeth yr holl beth yn rhan o drefn fy mywyd innau ac yn bur aml byddwn yn anghofio am y peth. Er hynny, ysgrifennais lythyr adref at fy rhieni yn sôn am y profiad a'r ansicrwydd gan ofyn iddynt wneud un peth: 'Petai'r fath beth â fy mod yn cael fy anafu neu fy lladd, plis peidiwch â gweld bai ar yr IRA.' Nid hawdd oedd darbwyllo Dad o'r fath feddylfryd ac yntau yn gefnogwr brwd i'r Blaid Lafur a'r sefydliad Prydeinig. Ni chytunodd erioed mai bai Llywodraeth Prydain oedd gwreiddiau'r trwbwl yng Ngogledd Iwerddon.

Ar ddiwedd cyngerdd ar nos Wener, 29 Ionawr 1977 cerddais adref o'r coleg ar hyd Oxford Street ac i Lancaster Gate. Roedd hynny yn un ffordd o arbed arian ar gyfer prynu sigaréts am y penwythnos. Nid hawdd yw esbonio'r braw a'r sioc a gefais fore trannoeth pan ddeffrais i newyddion syfrdanol ar Capital Radio. Roedd yr IRA wedi targedu a bomio bron i bymtheg o adeiladau ar hyd Oxford Street ychydig oriau ar ôl i mi ei cherdded. Gadawyd siop enwog Selfridges yn wenfflam, a fy hunanhyder innau yn ddarnau. Roeddwn yn crynu yn dawel yn fy ngwely wrth feddwl fy mod wedi cerdded heibio 'bomiau byw' a oedd ar fin ffrwydro. Daeth mwy o fanylion yn ystod y dydd a mwy o realiti yn fyw i minnau. Roeddwn wedi fy llorio. Roeddwn eisiau mynd adref i Drefor am byth. Ni fûm allan o'r hostel y penwythnos hwnnw. Fore Llun rhaid oedd dychwelyd i ardal yr ymosodiad ac yn ôl i'r coleg i barhau gyda'r gwersi. Ni fu hynny yn hawdd i neb ac nid wyf am geisio honni nad oedd gen i ofn, a hynny am wythnosau lawer.

Mae'n bur debyg fod gan lawer un gyfrinach mewn bywyd nad yw am ei chofnodi oherwydd cywilydd neu warth. Prysuraf i ddweud nad wyf yn eithriad i hynny, diolch i Frenhines Lloegr yn bennaf. Yn ystod haf 1977 roedd yn gwbl amhosib osgoi y 'Silver Jubilee' trwy holl wledydd Prydain ac nid oedd Llundain yn eithriad o bell ffordd. Roedd baneri a lluniau ymhob twll a chornel a hyd yn oed rhai o'r bysiau coch wedi eu peintio'n lliw arian. Penderfynodd Mr Aston nad oedd Bowden Court am golli'r cyfle i ddathlu'r achlysur hanesyddol a phwysig hwn. Trefnwyd cinio arbennig tri chwrs gyda danteithion lu ar y byrddau i blesio a themtio pawb. Roedd sigaréts, sigârs, siampên, gwin a chwrw ar gael yn rhad ac am ddim. Fel arfer nid oedd alcohol yn cael ei ganiatáu yn yr hostel, a da o beth oedd hynny, mae'n debyg. Bu'r paratoadau yn mynd ymlaen am wythnosau lawer a Mr Aston yn cynhyrfu a gwirioni mwy bob dydd. Daeth y rheolwr gwladgarol ataf rai wythnosau cyn y diwrnod mawr gyda chais am fy ngwasanaeth. Roedd am wahodd cyn-Gomisiynydd Heddlu'r Metropolitan fel gŵr gwadd i eistedd wrth y 'top table', ac wedi gwirioni ar y syniad o gael Jê Jî i sefyll wrth ei ochr i chwarae 'God Save the Queen' cyn eistedd i wledda. Er mawr syndod a siom i'r hen Aston gwrthodais yn daer, gan geisio esbonio fy naliadau gwleidyddol. Parhaodd i swnian a cheisio fy mhrynu nes y llwyddodd. Cynigiodd wythnos o lety a bwyd am ddim yn Bowden Court a gwyddai yn iawn fod hynny yn ffortiwn i'r cenedlaetholwr balch. Cytunais yn groes i'r graen gydag un cynllun cyfrinachol i fyny fy llawes. Treuliais beth amser yn dysgu cytgan 'Hen Wlad fy Nhadau' i'r hogia o Tansanïa tan yr oeddynt yn geirio a chanu cystal ag unrhyw gôr meibion Cymreig. Gallwch ddychmygu'r sioc a gafodd pawb ar y noson wrth i'r hogia barhau i sefyll ar ddiwedd yr anthem 'genedlaethol' cyn i minnau daro 'Hen Wlad fy Nhadau'. Canodd y côr Cymreig Affricanaidd gyda balchder ac angerdd dros wlad na welodd yr un ohonynt erioed. Nid wyf yn siŵr a gefais faddeuant gan reolwr yr hostel, ond cefais werth arian da trwy werthu fy egwyddorion am noson.

Oherwydd temtasiynau diddiwedd y ddinas o gyng-herddau i sioeau cerdd, chwaraeon a phleserau drud y tafarndai, nid oedd byw yn Llundain heb arian yn opsiwn. Trefn bywyd coleg i lawer fyddai chwilio am joban i wneud ychydig o arian poced. I mi, daeth ateb i'r cwestiwn hwnnw yn sydyn a dirybudd. Ers fy niwrnod cyntaf yn Bowden Court roedd un teclyn yn fy meddiant na feddyliais erioed y buaswn yn ei ddefnyddio i sefydlu busnes llwyddiannus a llewyrchus. Hen haearn smwddio coch, mawr a thrwm ydoedd gyda chebl tew ac arno streips du a gwyn hen ffasiwn i'w gysylltu i'r plwg. Cyn-berchnogion y teclyn oedd Nain a Taid Bynglo a Mam wedi ei gadw er parchus gof, mae'n debyg. O gofio natur gybyddlyd Nain nid oedd yn syndod fod yr hen haearn wedi llwyddo i greu ffortiwn fechan i'r perchennog newydd.

Roedd y Laundry Room yn yr hostel yn lle prysur ac anghenrheidiol i bawb o'r trigolion. Ar nosweithiau a phenwythnosau byddai'r peiriannau golchi a sychu yn troi am oriau, gyda phawb yn ysu i olchi eu dillad. Yn aml iawn byddwn o gwmpas y lle yn ystod y dydd pan nad oedd darlith neu wers yn y coleg a hawdd fyddai hawlio'r *laundry* i olchi, sychu a smwddio fy nillad mewn heddwch. Roedd gweddill yr hogia allan ac yn brysur wrth eu gwaith. Byddai'r nosweithiau a'r penwythnosau i gyd yn rhydd i mi, tra byddai gweddill yr hogia yn ciwio a chwysu am ddillad glân. Yn fuan iawn daeth John ac Ian yn ymwybodol o fy sefyllfa freintiedig ac er mwyn arbed amser daeth syniad iddynt, a chynnig i minnau. "If we pay you a fee, would you be willing to do our laundry?" oedd y cais. Roedd y ddau yn gweithio am gyflog ac mewn sefyllfa i dalu'n hael am y gwasanaeth. Derbyniais y cynnig gyda chytundeb. "Put all your clothes in a plastic bin liner, no socks and no pants! I'll wash, dry and iron the lot before you come home in the evening." Roedd yr hogia (a finna!) wedi taro bargen werth chweil. Dechreuais ar y gwaith ac yn fuan iawn roedd system a threfn berffaith gennyf. Rhai yn golchi, rhai yn sychu cyn smwddio'r lleill a'u cadw. Mewn un pnawn roedd posib gwneud y cwbl a hynny yn cynnwys fy rhai i fy hun.

Yn sydyn iawn dechreuodd y busnes gynyddu pan ddaeth mwy o'r hogia i ddeall fod JG yn Room 73 yn rhedeg gwasanaeth amhrisiadwy. Anodd iawn oedd gwrthod gwaith a busnes, gyda fy mhocedi yn llenwi yn gyflym a digon o arian i bopeth. Byddai sesiwn allan mewn tafarn a phryd o fwyd i orffen y noson mewn Pizza Hut neu *tandoori restaurant* yn achlysur rheolaidd a fforddiadwy. Yn hytrach na dal y bws coch i'r coleg daeth teithio ar y trenau tanddaearol yn llawer haws. Unwaith neu ddwy oherwydd codi'n hwyr defnyddiais y tacsi du, a thalu'n ddrud iawn am y fath foethusrwydd.

Fel yr oeddwn yn gwario mwy daeth yr angen am fwy

o waith golchi. Nid oedd hynny'n broblem ond yn sydyn iawn dechreuodd pethau fynd allan o reolaeth. Roedd llawr stafell 73 yn llawn bagiau du – rhai gyda dillad glân a rhai gyda dillad budron. Yn wir, yn ystod yr wythnos roeddwn mor brysur fel nad oedd amser gennyf i ymarfer y corn na'r piano, nac ar adegau i fynychu darlithoedd. Roedd fy ngwaith coleg yn dioddef. Roedd mwy o arian gennyf nag oeddwn ei angen a llai o oriau nag y buaswn yn ei ddymuno mewn wythnos. Ni feiddiais sôn dim wrth fy rhieni yn y llythyrau yr oeddwn yn eu hanfon adref bob dydd Iau a phob dydd Llun. Er hynny, roeddwn yn poeni beth fuasai ymateb y ddau i'r hyn oedd yn digwydd a Dad yn gweithio'n galed yn y Gwaith. Nid dod i Lundain i olchi dillad budron dieithriaid yr oeddwn, i fod, ond i dderbyn cyfle i gael addysg gerddorol o'r radd flaenaf.

Daeth y cyfan i stop yr un mor sydyn ag y dechreuodd. Un noson a finnau'n gorwedd ar fy ngwely yn dilyn swper yn darllen papur newydd a smocio, daeth cnoc ar y drws. Codais yn syth i ateb a wynebu dyn anferth, tywyll ei groen gyda dau fag du yn llenwi'r ffrâm. "Are you the laundry man?" gofynnodd, gyda llais dwfn fel Paul Robeson. "Yyyes... but... No!" atebais. Sylweddolais y buasai angen callio yn y fan a'r lle. Penderfynais dorri ar y gwasanaeth, gan gadw'r cwsmeriaid cyntaf er budd fy mhoced yn hytrach na dim arall. Yn fuan iawn daeth pethau yn ôl i drefn yn y coleg, ond lawer tro meddyliais ble y buaswn wedi cyrraedd petai'r busnes wedi parhau. THE LONDON LAUNDRY LTD. Est 1977. Prop. J. G. Jones. Miliwnydd? Pwy a ŵyr?

Daeth fy amser i ben yn y coleg a Bowden Court yn dilyn addysg gerddorol arbennig, profiad bywyd heb ei ail, a ffrindiau i'w trysori am oes. Roedd hynny yn llawer mwy o werth nag arian mawr a chyfoeth materol y busnes 'londri'. Bellach roedd y dyfodol a'r holl gyfrifoldebau yn disgyn arnaf i wneud rhywbeth gyda'r hyn a dderbyniais yno. Roedd yn amser mynd adref.

Dychwelyd

Nid oedd amheuaeth nad oeddwn yn hynod falch o gyrraedd adref i gynefin saff a chyfeillgar, er na fuaswn yn gwadu nad oedd hiraeth arnaf am fywyd Llundain hefyd. Roedd y lle yn sicr wedi gadael argraff arnaf, a byth er hynny bu perthynas glòs rhwng yr hen ddinas a finnau. Darllenais ac astudio llu o lyfrau am y lle, ac mae fy niddordeb yn dal yr un mor fyw heddiw. Gallaf ymfalchïo mewn ychydig o wybodaeth a ffeithiau difyr am hanes y gwahanol ardaloedd, yr adeiladau, y strydoedd, siopau, gwestai crand, theatrau, eglwysi, tafarndai ac afon Tafwys ei hun. Byddaf wrth fy modd yn cael bod yno yng nghwmni ffrindiau sydd yn gwerthfawrogi tywysydd rhad ac am ddim, a hwnnw yn llawn rwtsh a straeon.

Bu'n rhaid talu'n ddrud am y penderfyniad i ddod adref ar ddiwedd dyddiau coleg yn 1980 gan i mi fod yn ddi-waith yn gerddorol am flwyddyn gron. Er hynny roedd yn ymdrech werth ei hwynebu a daeth ychydig o waith rhan-amser o dro i dro. Yn ystod gwyliau'r haf bu'n rhaid chwilio o'r newydd am swydd dymhorol gan fod Robat fy mrawd bach wedi cychwyn yn y Gwaith fel prentis llawn-amser.

Daeth contract ar ddechrau Awst gan y Cwmni Bysiau Cenedlaethol i gychwyn ar y gwaith o gynnal arolwg dros fis cyfan ar deithwyr yng ngogledd Cymru. Dyma swydd ddelfrydol gan fod angen teithio ar y bysiau Crosville gwyrdd ddydd a nos yn sgwrsio gyda'r teithwyr gan holi ambell gwestiwn, derbyn atebion a chasglu ystadegau. Ar ôl derbyn yr holl wybodaeth a'r data penderfynodd y Cwmni Bysiau Cenedlaethol sefydlu Bws Llŷn a Bws Cambria. Heblaw am fy llafur diflino mae'n bosib na fuasai hynny o beth wedi gweld golau dydd! Pwy a ŵyr?

Ychydig cyn yr anturiaethau ar y bysys cafwyd ar ddeall fod Canolfan Iaith Nant Gwrtheyrn yn chwilio am wirfoddolwyr i helpu yn y Nant gyda'r gwaith adeiladu i godi'r hen bentref yn ôl ar ei draed. Adfeilion llwyr oedd yr holl adeiladau yn y pentref, ac roedd cryn lafur i'w wneud cyn bod yr adeiladwyr proffesiynol yn dechrau ar y gwaith adnewyddu.

Rai wythnosau yn gynharach dros beint neu dri yng Ngŵyl Werin Dolgellau, penderfynodd Medwyn Williams (Meds) o Forfa Nefyn a finnau y buasem yn cynnig ein hunain fel labrwrs. Wedi'r cyfan, roedd y ddau ohonom eisoes yn cyfrannu yn helaeth i fywyd a theithiau'r 'Heavies'. Nid tasg hawdd i unrhyw hogyn o'r tu allan i Drefor oedd dod yn 'Heavy' ond llwyddodd Meds gydag anrhydedd.

Ni allai'r hyn yr oeddem yn ei gynnig i'r Ganolfan Iaith fod yn ddim llai nag achubiaeth iddynt (yn ein meddwl ni), o gael dau o hogia cryf, cyhyrog a llawn brwdfrydedd tuag at y gwaith. Yr hyn nad oedd Meds a finnau wedi ei sylweddoli na'i ragweld oedd y llafur caled oedd yn ddisgwyliedig. Rhaid oedd cerdded o bentref Llithfaen i fyny hanner y mynydd i Ben Nant, ac yna i lawr un o lethrau mwyaf serth Cymru cyn cyrraedd y gwaelod i ddechrau llafurio.

Colbio plastar sych a llychlyd oddi ar furiau tu fewn i'r tai gyda morthwyl mawr trwm oedd y dasg, a hynny ar ddiwrnod crasboeth o haf. Bu'r ddau ohonom wrthi yn ddygyn trwy gydol y dydd yng nghanol y llwch a'r gwres, cyn sylweddoli ein bod wedi anadlu a llyncu llawer mwy o lwch nag oedd yn lles i iechyd unrhyw un. Roeddem wedi ein gorchuddio gyda'r stwff gwyn myglyd a hynny ar ein dillad, ein dwylo, ein hwynebau a'n gwalltiau. Yr unig ran o'r corff nad oedd y llwch wedi ei gorchfygu oedd ein llygaid, a diolch byth am hynny. Cerddodd y ddau ohonom i fyny'r Gamffordd o'r Nant fel ysbrydion y nos, cyn cyrraedd tafarn y Fic yn Llithfaen i fwynhau peint o lager oer fel gwobr am ein llafur caled a ffwlbri'r dydd. Hyd heddiw mae Meds yn honni mai dyna'r peint gorau iddo ei brynu erioed, ac ni allaf anghytuno gyda'r hen gyfaill a hynny ar ôl diwrnod uffernol. Ni ddychwelodd yr un ohonom i'r Nant i weithio ar ôl y diwrnod hwnnw, a bu'n rhaid i'r Ganolfan Iaith wynebu'r dyfodol heb ymdrechion a llafur tila y stiwdants meddal.

Yn naturiol ddigon, y peth cyntaf i'w wneud ar ôl cyrraedd adref o Lundain oedd chwilio am yr hyn yr oeddwn wedi ei adael ar ôl bedair blynedd yn gynharach. Nid oedd angen edrych ddim pellach na'r band, ond er mawr syndod i mi nid oedd pethau'n teimlo'r un fath. Ychydig iawn o gystadlu a chyngherddau a gafwyd ac nid oedd y llwyddiant hanner mor gyson ag y bu. Y prif reswm am hyn oedd colli aelodau i golegau a neb ar gael i lenwi'r bylchau. Dyma'r tro cyntaf i mi flasu llanw a thrai ym myd y bandiau pres ac nid hawdd oedd ei dderbyn. Ni allaf ddychmygu pa mor anodd oedd hynny i Geraint ar ôl ei holl waith caled. Er hynny, ymhen y flwyddyn enillwyd y wobr gyntaf unwaith eto yn yr Eisteddfod Genedlaethol ym Machynlleth a dyma'r fuddugoliaeth olaf i mi gyda'r band.

Gyda misoedd segur y gaeaf o fy mlaen, rhaid oedd meddwl am wahanol ffyrdd o lenwi'r amser a dechrau gwneud rhywbeth o sylwedd. Roedd y band, wrth gwrs, yn fendith ac yn ffordd gyfleus iawn o gadw fy nhrwyn ar y maen o ran ymarfer a chymdeithasu. Ar ben hynny, penderfynodd criw bach ohonom sefydlu grŵp offerynnol newydd gyda chyfuniad offerynnol ychydig yn wahanol i'r arfer. Cafwyd Wynne Williams (cornet), Martin Fearn (trombôn), Paul Eccles (drymiau), Ifan Pritchard Drws Nesa (gitar fas) a finnau ar y piano a'r allweddellau. Dyma enedigaeth 'Arian Byw'. Roeddem yn chwarae pob math o gerddoriaeth a hynny mewn arddull jazz a cherddoriaeth ysgafn. Cerddoriaeth glasurol, pop ac alawon gwerin wedi eu trefnu a'u moderneiddio fyddai ein set fel arfer.

Daeth yr holl beth yn boblogaidd ac atyniadol dros nos i gynulleidfaoedd cyngherddau a nosweithiau llawen. Daeth prysurdeb ac ychydig o enwogrwydd yn sgil y perfformiadau a hynny, mae'n debyg, oherwydd iddynt fod ychydig yn wahanol. Mae'n bur debyg mai Arian Byw oedd y Band Pres Llareggub gwreiddiol, gan i ni geisio torri tir newydd yn union fel y band hwnnw sydd bellach mor llwyddiannus a phoblogaidd. Un o brif edmygwyr a dilynwyr y grŵp oedd y diweddar annwyl Gari Williams. Bu Gari yn gefnogol iawn i ni a phleser bob amser oedd gweithio gyda digrifwr, actor, canwr a chyflwynydd teledu mor boblogaidd ac uchel ei barch. Daeth gwahoddiad i'r grŵp ymddangos fel gwesteion ar ei raglen *Nadoligari* ar S4C, a dyna oedd profiad. Dyma'r tro cyntaf i mi gael y cyfle i drefnu cerddoriaeth a chael ei chofrestru yn swyddogol. Er mwyn darlledu'r eitem ar y rhaglen rhaid oedd ysgrifennu'r trefniant o 'Troika' allan o'r gwaith *Lieutenant Kijé* gan Prokofiev, ac yna ei anfon at Boosey & Hawkes yn Llundain er mwyn ei gofrestru. Roeddwn yn teimlo'n bwysicach na phwysig ac i Gari roedd y diolch. Bu farw yn sydyn ar ôl gwaeledd byr ym mis Gorffennaf 1990 yn 44 mlwydd oed. Collais ffrind annwyl ond fe gollodd Cymru dalent a gŵr arbennig iawn ymhell o flaen ei amser.

Roedd mynychu digwyddiadau cerddorol megis Gŵyl Werin Dolgellau, Padarn Roc, Twrw Tanllyd, Pontrhydfendigaid a nosweithiau Pafiliwn Corwen yn ffordd o fyw i griw hogia Trefor. Ble bynnag y byddai'r cynnwrf, yr adloniant a'r sesh, roedd yr hogia yno. Mae'n deg dweud mai ein cartref ar nosweithiau Sadwrn yn y gaeaf oedd Clwb Tanybont yng Nghaernarfon. Yma y dois ar draws criw y band poblogaidd Angylion Stanli am y tro cyntaf, a gwerthfawrogi eu cyfraniad ardderchog i sîn roc Gymraeg y cyfnod. Daeth Tony Bach a Huw Wirion yn gyfeillion dros nos yn ogystal â hogia fel Gwil John a Glyn Tom.

Ar ddiwedd un nos Sadwrn wyllt collais y bws olaf adref, ac o ganlyniad roeddwn yn sefyll ar y Maes yng Nghaernarfon mewn dilyw. Ni allaf gredu i mi fod allan mewn cymaint o law a heb fawr ddim pres ar ôl yn fy mhoced. Nid oedd cerdded pedair milltir ar ddeg yn opsiwn, gan i ddreifar tacsi ddweud wrthyf bod llifogydd anferthol ar hyd y ffordd ac y gallai hynny fod yn beryglus iawn. A hithau bellach ymhell wedi hanner nos a finnau'n socian ac yn sigledig ar fy nhraed, daeth syniad i 'mhen. Cerddais i mewn i hen orsaf heddlu'r dref i lawr ger y brif fynedfa i'r castell. Esboniais y sefyllfa i'r heddwas wrth y ddesg a gofyn iddo tybed a fuasai posib cael benthyg cell am noson. Er mawr syndod a rhyddhad cytunodd a chefais fy hun yn setlo ar wely caled, oer a sych mewn carchar am noson o gwsg braf gyda llond bol o gwrw. Codais fore trannoeth a cherdded allan yn ddyn rhydd. Bûm yn aros mewn gwestai moethus lawer tro ond bu'r noson honno yn brofiad a hanner, a hynny yn rhad ac am ddim.

Sefydlwyd Gŵyl Bro'r Eifl yn Nhrefor yn 1981 gyda Trefor Williams wrth y llyw fel cadeirydd y pwyllgor. Cefais fy mhenodi'n ysgrifennydd yr ŵyl a bwrw iddi yn syth i drefnu gweithgareddau Cymraeg o fewn y gymuned leol. Cafwyd noson Siôn a Siân, mabolgampau i ysgolion cynradd y cylch, trip i'r henoed, sioe amaethyddol a chymanfa ganu i gyd o fewn wythnos. Datblygodd yn ŵyl boblogaidd gyda llawer o gefnogaeth, a thyfodd ein hyder ninnau gan ychwanegu mwy o adloniant dros y blynyddoedd.

Yn 1983, fel rhan o'r ŵyl, trefnwyd gêm bêl-droed rhwng y band a Chôr Meibion yr Eifl a chafwyd torf sylweddol a chanlyniad cyfartal. Prif atyniad yr achlysur oedd cael neb llai na Nic Parry i sylwebu ar y gêm, a hynny o garafán fechan ar y cae. Dyna brofiad oedd clywed y geiriau "John Glyn yn derbyn y bêl, yn troi ac ergydio, a dyna chi gôl!" gan lais mor gyfarwydd i bawb. Dyma'r tro cyntaf i mi ei gyfarfod ond yn sicr, nid dyma'r tro olaf.

Oherwydd y croeso a gawsom ymhob rhan o Gymru fel hogia daeth syniad y buasai'n gyfle i dalu'r ddyled yn ôl trwy drefnu gŵyl roc ein hunain. Dyna yn y bôn oedd pwrpas trefnu Roc y Plas, a hynny unwaith eto fel rhan o weithgareddau Gŵyl Bro'r Eifl. Yn ystod y pwyllgorau tyfodd y syniadau a'r trefniadau ac erbyn y diwedd roedd diwrnod cyfan o adloniant ar dir Plas yr Eifl, Trefor. Daeth bandiau a chantorion o bob rhan o Gymru, a channoedd o gefnogwyr i ffarwelio ag Angylion Stanli ar eu noson olaf fel grŵp. A dyna oedd noson i'w chofio!

Yn fuan iawn ar ddechrau'r wythdegau aildaniwyd y fflam rhwng Glen a finnau mewn digwyddiadau fel gemau rygbi rhyngwladol yng Nghaerdydd a Gŵyl Werin Dolgellau yn yr haf. Ble bynnag yr awn efo'r hogia byddai hon yn siŵr o ymddangos a fy llygaid innau yn saethu i'w chyfeiriad. Trwy fflyrtio a sgwrsio magwyd hyder i adeiladu perthynas unwaith eto, a chael ar ddeall iddi golli ei thad bedair blynedd ynghynt. Dyma un o fy siomedigaethau mwyaf mewn bywyd – na chefais y fraint o gyfarfod nac adnabod Robin Jones Griffith. Bu farw yn bum deg chwech mlwydd oed ar ôl gwaeledd hir a chreulon yn ymladd gelyn mawr dynoliaeth yr ugeinfed ganrif.

Erbyn haf 1981 roedd y ddau ohonom yn eitem, a dyma ddechrau ar gyfnod heriol i mi wrth geisio derbyn a dygymod â'r ffaith fod y dyddiau gwyllt gyda'r 'Heavies' yn dirwyn i ben. Roedd wythnos yn y Steddfod yr un mor bwysig gyda chymar ag yr oedd gyda'r hogia. Nid oedd y Steddfod yn ddieithr i Glen a'i chriw er mai carafán foethus oedd eu llety nhw, yn hytrach na phabell wlyb, lawn a drewllyd. Cawsom gyfle i fwynhau Eisteddfodau Machynlleth, Abertawe (Hendrefoelan) a Llangefni, ond ni fu y ddarpar Mrs Jones erioed yn gyfforddus mewn tent. Daeth cyfle i'r ddau ohonom gael adnabod a chreu cyfeillgarwch o'r newydd gyda'r hogia o Drefor a'r genod o Glwb Ffermwyr Ifanc yr Eifl. Un o'r genod hynny oedd Ann Hafod o Lithfaen, y cefais y fraint o fod yn was priodas iddi hi a'i gŵr Ieuan Williams yn ddiweddarach. Daeth yr un anrhydedd i'm rhan ym mhriodas Ifan Drws Nesa a'i wraig Helen ym mhentref Glanrafon ger y Bala.

Yn fuan iawn ar ôl yr achlysuron hapus yma daeth yn amser i minnau benderfynu pa gyfeiriad yr oeddwn am ei ddilyn. Un nos Sadwrn yn dilyn pnawn o yfed trwm gyda'r hogia, fe lwyddais i berswadio un ohonynt i ffonio Glen ar fy rhan i ddweud nad oeddwn ar gael y noson honno. Nid oeddwn am i'r parti orffen ond roeddwn yn ormod o gachwr i ffonio fy hun. Yn dilyn hynny, o fewn rhai dyddiau cafwyd pregeth a ffrae anferthol a daeth y cwestiwn a'r *ultimatum*... "Yr hogia neu fi?" Yr eiliad honno newidiais gyfeiriad fy mywyd a gadael blynyddoedd o bleserau gwyllt a meddw gyda'r hogia. Bellach rwyf yn gwbl sicr iddo fod yn un o'r penderfyniadau gorau a wnes erioed. Rhaid oedd dechrau callio, derbyn cyfrifoldebau a cheisio sefydlu fy hun fel oedolyn cyfrifol allai gyfrannu i gymdeithas.

Daeth cyfle i wneud hynny ac i ennill profiad newydd trwy ddod yn aelod o Gyngor Plwyf Llanaelhaearn a chynrychioli fy mhentref genedigol ar gorff statudol. Rhaid datgan i mi deimlo cryn falchder o dderbyn y sedd ac eistedd ynddi am gyfnod. Er nad oes gan y cynghorau plwyf gymaint o ddylanwad bellach mae cyfraniad y cynghorwyr sydd yn eistedd arnynt yn fawr a gwerthfawr – llawer ohonynt yn aelodau am flynyddoedd lawer a hynny yn gwbl wirfoddol heb unrhyw fantais ariannol. Y cwbl sydd ganddynt yw cariad ac ymroddiad tuag at eu cymunedau, ac anrhydedd i mi oedd cydweithio gyda rhai ohonynt am gyfnod byr yn fy hanes. Roeddwn hefyd yn llawn balchder o ddilyn ôl troed fy nhaid a fu'n gynghorydd yn yr un plwyf am rai blynyddoedd.

Yn ystod y cyfnod yma gwelodd Trefor Williams, a oedd yn aelod o'r band, gyfle i sefydlu côr newydd yn yr ardal o dan yr enw Côr Meibion yr Eifl. Rhaid fu ymuno i ganu fel Bas Cyntaf a chael llawer o bleser o ddysgu ychydig sgiliau ym maes y canu corawl. Rhyfeddod mawr i mi oedd sylweddoli fod posib canu mewn côr heb allu darllen nodyn o gerddoriaeth. (Nid dyna'r drefn yn y bandiau.) Roedd ymroddiad a gwaith caled yr arweinydd a'i gantorion yn dwyn ffrwyth ar ôl wythnosau o ymarfer trosodd a throsodd ar yr un nodau a rhythmau. Unwaith neu ddwy cefais gyfle i arwain mewn ymarfer, ond ni allaf fod yn siŵr faint o werth fu hynny i'r aelodau brwdfrydig oedd yn bresennol. Yn y diwedd rhaid fu camu'n ôl o'r côr a sticio ati gyda'r corn a'r band.

Braint arall a ddaeth i'm rhan oedd fy mhenodi'n gadeirydd Pwyllgor Seindorf Trefor, a dyna oedd testun balchder. Diolch i aelodau fel Robin (Band) Williams, Ceiri Williams, Alun Jones, Trefor Williams, Dafydd Roberts a Robin John Williams am eu cefnogaeth a'u cyfeillgarwch. Chwaraeodd y band ran bwysig iawn yn fy mywyd cynnar yn ogystal â fy ngyrfa wedi hynny, ac mae fy nyled yn fawr i bob un ohonynt.

Setlo Lawr a Challio

Ymhen blwyddyn ar ôl gadael y coleg, daeth haul ar fryn pan gefais swydd ran-amser gydag Adran Addysg Cyngor Gwynedd fel athro teithiol offerynnau pres. Cefais fy mhenodi gan yr Uwch Drefnydd Cerdd, John Huw Davies, a daeth yntau yn gyfaill, cyd-weithiwr a rheolwr teg, bob amser yn barod ei gefnogaeth gyda'i gyngor doeth. Roeddwn i ddysgu yn ysgolion ardal Pwllheli, Botwnnog, Porthmadog, Llanrwst a Bethesda. Dyma'r swydd ddelfrydol yr oeddwn wedi breuddwydio amdani ers blynyddoedd. Roedd yn fy ngalluogi i weithio yn ymarferol fel cerddor gydag unigolion ac ensemblau bach mewn ysgolion, a hynny drwy gyfrwng y Gymraeg. Nid oeddwn erioed wedi dymuno bod yn athro cerdd i ddisgyblion heb ddiddordeb yn y pwnc. Am y tro cyntaf yn fy mywyd cefais fenthyciad o'r banc a phrynais gar bach ail-law ar gyfer y teithio. Mae'n bur debyg mai'r hen Vauxhall Viva bach gwyn (LDM 519 L) oedd y car gorau a gefais erioed. Oherwydd ei rif cofrestru bedyddiwyd y modur yn Lili Doli Moli gan Glen a finnau. Bu'n gar bach ffyddlon i'r ddau ohonom a bu'n dyst i holl ddirgelion ein dymuniadau wrth gynllunio'r dyfodol gyda'n gilydd. Yn wir, Doli Mol fu'n gyfrifol am ein cario ni'n dau i ddinas Caer ar benwythnos oer ym mis Tachwedd i chwilio am fodrwy a dyweddïo. Prynwyd modrwy ddrud o gyfrif banc tlawd, ond nid oedd wahaniaeth am hynny gan fy mod dros fy mhen a'm clustiau mewn cariad ac yn barod i briodi gyda phocedi gwag.

Gan fod criw ohonom o gwmpas yr un oed roedd yn naturiol ddigon fod carwriaeth yn sefydlu a datblygu yn rheolaidd rhwng cyplau. Daeth dau ŵr newydd i fy mywyd yn y cyfnod yma gan i ddwy chwaer Glen hefyd syrthio mewn cariad yr un pryd. Gweithio yn Ysbyty'r C&A ym Mangor fel nyrs yr oedd ei chwaer fach Linda ac yno y daeth ar draws Brendan Lee, Gwyddel o ardal Offaly yn Iwerddon. Daeth i Gymru i astudio meddygaeth a gweithio fel meddyg yn yr ysbyty, ac i gyfeiriad Linda yr aeth llygaid a chalon Dr Lee. Yn swyddfa'r ffatri laeth yn Rhydygwystl yr oedd Lisa, ei chwaer hynaf, yn gweithio ac yno hefyd yr oedd Robert Jones (Bobi Ceidio Bach). Dyma ddau o hogia a ddaeth yn frodyr yng nghyfraith ardderchog ymhen amser, ond yn bwysicach fyth yn ffrindiau agos iawn. Nid oeddwn angen cyflwyniad i ŵr Alys Mêr gan fod y trydydd brawd yng nghyfraith yn gyfarwydd iawn. Roedd Llywarch Gwydir Bach, neu Llyw Bow i mi yn Dreforian, yn un o'r hogia ac yn un o fy ffrindiau pennaf. Roedd y tri bellach fel tri brawd i mi.

Ellen Jane Griffith (Nel Cae Newydd), Llithfaen oedd mam y genod, gwraig weddw ers dros chwe blynedd ac un oedd wedi gwarchod ei phlant yn ofalus. Mae'n bur debyg fod cael pedwar o hogia dieithr yn galw yn ei chartref yn achlysurol i fenthyg y merched am ychydig oriau ar ôl iddynt baratoi eu gwalltiau, coluro a gwisgo'n grand yn brofiad anodd a chwerwfelys iddi fel mam weddw. Cymeriad a hanner oedd Nel a hithau wedi cario anabledd ers dydd ei geni, gydag esgid sawdl uchel yn cloffi ei cherddediad am fod un goes yn fyrrach na'r llall. Pan ddaeth yr amser i ofyn iddi am ganiatâd i briodi ei merch, cytunodd heb unrhyw amheuaeth gyda gwên annwyl a hynny yn rhoi sicrwydd a sêl bendith i minnau.

Yn wahanol i Nel, ni fu Mam hanner mor frwdfrydig tuag at ein dyweddïad a'n cynlluniau i briodi. O edrych yn ôl roedd yn teimlo ei bod yn colli mab yn hytrach nag ennill merch. Unwaith eto daeth creithiau ei magwraeth a'i phlentyndod yn ôl i'w phoeni. Nid oedd colli unrhyw beth yn hawdd iddi a gallaf gydymdeimlo â hi am hynny erbyn heddiw. Nid oedd am ildio i'r newid heb wrthwynebu

yn dawel bach yn ei ffordd ei hun. Ymhen blynyddoedd
cefais ar ddeall i 'mrawd Dewi a Carol dderbyn yr un
croeso llugoer i'r newydd eu bod yn bwriadu priodi, cyn
iddi ailystyried a derbyn y sefyllfa yn ei hamser ei hun.

Yn fuan ar ôl iddo ymddeol daeth arwyddion nad oedd
iechyd Dad fel y bu. Yn wir, roedd ambell achlysur wedi
bod cyn hynny oedd wedi codi amheuon a chwestiynau.
Pan ddaeth canlyniadau'r profion meddygol cawsom sioc
ac ergyd o ddeall ei fod yn dioddef o ddementia, ac na
fuasai gwellhad o'r salwch. Dirywiodd ei iechyd yn gyflym
a bu ei flynyddoedd olaf yn rhai anodd i'r claf a'i deulu.
Gallaf gydymdeimlo ag unrhyw deulu sydd wedi wynebu'r
afiechyd sy'n dueddol o effeithio mwy ar y gofalwyr na'r
claf. Ni fu'n brofiad hawdd i Mam a rhaid oedd bod yn
gefn iddi yng nghanol y dryswch. Bu Glen yn gefn i'r ddau
ohonom, a dyma pryd y sylweddolais werth a chyfoeth
teulu ar ei orau o ran gofal a chariad.

Nid oes amheuaeth na fu salwch Dad yn gyfle i mi
bwyso a mesur yr hyn oedd yn bwysig mewn bywyd drwy
edrych i'r dyfodol wrth gofio'r gorffennol. Bu Dad yn
fentor ac yn esiampl berffaith i mi o'r hyn yr oeddwn am
geisio'i fod am weddill fy mywyd fel unigolyn, gŵr a thad.
Nid fi ddylai ddweud a fu i mi lwyddo ai peidio, ond gallaf
sicrhau a chysuro fy hun i mi ymdrechu yn fawr i gyrraedd
y nod.

Priododd Glen a finnau yng Nghapel Isaf, Llithfaen
ddydd Iau, 26 Gorffennaf 1984 a threulio mis mêl
yn teithio yn Lili Doli Moli drwy Church Stretton,
Henley-on-Thames ac i lawr i Lundain (wrth gwrs!).
O ganlyniad i'r tywydd braf a'r haul crasboeth llosgodd
Glen ei hysgwyddau, ei breichiau, ei choesau a'i thraed
yn ddrwg iawn. Nid oedd treulio mis mêl gyda gwraig
a oedd yn edrych fel cimwch ac yn dioddef llosgiadau
difrifol wedi bod yn rhan o'r cynllun. Bu'n brawf da o'r
addewid priodasol 'yn glaf ac yn iach' a chawsom wyliau
bendigedig. Yna troi am adref i'n cartref cyntaf mewn

fflat yn Station Square, drws nesaf i siop Bon Marche ac uwchben yr hen Johnstone's Paints ym Mhwllheli.

Gyda chwta wythnos i baratoi, rhaid oedd codi pac unwaith eto a theithio i lawr i'r Eisteddfod Genedlaethol yn Llanbedr Pont Steffan fel Mr a Mrs Jôs. Yn ystod yr wythnos enillais wobr o £25 gan Gyngor Celfyddydau Cymru am 'Lunio Llawlyfr' i ddysgu unrhyw offeryn cerdd. Daeth yr arian mewn da bryd i dalu am adloniant yr wythnos i'r ddau ohonom.

Yn ystod yr haf a thair blynedd ar ôl cychwyn fel athro teithiol rhan-amser, cefais fy mhenodi o'r diwedd yn athro teithiol llawn-amser i Gyngor Gwynedd. Roeddwn i weithio yn ardal Meirionnydd a Dyffryn Conwy yn dilyn ymddeoliad neb llai na'r hen gyfaill Bob Morgan. Un o'r amodau o dderbyn y swydd ar y pryd oedd y buasai'n rhaid byw yn ardal Meirionnydd. Cytunais i hynny a chwilio am dŷ rhent rhad gan fod arian yn brin fel pupur. Daeth cyfle i fudo dafliad carreg o Ddwyfor a hynny i Benrhyndeudraeth am bris ardderchog yn Nhŷ Capel Nasareth, ymhell uwchben y pentref. Gwnaed y trefniant yma gyda chymorth y gweinidog, y Parch. E.O. Jones a'i wraig Gwyneth, yn ogystal â'r annwyl Silyn Hughes a oedd yn flaenor yn y capel.

Ddeufis wedi'r briodas daeth cadarnhad fod Glen yn feichiog. Penderfynwyd peidio â dweud dim wrth neb ar y cychwyn er mwyn cael amser i ddygymod â'r sefyllfa. Er y swildod rhyfedd roeddwn hefyd yn awchu i gyhoeddi i'r byd fod JG am fod yn dad. Ganwyd Elin Angharad Jones ar 15 Mai 1985. Newidiodd ein bywydau dros nos ond bu'n rhaid i Nain Nel arfer â bod yn nain i bedwar babi, gan i'r pedair chwaer roi genedigaeth o fewn yr un flwyddyn. Rwy'n siŵr fod hynny ynddo'i hun yn rhyw fath o record!

Er na fu bywyd Dad yn hawdd yn ystod ei flwyddyn olaf, nid oes amheuaeth na chafodd bleser o weld Elin yn faban ar ei lin. Daeth cysur i Mam ac yntau gan ffrindiau a chymdogion da megis Anti Dorothy, Yncyl Robin ac

Anti Kate drws nesa, yn ogystal â Brian a Marina Japheth. Lawer tro y cafodd fynychu gornestau reslo gyda Brei ym Mhwllheli a Chaernarfon mewn cyfnod pan oedd hynny yn boblogaidd iawn ar S4C. Roedd wedi mwynhau reslo erioed, a hynny'n rheolaidd am bedwar o'r gloch ar brynhawn Sadwrn yn y saithdegau pan oedd y gamp yn hynod boblogaidd drwy'r byd. Dyna'r unig chwaraeon yr oedd yn eu mwynhau ac roeddem yn falch iddo gael y cyfle i weld rhai o'i arwyr yn perfformio yn fyw. Bu farw Dad ar 5 Medi 1985 yn 69 mlwydd oed a'i gladdu ym Mynwent Newydd Trefor.

Daeth gweithio yn ardal Meirionnydd a Dyffryn Conwy yn ffordd o fyw yn sydyn iawn, a hynny oherwydd y croeso a'r gefnogaeth a gefais yn y gwahanol ardaloedd. Daeth pobl a phlant y Bala, Tywyn, Dolgellau, Ardudwy, 'Stiniog a Llanrwst yn gyfarwydd ac yn gyfeillion da. Roedd y Gwasanaeth Cerdd yn yr ysgolion o dan adain Cyngor Gwynedd yn ffynnu a channoedd o blant a phobl ifanc yn rhan o'r gweithgareddau. Yn wir, roedd ymarferion rhanbarth Meirionnydd yn denu bysiau llawn o bob ardal i Ysgol y Gader, Dolgellau ar nos Lun. Roedd cerddorfa hŷn, cerddorfa iau, band chwyth a band pres yn ymarfer yn wythnosol gyda chyngerdd mawreddog ar ddiwedd pob tymor. Ar un achlysur cawsom daith lwyddiannus i Iwerddon gyda'r band chwyth o dan arweiniad Neil Harris, a chwarae mewn cyngherddau yn Nulyn a Chorc. Hawdd yw edrych 'nôl a rhamantu, ond nid oes amheuaeth nad dyma oes aur y Gwasanaeth Gwersi Offerynnol Cerdd yn ysgolion Gwynedd a Môn. Byth er hynny bu dirywiad mawr yn y gwasanaeth am amryw resymau, yn wleidyddol a chymdeithasol, ac nid hawdd fu bod yn dyst i hynny dros y blynyddoedd.

Fel rhan o fy ngwaith, teimlad breintiedig fu dod yn aelod o Bwyllgor Cerdd Eisteddfod Bro Madog yn 1987 a chael fy mhenodi i gyfarwyddo'r ffanfferwyr yn seremonïau'r wythnos. Cefais gyfle i gyfansoddi ffanffer

fer ar gyfer y Seremoni Agoriadol, Tlws y Cerddor, y Fedal Ryddiaith a'r Fedal Ddrama.

Ac Elin bellach yn ddyflwydd oed daeth cadarnhad fod Glen yn feichiog unwaith eto. Fel rhieni profiadol nid oedd wynebu'r misoedd nesaf yn cynhyrfu dim arnom, gan fod popeth wedi bod mor rhwydd y tro cyntaf. Ond nid felly y bu a daeth yr ymweliadau â'r clinig bron yn arferiad wythnosol. Rhaid fu teithio i Fangor am sgan a darganfod fod efeilliaid ar y ffordd. Nid wyf yn cofio'r siwrnai adref gan fod y ddau ohonom wedi cael cymaint o sioc!

Ganwyd Robin Owain Jones a'i chwaer Bethan Angharad Jones ddydd Mercher, 18 Tachwedd 1987. Bellach roedd pump ohonom yn y tîm a gwaith magu am flynyddoedd i ddod. Rhaid oedd meddwl am gartref mwy, ond gydag un cyflog yn unig nid oedd prynu tŷ yn opsiwn. Penderfynodd y ddau ohonom o'r cychwyn mai Mam oedd i fagu'r teulu a finnau i weithio a chynnal yr aelwyd. Roedd yn benderfyniad hen ffasiwn ac anodd gydag arian yn brin, ond yn aberth gwerth ei wneud. Ar ôl peth amser daeth cyfle i symud i 41 Adwy Ddu yng nghanol y pentref, ac yno y bu ein cartref clyd am yr wyth mlynedd nesaf.

Ychydig wythnosau cyn pen blwydd cyntaf yr efeilliaid bu farw Nan Nan ar 20 Hydref 1988. Dyma wraig a roddodd ei bywyd i fagu Mam, ac i chwarae rhan berffaith o fod yn nain i Dew, Rob a finnau. Roedd parch mawr gennyf i'r wraig yma a roddodd gymaint heb dderbyn fawr ddim llawenydd personol yn ystod ei bywyd. Claddwyd ei gweddillion ar ben eu hunain ym mynwent Trefor.

Daeth galwad arall o Swyddfa'r Eisteddfod gan y trefnydd Elfed Roberts yn gofyn am gymorth i drefnu ffanfferwyr ar gyfer Steddfod Dyffryn Conwy, Llanrwst. Yn dilyn llwyddiant a phleser Bro Madog nid hawdd fuasai gwrthod yr anrhydedd ar gyfer Eisteddfod arall. Penderfynwyd llogi carafán am yr wythnos ar fferm ym Mhenmachno ac ystyried yr ymweliad fel gwaith a gwyliau i Glen a finnau. Cefais docyn teulu ar gyfer mynediad i'r

Maes a lluniaeth ddyddiol i bawb fel gwerthfawrogiad am fy ngwaith a fy nghyfrifoldeb am y ffanfferwyr. Trueni na fuasai Elfed wedi cofio am docynnau lluniaeth ar gyfer yr Eagles, Penmachno ar ddiwedd pob diwrnod llafurus gan i ni dreulio cryn amser ac arian yn y fangre honno. Gyda nain y fferm yn gwarchod y plant bob nos, bu'n wythnos fendigedig o bleserus yng nghanol y pentrefwyr ffraeth a chroesawus. Dyna oedd cymysgedd berffaith o waith a phleser.

A finnau yn prysur sefydlu fy hun fel gŵr, tad a cherddor proffesiynol, roedd pob agwedd o fywyd yn berffaith a'r gorffennol gwyllt efo'r hogia bellach yn ddim ond atgof melys.

Seindorf Yr Oakeley

Yn fuan iawn ar ôl symud i Benrhyndeudraeth bachodd Bob Morgan ar y cyfle i fy mherswadio i ddod yn aelod o'i fand enwog yn 'Stiniog. Ac felly y cerddais i mewn i'r 'bandroom' yn Blaenau am y tro cyntaf erioed. Defnyddid 'bandrwm' yn 'Stiniog fel enw Cymraeg, ond ar y cychwyn bu'n eithaf chwithig i mi ar ôl mynychu'r Cwt Band yn Nhrefor am flynyddoedd. Roedd yn amlwg fod hanes cyfoethog iawn i'r Royal Oakeley Silver Band wrth edrych ar y lluniau a'r tystysgrifau ar furiau'r Bandrwm. Sylweddolais hefyd fod fersiwn Cymraeg o'r enw gyda 'Seindorf yr Oakeley' i'w gael ar ambell lun a baner. Er bod ambell unigolyn o'r gorffennol wedi bod yn ddigon dewr i geisio dileu'r cysylltiad brenhinol, nid felly enw cyn-berchnogion y chwarel, a hynny er parchus gof amdanynt, mae'n debyg. Er hynny, nid oedd golwg o lun y bonheddwr Mr Oakeley ar unrhyw wal yn y stafell. Rhyfedd!

Roeddwn yn ymwybodol fod Bob wedi bod yn arweinydd y band ers cyfnod hir, ond yn fuan iawn daeth yn bur amlwg ei fod yn dechrau colli parch ac awdurdod. Bu llawer o gwestiynu a dadlau am bethau dibwys yn ystod ymarferion, ac ar fwy nag un achlysur cerddodd yr arweinydd allan yn ystod y cyfarfodydd. I mi roedd yn ymddangos ei fod wedi bod wrth y llyw ychydig yn hirach nag y dylai, ac roedd hynny yn sefyllfa chwithig a thrist o gofio ei gyfraniad helaeth i'r gymdeithas hynaf yn 'Stiniog.

Ar ddechrau'r nawdegau penderfynodd Bob Morgan ymddeol fel arweinydd Band yr Oakeley ar ôl bron i ddeugain mlynedd o wasanaeth. Roedd safon y band wedi dirywio'n arw o fewn ychydig flynyddoedd a hynny yn bennaf oherwydd cwymp mewn aelodaeth.

Nid oedd canlyniadau cystadlaethau yn ffafriol ac nid oedd llawer o ofyn am wasanaeth y band. Roedd cyflwr y Bandrwm yn drychinebus, gyda drewi mwg sigaréts a thamp y lloriau yn gymysgedd afiach. Roedd ymarferion y gaeaf yn amhleserus oherwydd diffyg gwres a fawr ddim moethusrwydd. Nid oedd cyflwr y dodrefn na'r offerynnau yn llawer gwell, ac nid oedd adran yr offer taro yn fawr ddim mwy na dau ddrwm a thamborîn. I ddenu plant a phobl ifanc y genhedlaeth nesaf buasai'n rhaid ailwampio'r cwbl, ond heb fawr o arian yn y banc nid tasg hawdd fuasai hynny.

Prysuraf i ddweud nad oedd y bandrwm hwn yn eithriad o bell ffordd yn y cyfnod yma, gan fod diffyg buddsoddiad enfawr wedi bod ers blynyddoedd lawer ym myd y bandiau pres. Nid busnes rhad yw rhedeg band gydag offerynnau yn costio miloedd, heb sôn am lyfrgelloedd ac adeiladau.

Gyda phwyllgor wedi ei sefydlu yn cynnwys rhai aelodau hŷn o'r band yn ogystal ag aelodau annibynnol o'r gymdeithas, aethpwyd ati i chwilio am arweinydd newydd. Cefais gynnig yr arweinyddiaeth gydag ychydig o amser i feddwl er mwyn cael cyfle i bwyso a mesur. Rhaid oedd ystyried fod teulu bach ifanc gennym, a bod y penodiad yn gofyn am ymroddiad llawn ac oriau o waith tu allan i'r cartref ar ben swydd lawn-amser. Roedd Glen yn ymwybodol iawn mai dyma oedd fy mreuddwyd fawr ers pan oeddwn yn blentyn, ac oherwydd hynny rhoddodd ei gair y buasai'n gwbl gefnogol i'r holl beth. Rhaid cyfaddef i mi fod ychydig yn ansicr ac ofnus ar y cychwyn gan bryderu nad oeddwn yn ddigon profiadol i dderbyn y fath gyfrifoldeb. Buaswn angen cefnogaeth lawn yr holl aelodau a'r pwyllgor, ac nid hawdd fyddai hynny iddynt gydag arweinydd newydd ifanc. Penderfynais fynd amdani a rhoi tair blynedd o dreial i mi fy hun. Os na fuaswn yn llwyddo i ennill gwobr gyntaf unwaith o fewn y cyfnod hwnnw, yna buaswn yn ymddiswyddo.

Ac felly nos Sul, 19 Mai 1991 cefais fy mhenodi yn arweinydd newydd Seindorf yr Oakeley a dyma ddechrau pennod arall yn fy mywyd. Ni fu achos i bryderu am gefnogaeth yr aelodau na'r pwyllgor, er i ni wynebu ychydig o faen tramgwydd ar y cychwyn. Dymuniad Bob oedd dal ati fel aelod a finnau i arwain. Nid oeddwn yn fodlon derbyn y telerau hynny am amryw o resymau a chefais gefnogaeth unfrydol y pwyllgor, ac yn arbennig R. Francis Jones. Aeth y ddau ohonom i'w gartref i siarad gyda Bob ac er fy mod yn deall a chydymdeimlo â'i ddymuniad, ni allwn gytuno. Roedd wedi gwneud ei benderfyniad a bellach, fel y dywedodd un aelod o'r pwyllgor, roedd 'gweinidog newydd yn y capel'.

Fel aelodau annibynnol o'r pwyllgor mae parch mawr gennyf tuag at bobl fel Trefor Wood, Meirion a June Williams, Hefin Jones Roberts a Richard Siôn Aeron. Dyma rai a roddodd bob cefnogaeth i mi o'r cychwyn cyntaf. O fewn y band cefais gefnogaeth gant y cant gan aelodau megis R. Francis Jones, Dafydd Brynmor Williams, John Arthur Evans a Dafydd Noel Jones. Bu'r pedwar yma yn hoelion wyth i mi ar y cychwyn ac am flynyddoedd lawer wedyn. Dyma hogia a fu'n gysylltiedig â'r gymdeithas ers iddynt fod yn ddisgyblion ysgol a'u band nhw oedd yr Oakeley. Bu'r ffaith i bobl fel hyn ymddiried yn fy ngallu yn hwb a chefn anferthol i fy hyder a 'ngweledigaeth i'r dyfodol.

Aethpwyd ati yn syth i ddechrau ar y gwaith gan benodi John Arthur yn is-arweinydd – John Pelydrau i lawer yn lleol gan iddo wneud enw mawr iddo'i hun fel aelod o'r grŵp enwog hwnnw drwy Gymru gyfan yn y chwedegau. Roedd yn gerddor da ac yn chwaraewr iwffoniwm gwych.

Trefnwyd cyngerdd teyrnged i Bob yng Nghapel Bowydd, Blaenau Ffestiniog gyda Chôr Godre'r Aran o dan arweiniad Eirian Owen. Roedd hwn yn gyfle i ddiolch iddo am ei wasanaeth, ac agorwyd cronfa dysteb yn ogystal â chael cymorth gan bwyllgor elusennol TOC H i drefnu'r cyngerdd. Gwnaed elw o ymhell dros fil o bunnoedd a chyflwynwyd siec a phlac o lechen 'Stiniog yn rhodd iddo gan y band a'r gymuned.

Gan fy mod yn gweithio yn eithriadol o galed rhwng yr ysgolion a'r band, bu'n rhaid meddwl am ffordd i ymlacio a chael gwyliau bach. Bellach roedd Glen hefyd yn gweithio'n rhan-amser yn cadw cyfrifon garej a chaffi Cen a Glen ap Tomos, ac yn ysgrifenyddes y Cylch Meithrin lleol. Dyma'r flwyddyn gyntaf i ni ymweld â Blackpool fel teulu ond yn sicr nid y tro olaf. Daeth gwyliau haf yn y dref honno yn ddihangfa flynyddol gyda phleser llwyr o weld y plant yn mwynhau eu hunain bob tro. Fel yr aeth amser ymlaen bu dyrchafiad o westai rhad a diflas i foethusrwydd yr Hilton a'r Imperial. Byddai wythnos yn Blackpool yn chwistrelliad o egni ar gyfer blwyddyn arall o waith diddiwedd. Byth er hynny mae Elin, Robin a Bethan yn llawn atgofion o'r dyddiau difyr a gawsom fel teulu bach am rai blynyddoedd yng ngogledd-orllewin Lloegr.

Er i ni gystadlu'n rheolaidd fel band ni ddaeth lwc yn syth, ond flwyddyn a chwe mis ar ôl fy mhenodi yn arweinydd daeth y band yn bencampwyr gogledd Cymru am y tro cyntaf ers rhai blynyddoedd. Enillwyd dwy wobr gyntaf, un am y darn prawf a'r llall am yr emyn-dôn, ac i mi roedd y fuddugoliaeth fel ennill Cwpan y Byd. Braf oedd dychwelyd adref gydag un gwpan yn arbennig, sef Cwpan Coffa Huw Williams. Dyma'r gŵr a gyflwynodd y gwpan gyntaf erioed i mi yn ddeg oed yn Eisteddfod Trefor.

Yn fuan wedi'r fuddugoliaeth ac ychydig cyn y Nadolig, daeth gŵr o'r enw Roger Handley o Leeds i'r Bandrwm i fesur yr holl aelodau ar gyfer gwisg newydd. Roeddwn yn awyddus iawn i gael 'iwnifform' i'r band gan nad oedd dim trefn ar yr hyn oedd ar gael. Nid oedd digon o gotiau ar gyfer pawb a'r mesuriadau un ai'n rhy fawr neu'n rhy fach. Buasai gwisg newydd yn codi statws y band ac yn rhoi teimlad o falchder i bob aelod. Penderfynwyd mynd am siacedi du gyda choler goch ac addurniadau aur. Fy nheimlad o'r cychwyn oedd y buasai'n bwysig i'r band edrych yn dda yn ogystal â swnio'n dda. Costiodd y gwisgoedd bron i dair mil o bunnoedd ond llwyddodd ein cadeirydd, Mr Meirion Williams, i drefnu nawdd ariannol sylweddol gan Orsaf Bŵer Trawsfynydd a chyfraniad gan y diweddar T. Glyn Williams a oedd yn ŵr busnes lleol ac yn gefnogwr brwd o'r band.

Mae'n bur debyg mai prif lwyddiant y flwyddyn i mi'n bersonol oedd y ffaith i mi lwyddo o'r diwedd i roi'r gorau i smocio. Bu ffags yn rhan bwysig o fy mywyd ers fy mod yn ddisgybl ysgol a'r mwg blasus a chaethiwus cyn bwysiced ag awyr iach. Bu'n ymdrech enfawr gyda llawer i fethiant dros gyfnod o ddwy flynedd, ond roeddwn yn benderfynol o lwyddo a hynny'n bennaf er mwyn arbed arian. Ni oedd y penderfyniad yn ddim i'w wneud ag iechyd er fy mod yn smocio dros ugain o sigaréts yn ddyddiol. Prynwyd camera fideo drud yn Curry's Bangor gyda'r bwriad o dalu'r benthyciad yn ôl yn fisol gyda chynilion y mwg angheuol. Rhaid oedd dal ati heb smôc os oeddwn am gadw'r camera rhyfeddol i gofnodi magwraeth ein plant a bywyd ein teulu bach. Gweithiodd y cynllun yn berffaith a dyna ddiweddu un o bleserau mawr fy mywyd cynnar.

Gan fod cerddoriaeth yn chwarae rhan enfawr yn fy mywyd o ddydd i ddydd, teimlwn yr hoffwn wneud rhywbeth gwahanol er mwyn cadw'r ymennydd yn brysur. Dyma pryd y dois yn rhan o fywyd y gymdeithas leol fel llywodraethwr yn Ysgol Cefn Coch, a chael fy ethol yn gynghorydd ar Gyngor Tref Penrhyndeudraeth a Minffordd. Daeth cyfle hefyd i drefnu nosweithiau o adloniant Cymraeg yng Nghlwb Cookes Penrhyn gyda hogia megis Cen ap Tomos a Dewi Lewis. Bu'r nosweithiau hynny'n llwyddiannus dros ben gyda llu o gyngherddau gydag artistiaid megis Dafydd Iwan, Plethyn, Tecwyn Ifan a'r amryddawn Shandy Folk o Iwerddon, i enwi dim ond rhai.

Mae'n bur debyg unwaith eto mai greddf Taid Eifl Rôd a ddaeth â fi i eistedd ar Gyngor Tref Penrhyndeudraeth fel aelod o Blaid Cymru, ac o'r cychwyn roeddwn yn awyddus i chwarae fy rhan. Cefais gyfle i gyfrannu at drafodaethau ar lawer i achos lleol, ond mae un cynnig a roddais gerbron yn dal i aros yn y cof. Yn ystod y gwanwyn roeddwn wedi sylwi ar sioe o flodau cennin Pedr bob ochr i'r ffordd wrth deithio rhwng Bryn-crug a Thywyn i ymweld â'r ysgolion yno yn wythnosol. Daeth syniad i 'mhen y buasai rhywbeth tebyg yn gweithio'n dda ar gyrion Penrhyndeudraeth a Minffordd. Ar ôl derbyn cefnogaeth i'r fenter gan gyd-gynghorwyr aethpwyd ati i sicrhau cyllid i brynu a phlannu'r bylbiau. Teimlad balch i mi ar y pryd oedd i rai o drigolion y ddau bentref gyfeirio atynt fel 'Blodau John Glyn'. Ymhell dros ddeng mlynedd ar hugain yn ddiweddarach, mae'r blodau'r un mor ffyddlon bob gwanwyn ac yn dal i roi gwên fach ar fy wyneb bob tro wrth eu pasio yn y car.

Yn ystod y blynyddoedd cynnar daeth y band yn boblogaidd iawn, gydag arwyddion cryf fod pethau yn datblygu a gwella a chryn sylw yn y wasg a'r cyfryngau. Cafwyd cyfle i weithio ar raglen *A Visit to the Eisteddfod* gyda HTV, a bu ymddangosiad ar raglen *Pebble Mill* y BBC a hwnnw yn cael ei ddarlledu drwy Brydain. Daeth gwahoddiad hefyd i gefnogi'r cricedwr enwog Ian Botham yn ystod ei daith gerdded drwy Brydain er budd y Leukemia Research Fund. Dôi ceisiadau rheolaidd yn ogystal gan FA Cymru i'r band chwarae mewn gemau rhyngwladol megis gemau bechgyn ysgolion Cymru, y tîm ieuenctid a gemau cyfeillgar.

Daeth mwy o lwyddiant trwy ennill y drydedd wobr drwy Brydain mewn cystadleuaeth yn Pontins. Dyma yn sicr oedd y prawf a'r llwyddiant mwyaf i mi gyda'r band hyd hynny, er na fuom yn fuddugol. Yn anffodus, nid felly y bu gyda'r Bandrwm gan i ni orfod codi pac a chwilio am gartref dros dro (am gyfnod hir) yn dilyn llifogydd difrifol. Cafwyd croeso gan Gôr Meibion y Moelwyn yn eu canolfan yng Nghapel Salem, Rhiwbryfdir gan obeithio y buasai'r lle hwnnw yn ein bendithio gyda mwy o lwc dda.

Roeddwn yn ymwybodol iawn o hanes cyfoethog yr Oakeley ers i mi gerdded i mewn i'w cartref am y tro cyntaf oddeutu deng mlynedd ynghynt. Roedd cryn sôn am y gwpan fawr arian sydd yn eu meddiant ers ymhell dros gan mlynedd pan fu iddynt ennill Pencampwriaeth Cymru dair gwaith yn olynol yn 1895, 1896 ac 1897. Yn wir, ganrif yn ôl roedd y band yn cystadlu gyda'r goreuon ac yn cael eu hystyried yn un o fandiau gorau Prydain.

Ddechrau 1995 cafwyd ar ddeall fod Cymdeithas Bandiau Pres Cymru bellach am gael un rhanbarth ar gyfer holl fandiau Cymru a chynnal y gystadleuaeth gyntaf yn y Neuadd Fawr, Aberystwyth. Bellach roedd cyfle i ninnau geisio efelychu yr hyn roedd ein cyndadau wedi llwyddo i'w gyflawni.

Roedd cynnwrf mawr yn Aberystwyth y Sul hwnnw yng nghanol Ebrill gyda holl fandiau Cymru yn cystadlu yn eu gwahanol ddosbarthiadau. Gyda phedwar ar ddeg o fandiau'n cystadlu yn Nosbarth 4 roedd yn gwbl naturiol i'r Oakeley deimlo fod buddugoliaeth bron yn amhosib. Cafwyd perfformiad gwych a chanlyniad hyd yn oed yn well gan i ni ennill y wobr gyntaf. Roedd Seindorf yr Oakeley yn Bencampwyr Cymru am y tro cyntaf ers canrif a finnau bellach wedi profi fy hun ar y llwyfan mawr. Ymhen y flwyddyn roedd y band yn ôl yn Aberystwyth yn cipio'r wobr gyntaf am yr eildro. Cawsom drip i Lundain fel Pencampwyr Cymru ar y ddau achlysur i gynrychioli ein gwlad yn y ffeinal yn y Wembley Conference Centre, ond yn anffodus heb fawr o lwc. Gyda dwy wobr gyntaf yn barod roedd 'hat-trick' o fewn cyrraedd, a dim ond mater bach fuasai codi'r gwpan am y trydydd tro yn 1997 i gwblhau'r freuddwyd fawr. Yn anffodus nid felly y bu, a dyfarnwyd yr ail wobr i'r Oakeley, a rhoi cic yn din i minnau gan fand Glyn Nedd. Dysgais wers bwysig iawn am gystadlu'r diwrnod hwnnw, yng nghanol fy siomedigaeth.

Fe ddaeth llwyddiant cenedlaethol arall yn fuan gan i ni ennill y wobr gyntaf yn Eisteddfod Genedlaethol Bro Colwyn, ac yna yn Eisteddfod y Bala o fewn dwy flynedd. Cafwyd gwahoddiad i recordio casét a CD gyda chwmni Sain ar y cyd â Chôr y Moelwyn o dan arweiniad Sylvia Ann Jones, a bu'r fenter honno hefyd yn gryn lwyddiant i'r côr a ninnau.

Cafwyd llwyddiant ariannol hefyd gyda grantiau sylweddol drwy gynllun y Loteri Genedlaethol. Cafwyd cadarnhad o arian i brynu set o offerynnau newydd ac i adnewyddu'r Bandrwm o'r top i'r gwaelod, tu fewn a thu allan. Un aelod a weithiodd yn galed iawn i sicrhau peth o'r arian yma oedd Dafydd Brynmor Williams, a bu ei gyfraniad yn werthfawr iawn. Ni fu cyllid a mathemateg erioed yn bwnc o ddiddordeb mawr i mi, ond llwyddais i berswadio Glen i fod o gymorth i Dafydd gyda'r holl lenwi ffurflenni a chasglu'r dogfennau oedd eu hangen. Bu Dafydd acw am oriau a nosweithiau lawer yn crafu pen ac yfed galwyni o de. Gan fod pawb yn gweithio yn ystod y dydd, bu R. Francis Jones o gymorth mawr gan ei fod wedi ymddeol o'i waith ac yn drysorydd trefnus i'r band ers blynyddoedd. Cafodd aml i drip yn ei gar i swyddfeydd y Loteri ym Mae Colwyn a Bangor gyda negeseuon a dogfennau angenrheidiol y ceisiadau. Roedd dyled yr aelodau a finnau yn fawr iawn i'r ddau, gyda'r dyfodol yn edrych yn llawer cliriach ar gyfer y mileniwm newydd a oedd ar y trothwy.

Gweithio, Teithio a Mudo

Ni fu gweithio fel athro teithiol erioed yn swydd saff a bu llawer o fygythiadau a thoriadau gan gynghorau sir ac ysgolion dros y blynyddoedd. Bu cyfnodau cyson o boeni mawr am ein swyddi a phopeth arall yn gwbl ansicr oherwydd hynny. Ganol y nawdegau bu'n rhaid i Gyngor Gwynedd geisio gweithredu i warchod y Gwasanaeth Cerdd i'r dyfodol. Penderfynwyd diswyddo'r holl diwtoriaid a sefydlu cwmni newydd i gynnal y gwasanaeth yn annibynnol gyda chymorth gan y Cyngor Sir. Daeth yr holl diwtoriaid yn gyflogedig gan Wasanaeth Ysgolion William Mathias (gyda statws cyflogaeth 'gweithiwr') gyda'r dyfodol yn edrych yn llawer gwell a chliriach. Penodwyd Dennis Williams yn rheolwr ar y Gwasanaeth, a chan iddo fod yn un o hyfforddwyr offerynnau pres y Gwasanaeth bu'n rhaid gwneud newidiadau i ysgolion ac ardaloedd y gweddill ohonom. Cefais gynnig gweithio yn Llŷn ac Eifionydd unwaith eto a rhyddhau ardaloedd megis Dyffryn Conwy a De Meirionnydd i diwtoriaid eraill. Golygai hynny lawer llai o deithio a derbyniais y cynnig yn syth. Bellach roedd un droed yn ôl yr ochr arall i'r Cob, a Glen eisoes yn gweld posibilrwydd o fudo unwaith eto.

Gŵr o Drefor oedd Dennis Williams hefyd a'i gysylltiad â'r band yn gryf fel finnau. Yn rhinwedd ei swydd fel hyfforddwr offerynnau pres bu'n arweinydd Band Pres Ieuenctid Gwynedd am rai blynyddoedd. Ar ôl ei benodi'n rheolwr daeth cyfle ymhen y flwyddyn i ni fel hyfforddwyr ailsefydlu'r band o'r newydd. Dyma pryd y dechreuais

gydweithio gyda gŵr a ddaeth yn gyfaill mawr i mi am
y chwarter canrif nesaf. Arweinydd Seindorf Biwmaris
oedd Gwyn Evans ac yntau hefyd yn llwyddo'n arbennig
o dda gyda'i fand yr ochr arall i'r Fenai. Penderfynwyd
penodi Gwyn yn arweinydd newydd Band Pres Ieuenctid
Gwynedd a Môn, a finnau i barhau fel un o'r hyfforddwyr
gan fod mwy na digon gennyf ar fy mhlât yn 'Stiniog.

Wedi ei benodi'n arweinydd roedd Gwyn yn awyddus
iawn i holl aelodau'r Band Ieuenctid gael taith dramor.
Cytunodd Dennis ac aethpwyd ati i drefnu taith am
wythnos i Awstria. Cafwyd trip llwyddiannus iawn gyda
Dennis, Gwyn, Wynne Williams, Jan Barnes a finnau fel
oedolion a gwarchodwyr. Profiad gwych fu perfformio
yn Innsbruck a Salzburg ac yna mwynhau ymweliad â
chartref genedigol Wolfgang Amadeus Mozart. Anodd
oedd credu fy mod yn edrych ar offerynnau, dodrefn a
darnau o gerddoriaeth a fu'n eiddo i un o'r cyfansoddwyr
mwyaf a welodd y byd erioed.

Un profiad sy'n aros yn y cof yw cyngerdd yn yr awyr
agored mewn tref o'r enw Garmisch-Partenkirchen yn yr
Almaen ar brynhawn braf a chynnes. Dyma un o'r trefi
uchaf yn y wlad, i fyny yng nghanol mynyddoedd yr
Alpau. Yma y bu'r cyfansoddwr enwog Richard Strauss yn
byw, a hynny ar ôl iddo adeiladu palas yn gartref i'r teulu
gydag elw o'i opera *Salome*. Mae'n bur debyg mai'r ffanffer
agoriadol i 'Doriad y Wawr' allan o *Also sprach Zarathustra*
yw ei waith enwocaf, a gafodd ei ddefnyddio ar gyfer y ffilm
2001: A Space Odyssey. Hawdd oedd deall o ble y daeth ei
ysbrydoliaeth i ysgrifennu'r campwaith.

Ar gychwyn perfformiad y band mewn parc cyhoeddus
hudolus a phrydferth, ni allwn beidio â sylwi ar un person
yn y gynulleidfa – hen wraig fach wedi gwargrymu yn
gwisgo côt laes a chap blêr gyda bag siopa ymhob llaw.
Edrychai'n flinedig ac yn unig yng nghanol bwrlwm ein
cerddoriaeth gyda'r mynyddoedd mawr yn amgylchynu'r
dref fel cewri cadarn. Ni allwn dynnu fy llygaid oddi arni

heb ddychmygu a dyfalu pwy ydoedd a beth oedd ei hanes.

Nid oedd angen cyflwyno 'Ave Maria' gan Schubert i'r gynulleidfa hon, ond ar ôl ychydig fariau o'i chwarae aeth gwaed oer trwy fy nghorff wrth weld yr hen wraig yn syllu i wacter yr awyr a dagrau yn llifo i lawr ei hwyneb. A oeddynt yn ddagrau o lawenydd ynteu tristwch, pwy a ŵyr? Ni chefais wybod, ond dyma'r tro cyntaf erioed i mi brofi pa mor bwerus y gall cerddoriaeth fod mewn unrhyw le ac unrhyw bryd. Roedd Schubert wedi cyffwrdd yr hen wraig y diwrnod hwnnw ac roedd ei phrofiad hithau wedi gadael ei ôl arnaf innau, a'r cof amdani wedi para hyd heddiw.

Gwta fis ar ôl dychwelyd adref o Awstria daeth yn amser ffarwelio â Phenrhyndeudraeth ar ôl deuddeng mlynedd yno. Bu'n gyfnod difyr a chofiadwy i mi, ond nid felly i Glen gan iddi fethu setlo yn llwyr gan fod ei chynefin genedigol yn golygu cymaint iddi. O'r diwedd daeth cyfle i ni brynu tŷ a dod yn berchen cartref am y tro cyntaf. Morfa Nefyn oedd ein 'stesion' newydd, a braf o beth oedd dychwelyd i ardal oedd mor gyfarwydd i'r ddau ohonom. Ein dymuniad ers priodi oedd magu teulu a byw yng ngwlad Llŷn, ac felly rhaid oedd bachu ar y cyfle er i ni fod ychydig yn hwyr yn cael cychwyn.

Roedd ymweld â'r ardal yn ystod gwyliau'r haf yn hen gyfarwydd i ni gan fod digon o deulu o gwmpas. Nid oes amheuaeth nad anogaeth ac arweiniad Bobi fy mrawd yng nghyfraith oedd yn bennaf gyfrifol am y symudiad. Roedd y ddau ohonom eisoes yn ffrindiau da, a gwelodd gyfle i gael mwy o bleser o'r cyfeillgarwch trwy gael y ddau deulu i fyw yn agosach at ei gilydd. Bu'n gefn hefyd fel mecanic, gan edrych ar ôl fy nghar a oedd bellach yn teithio dwbl y milltiroedd yr arferai eu gwneud. Daeth gwyliau ac ambell drip gyda Bobi, Lisa a Gwyn yn arferiad cyson.

Yn wir, roedd llawer o ddewis ar gael i ni gan gynnwys Trefor a chartref un arall o chwiorydd Glen. Roedd

ymweld â thŷ Llywarch, Alys Mêr a'r plant bob amser
yn antur gyda chymaint o anifeiliaid o gwmpas y lle.
Treuliodd ein trŵps oriau difyr yn chwarae gyda Ffion,
Medwen, Llŷr, Elen a Gwern ym mhob cwt a chae.

Yr unig brofiad o deithio dramor fu tripiau i'r Fali ar
Ynys Môn i gartref y chwaer fach. Yno yr oedd Brendan
a Linda Lee bellach yn byw gyda Ciaran, Manon, Eamon
a Bethan Mair. Cawsom groeso a llawer o bleser yn y
fan honno hefyd cyn iddynt hwythau fudo fel teulu i
Iwerddon.

Ar ôl cyrraedd Morfa Nefyn daeth cyfle i aduno gyda'r
hen gyfaill Meds o ddyddiau Nant Gwrtheyrn a'i wraig
Lora Glynwen. Hefyd roedd Tony Llywelyn (Tony Bach) o
ddyddiau Angylion Stanli a'i wraig Delia wedi setlo yn y
pentref. Daeth ambell barti a nosweithiau difyr yng nghar-
trefi ein gilydd yn achlysuron cyson, hapus a hwyliog
dros ben. Ychydig flynyddoedd cyn i ni symud roedd
Gareth Tudor ac Esyllt Maelor eisoes wedi ymgartrefu
ym Morfa, ar ôl symud o Harlech. Dyma ddau arall a
fu'n gyfeillion i ni ers rhai blynyddoedd tra buom yn byw
ym Mhenrhyndeudraeth. Ni fu setlo yn ein cartref, ein
cymuned a'n cymdeithas newydd yn anodd gyda chymaint
o deulu a ffrindiau da o'n cwmpas.

Bu teulu estynedig yn bwysig i mi erioed er bod pawb
yn gwasgaru i bob cyfeiriad fel pob teulu arall, a hynny yn
gwneud pethau'n anodd o ran cadw cysylltiad rheolaidd.
Ond pan fyddai achlysur, boed lon neu leddf, braf fyddai
cael pawb yn agosáu. Daeth cyfle anffodus iawn i ni fel
teulu i wneud hynny yn 1999 pan fu farw fy chwaer yng
nghyfraith yn frawychus o sydyn yn Ysbyty Walton,
Lerpwl yn dilyn gwaeledd byr. Gadawodd Carol fy mrawd
Dewi a'i blant Deion a Kathy â'u bywydau yn deilchion.
Bu'r angladd ar Ddydd Gŵyl Dewi a hynny ynddo'i hun
yn ychwanegu halen i'r briw.

Y noson honno bu'n rhaid ymddangos mewn cyngerdd
gyda'r Oakeley i ddathlu'r ŵyl ym Mhlas Tanybwlch,

Maentwrog. Dyna'r realiti o fod yn arweinydd a hyfforddwr proffesiynol gyda chyfrifoldebau tu hwnt i'r gofynion ambell dro. Roedd y gofynion yn uchel a'r oriau yn brin. Lawer i noson a phenwythnos pan oedd y plant yn fach roeddwn allan mewn ymarfer, cyngerdd neu sioe gyda chyfrifoldeb yr aelwyd yn disgyn yn gyfan gwbl ar y fam. Nid oedd opsiwn gan arweinydd band i beidio mynychu gweithgareddau – dyna oedd yr ymroddiad disgwyliedig a dyna oedd fy nyletswydd innau. Pan fo pobl a chymdeithasau wedi trefnu ac yn ymddiried yn eich gair a'ch ymroddiad, nid ar chwarae bach mae troi cefn arnynt.

Daeth diwedd pennod arall yn hanes ein teulu y diwrnod hwnnw a phob un ohonom yn isel iawn ein hysbryd. Yn ystod y misoedd nesaf daeth ychydig o lawenydd i bawb gyda'r paratoadau mawr wrth edrych ymlaen i groesawu'r mileniwm newydd.

Neuaddau Mawreddog

Un o brif weithgareddau blynyddol y bandiau pres yw cystadlu yn erbyn ei gilydd, boed mewn cystadlaethau mawr megis Pencampwriaethau Cymru a Phrydain, yr Eisteddfod Genedlaethol neu unrhyw achlysur arall pan fo'r cyfle'n codi. Mae'n hollbwysig ceisio bod yn rhan o'r frwydr bob amser. Rhaid cyfaddef i minnau lyncu'r cyffur cystadleuol fel chwaraewr ifanc ac nid oes llawer wedi newid ers hynny. Yn wir, cefais hyd yn oed fwy o wefr a phleser fel arweinydd wrth gystadlu dros gyfnod o ddeng mlynedd ar hugain.

Pe bai unrhyw un yn gofyn pa flwyddyn sydd yn sefyll allan o ran cystadlu i mi yn bersonol, buasai'r ateb yn hawdd a phendant. Ar ddechrau'r flwyddyn 2000 gwelodd llawer o gymdeithasau cenedlaethol gyfle euraidd i ddathlu'r achlysur mewn steil. Ni fu Cyngor Cystadlu Cenedlaethol y Bandiau Pres yn eithriad ac aethpwyd ati i drefnu a chynnal rownd derfynol Pencampwriaeth Prydain yn yr Albert Hall yn Llundain. Bu cystadlu yn Wembley yn brofiad a hanner, ond roedd hwn yn gyfle nad oedd neb am ei fethu ac yn freuddwyd fawr i lawer un. Er mwyn gwireddu'r freuddwyd honno buasai'n rhaid ennill Pencampwriaeth Cymru, a hynny yn Neuadd y Brangwyn, Abertawe ar ôl blynyddoedd o gystadlu yn Aberystwyth.

Fe ddaeth y freuddwyd yn wir i'r Oakeley gan i ni lwyddo i ennill y gystadleuaeth allan o ddeuddeg o fandiau. Unwaith eto roedd y band yn Bencampwyr Cymru ac yn cael gwahoddiad i ymweld â Llundain i berfformio yn un o neuaddau enwoca'r byd. Roeddwn innau wedi gwireddu fy mreuddwyd ers dyddiau coleg o gael y cyfle i sefyll ac arwain ar y rostrwm aur yn y Royal Albert Hall.

Ar ôl misoedd o ymarfer a pharatoi fe ddaeth y diwrnod mawr a dyma deithio i lawr i Lundain. Yn ystod yr ymarfer olaf cyn y daith braf fu croesawu Bob Morgan, ein cynarweinydd, i wrando ar y darn prawf. Ac yntau bellach yn hen ŵr bregus, roedd y balchder ar ei wyneb yn bictiwr wrth iddo weld ei hen fand enwog yn paratoi ar gyfer y llwyfan mawr. Ychydig a wyddem y noson honno mai dyma ei ymweliad olaf â'r Bandrwm. Tynnwyd llun o'r ddau ohonom gyda'n gilydd i gofio'r achlysur.

Anodd oedd credu fod y band a finnau wedi cyflawni cymaint mewn llai na deng mlynedd a hynny wedi ei goroni gyda pherfformiad yn yr Albert Hall fel Pencampwyr Cymru. Dywedodd y diweddar Robat Edwards, un o gymeriadau mawr y band, "Mae hyn i mi fatha chwara i Man U yn y Cup Final yn Wembley." Ni allwn anghytuno gyda'i ddehongliad, er na chafwyd gwobr i ddod adref. Bu'n brofiad bythgofiadwy i bob un ohonom, yn chwaraewyr a chefnogwyr, a braint fu rhoi 'Stiniog a Chymru ar y map.

Ar ddechrau'r un flwyddyn cefais fy mhenodi'n arweinydd Band Pres Ieuenctid Gwynedd a Môn. Roedd hynny ynddo'i hun yn sialens yn dilyn cyfnod o dair blynedd hynod lwyddiannus gyda Gwyn Evans wrth y llyw. Bellach roedd dau fand o safon uchel gennyf i'w meithrin a'u gwarchod. Roedd cefnogaeth Glen unwaith eto'n hanfodol a chytunodd i mi dderbyn baich arall o gyfrifoldeb ac ymrwymiad.

Penderfynais yn syth y byddem yn cystadlu yn yr ŵyl gerdd genedlaethol i gerddorion ifanc o dan yr enw Music for Youth. Nid yw'r gystadleuaeth hon yn annhebyg o ran trefn i Eisteddfod Genedlaethol yr Urdd gyda bandiau, corau, partïon a phob math o ensemblau yn perfformio mewn rhyw fath o ragbrawf anferth drwy Brydain. Rhaid oedd recordio perfformiad ar dâp ar gyfer beirniadaeth, yna'r goreuon trwy wahoddiad gan y trefnwyr i gystadlu yn eu categori yn y Royal Festival Hall yn Llundain. Pinacl

y gystadleuaeth yn yr haf oedd gwahoddiad i enillydd pob
categori berfformio yn y School Proms yn yr Albert Hall
ym mis Tachwedd. Roedd ceisio ennill y cyfle i arwain
yn y Festival Hall yn ddigon atyniadol ynddo'i hun. Ond
nid oedd y School Proms yn rhan o'r freuddwyd yr haf
hwnnw gan fy mod eisoes ar y ffordd i neuadd yr hen
Albert gyda'r Oakeley.

Anfonwyd y tâp i mewn, a phan ddaeth y gwahoddiad
i berfformio yn y Festival Hall ar y South Bank roeddwn
mewn gorfoledd o gael y cyfle i arwain mewn neuadd
fawr ac enwog arall yn Llundain. Ar ôl yr holl baratoi a'r
oriau o ymarfer daeth yn amser teithio i Lundain gyda'r
band ac aros mewn llety o'r enw The Generator, oedd yn
debycach i garchar na gwesty. Gwely caled a sinc ddur yn
y llofft. Dim carped dan draed a ffenestri digyrtans. Roedd
ansoddeiriau megis cartrefol a chlyd yn gwbl estron yn
y lle hwn, ac roedd ymhell o safon arweinydd oedd am
arwain ar lwyfan y Festival Hall.

Yn y neuadd ei hun cefais fy ngwarchod fel brenin.
Ystafell newid foethus bersonol gyda *CONDUCTOR*
mewn arwydd mawr ar y drws. Digon o boteli dŵr,
ffrwythau ffres, tŷ bach, cadeiriau moethus a desg. A
hithau'n ddiwrnod crasboeth ganol mis Gorffennaf,
dyna pryd y dechreuodd yr helynt a'r panig mwyaf i
mi ei wynebu erioed. Ar y llawr isod roedd y band yn
paratoi gyda'r hyfforddwyr eraill, tra 'mod innau'n newid
ar gyfer y perfformiad. Penderfynais o'r cychwyn mai
trowsus du, crys du gyda thei bô goch a chennin Pedr
ar fy mrest fyddai'r wisg ddelfrydol. Wrth baratoi'r bag
teithio, oherwydd y tywydd poeth ychwanegodd Glen
gan o *deodorant* Right Guard i atal chwys gyda phowdwr
gwyn o dan geseiliau. Nid oeddwn, ac ni fûm erioed yn
gyfarwydd iawn â'r math yma o beth ond ni allwn beidio
â'i werthfawrogi'r diwrnod hwnnw. Chwarter awr cyn
gadael yr ystafell penderfynais fynd amdani gyda'r can
a chwistrellu o dan bob cesail a rhwng y ddwy boced ar

flaen fy nhrowsus. O fewn ychydig funudau cefais fraw o sylwi yn y drych mawr ar y wal fod cylchoedd gwyn ar y crys a'r trowsus du, a'r rheiny yn amhosib eu cael oddi ar y dillad. Nid oedd dim amdani ond llenwi'r sinc gyda dŵr oer a'i daflu i dri chyfeiriad ar y defnydd i doddi'r powdwr. Cerddais o'r stafell ac ar lwyfan y Festival Hall gyda gwên lydan ar fy ngwyneb, baton gwyn yn fy llaw a chrys a throwsus gwlyb socian.

Yn ffodus, ni chafodd aelodau'r band anffawd o'r fath a chafwyd perfformiad bythgofiadwy ganddynt. Gydag wyth band yn cystadlu, ac yn dilyn y feirniadaeth lafar orau a glywais erioed gan John Miller a oedd yn gyn-aelod o'r Philip Jones Brass Ensemble, cyhoeddwyd mai'n criw ni o Gymru fach oedd i ymddangos yn y School Proms ym mis Tachwedd. Daeth y tri beirniad, Soo Beer, Eric Tebbett a John Miller ataf i fy llongyfarch yn bersonol. Nid hawdd oedd credu fy mod bellach ar y ffordd i'r Albert Hall gyda'r ddau fand o fewn yr un flwyddyn.

Ychydig iawn o seibiant a gafwyd yn ystod yr haf gan fod cryn waith paratoi ar gyfer y perfformiadau mawr oedd ar y gorwel. Daeth hyd yn oed mwy o bwysau pan gysylltodd Music for Youth yn datgan eu bod am i Fand Pres Ieuenctid Gwynedd a Môn agor y Proms. Rhaid fyddai chwarae'r 'Fanfare for the Common Man' gan Aaron Copland ac yna'r anthem genedlaethol. Wrth gwrs, nid oedd anthem genedlaethol trefnwyr Music for Youth a finnau cweit yr un fath. Er ei bod yn fraint ac yn anrhydedd i agor y noson, nid oeddwn yn gwbl gyfforddus ynglŷn â chwarae 'God Save the Queen' os nad oedd posib i ni gael chwarae 'Hen Wlad fy Nhadau' yn ogystal. Braidd yn oeraidd fu'r ymateb i'r cais ar y cychwyn, ond trwy ddyfalbarhad a llawer gohebiaeth cytunodd y trefnwyr i ni gael chwarae'r ddwy anthem i danio'r noson. Roedd hynny ynddo'i hun unwaith eto yn rhyw fath o fuddugoliaeth fechan arall i mi o gofio'n ôl i ddyddiau'r Jiwbilî yn Bowden Court gyda Mr Aston.

Gan nad oedd cystadleuaeth y tro hwn meddyliais y buasai'r holl brofiad lawer yn haws heb ddim pwysau, dim ond troi fyny i'r cyngerdd. Y gwir amdani oedd bod yr holl beth yn gwbl wahanol i'r hyn yr oeddwn wedi ei ddarogan i mi fy hun. Gyda dros bum mil o gynulleidfa gan gynnwys Glen, Dennis, staff y Gwasanaeth Cerdd, Ysgrifennydd Addysg y Llywodraeth a llu o bwysigion eraill, roedd yn gwbl naturiol fod fy nghalon yn curo fel injan ddyrnu.

Yn ystod y dydd ac yn yr ymarferion daeth cyfle i gyfarfod rhai o artistiaid eraill y cyngerdd. Oherwydd ein cyfraniad ychwanegol i agor y noson roedd angen ychydig mwy o ymarfer a sylw i ni o gymharu â rhai o'r grwpiau oedd i ddilyn. Roedd hynny'r un mor wir am Gerddorfa Ieuenctid Northamptonshire a oedd i gloi'r noson drwy chwarae'r enwog *Pomp and Circumstance* Rhif 1 gan Edward Elgar. Dyma'r eitem draddodiadol i ddiweddu'r Proms er mwyn cael pawb (oedd yn dymuno) i ddathlu Prydeindod drwy ganu a chwifio'i fflag. Gwobr fawr y gerddorfa hon oedd cael gŵr gwadd a cherddor byd-enwog i'w harwain. Y gŵr hwnnw oedd neb llai na'r annwyl Antony Hopkins y dois ar ei draws am y tro cyntaf pan gerddais i mewn i'r coleg yn 1976. Dyna brofiad oedd cyflwyno fy hun fel cyn-fyfyriwr yn y coleg ac yntau yn rhoi ei faton i lawr i sgwrsio a dangos diddordeb mawr yn fy ngyrfa fach. Nid oeddwn erioed wedi rhannu llwyfan a gweithio gyda cherddor byd-enwog o'r blaen ac roedd hynny ynddo'i hun yn destun balchder, anrhydedd a braint. Tynnwyd llun o'r ddau ohonom gyda'n gilydd i gofio'r achlysur.

Derbyniais y cyfarwyddiadau i agor y cyngerdd gan y criw llwyfan yn ystod y prynhawn ac edrychai popeth yn glir a dealladwy ... *Cerdded ar y llwyfan gyda baton yn fy llaw heb fawr ddim golau ar y gynulleidfa a'r band. Sefyll yn llonydd ac wynebu'r band, ac aros am y golau bach ar ochr chwith y llwyfan fel arwydd i gychwyn.* Prif bwrpas y peth oedd creu awyrgylch syfrdanol i gychwyn y noson gyda chlec ac ergyd gyntaf yr offerynnau taro ar guriad cyntaf y ffanffer fawr gan Copland. Be allai fynd o'i le – on'd oedd popeth yn hollol glir a hawdd?

Cerddais ymlaen yn nerfus i gymeradwyaeth a bonllef y gynulleidfa ac aros am y golau. Yr unig beth y gallwn ei weld oedd un golau bach gwan, gwan ac ni allwn gredu mai hwnnw oedd yr ocê. Roedd y neuadd mor dawel â'r bedd yn aros am fy symudiad, ond sefais yn llonydd ac aros am oleuni pendant. Aeth eiliadau heibio a oedd yn teimlo fel munudau ond ni ddaeth goleuni. Erbyn hyn roedd yn rhaid gwneud rhywbeth gan fod y sefyllfa yn dechrau fy llyncu i'r llawr yn araf bach. Penderfynais fynd amdani a gwneud ffŵl ohonof fy hun os oedd yn rhaid. Codais fy mreichiau gan obeithio fod hogia'r offerynnau taro yn fy ngweld. Rhoddais y trydydd curiad ar draws cyn codi'r baton i'r pedwerydd curiad a gweddïo am ddihangfa. Daeth y baton i lawr i guriad cyntaf a ffrwydrad y timpani ac yna bu goleuni drwy'r holl neuadd. Ni fûm erioed mor nerfus ar lwyfan ac fe gymerodd y rhyddhad rai eiliadau cyn i mi setlo i lawr ar gyfer gweddill y perfformiad. Os nad ydych yn gyfarwydd â'r 'Fanfare for the Common Man', gwrandewch arni a dychmygwch y sefyllfa.

Gyda rhai o'r gynulleidfa yn sefyll a chymeradwyo lathen yn unig y tu ôl i mi, cafwyd perfformiad gwych gan y band ac ymateb anhygoel gan y dorf. Nid oes amheuaeth na fu hon yn un o nosweithiau gorau fy mywyd ac yn achlysur na fydd byth yn angof.

Ar ddiwedd blwyddyn hynod lwyddiannus yn Nosbarth 3 cafwyd ar ddeall fod yr Oakeley i'w dyrchafu i Ddosbarth 2 yn Rhanbarth Cymru ar gyfer y flwyddyn 2001. Golygai hynny un peth yn unig – mwy o sialens eto i'r band a minnau.

Cyffur yw llwyddiant sydd yn annog rhywun i chwilio am fwy. Gwn hynny o'r gorau gan i mi gael blas arbennig ar y cyffur hwnnw ar ôl cyfnod eithaf llwyddiannus fel arweinydd ar ddau fand gwahanol.

Ddechrau 2001 a chwta dri mis ar ôl yr antur fawr i Lundain a'r Albert Hall, rhaid oedd mynd amdani unwaith eto gyda'r Band Ieuenctid ar gyfer Pencampwriaeth Prydain ym Manceinion. Buasai angen curo wyth o fandiau gorau'r Deyrnas Unedig i gipio'r wobr a'r bencampwriaeth, ac ar ôl perfformiad gwefreiddiol arall dyna yn union a wnaeth y criw talentog yma. Bellach roeddem yn Bencampwyr Prydain a dyna oedd gorfoledd. Cafwyd sylw mawr yn y wasg ac ar y cyfryngau, a derbyniais lythyr personol gan Gyfarwyddwyr Addysg Gwynedd a Môn yn gwerthfawrogi ein gwaith fel tiwtoriaid ac aelodau o'r band. Bu Gwyn Evans, Wynne Williams a finnau wrthi yn meithrin talent y band ers ei sefydlu ac roeddwn yn falch o groesawu cyn-aelod atom fel hyfforddwr newydd. Daeth Gavin Saynor yn gyd-weithiwr da ac yn gyfaill mawr yn dilyn ei gyfnod yn y coleg. Bellach mae'n cael ei gyfrif yn un o'r chwaraewyr Bass Eb gorau ym Mhrydain ac yn chwarae i fand enwog y Black Dyke.

Gyda chymaint o lwyddiant wedi dod i'm rhan gyda'r criw ifanc nid oedd yr Oakeley yn bwriadu eistedd yn ôl, a rhaid fu mynd am Bencampwriaeth Cymru a hynny bellach yn Nosbarth 2. Dechreuwyd ar y gwaith o ymarfer un o'r darnau prawf anoddaf a hyfrytaf i mi weithio arno erioed, sef *The Moor of Venice* gan William Alwyn.

Gan fod y daith i'r Brangwyn yn Abertawe yn hir a phell, penderfynwyd cael bws o ardal Llŷn i godi Glen a finnau ym Morfa Nefyn am 5.30 y bore. Teithio i 'Stiniog i lwytho ac yna troi tua'r de ar yr A470 er mwyn cyrraedd mewn da bryd ar gyfer cychwyn y gystadleuaeth ddechrau'r prynhawn. Cyn cyrraedd Trawsfynydd daeth y bws i stop gyda dŵr poeth yn piso allan o'r injan. Rhaid fu aros am dros awr am fws arall o bellafoedd Llŷn cyn ailgychwyn am yr ornest. Yn anffodus digwyddodd yn union yr un peth i'r ail fws yn ardal Brithdir ger Dolgellau, gyda'r dŵr yn llifo i lawr y lôn a phwysau gwaed yr arweinydd yn saethu i'r awyr. Ar ôl teithio gwta ddeg milltir o Blaenau dros gyfnod o dair awr, rhaid oedd gwneud penderfyniad. Gydag amser yn prinhau a'r panig yn tyfu rhaid oedd pwyso a mesur. Gan fod un neu ddau ifanc yn y bws yn berchen ffôn symudol, cafwyd cysylltiad ag Abertawe a gofyn am ganiatâd i gael chwarae yn olaf allan o saith o fandiau. Prynwyd bron i ddwy awr o amser ychwanegol gwerthfawr i deithio a hynny ar ôl i Craig Jones, ein chwaraewr *bass trombone*, ddychwelyd i 'Stiniog i nôl ei fws ei hun i gwblhau'r daith. Roedd ein dyled yn fawr iawn i Craig y bore hwnnw ac yntau wedi meddwl cael penwythnos o seibiant o ddreifio bws.

Cyrhaeddwyd Abertawe gydag ugain munud i sbario cyn cerdded ar y llwyfan. Ni fu dim ymarfer na fawr o gynhesu ar yr offerynnau, dim ond gweddïo a gobeithio'r gorau. Trwy ryw ryfeddol wyrth cafwyd perfformiad na fu ei debyg erioed ac ni allwn gredu fy mod yn arwain fy mand fy hun. Syrthiodd popeth i'w le yn naturiol a'r gerddoriaeth ddramatig yn cydio ymhob un oedd yn y gynulleidfa. Cafwyd perfformiad gwefreiddiol gan Dafydd Noel, ein prif gornetydd. Roedd ymateb cefnogwyr a phawb arall yn siarad cyfrolau ac yn codi gobeithion pob un ohonom cyn y canlyniadau. Pan ddaeth y canlyniad ni allwn gredu'r hyn a gyhoeddwyd – roedd yr Oakeley yn Bencampwyr Cymru unwaith eto. Bellach roeddwn wedi cipio dwy bencampwriaeth fawr o fewn ychydig wythnosau i'w gilydd.

Aeth y wasg yn wyllt rhwng stori'r bysiau a'r ffaith i ni ennill y gystadleuaeth. Dyna oedd stori a hanner, a dyna pryd y cefais fy enwi yng nghylchgrawn wythnosol y *British Bandsman* fel 'the Pied Piper of North Wales'. Fel anrheg cefais lun wedi ei gomisiynu gan aelod o'r band, William Llywelyn Edwards a'i wraig Renee, gyda'r arlunydd Ken Pierce wedi fy sodro yn ei ganol fel y Pibydd Brith. Mae'r baton yn fy llaw a rhes hirfaith o fandars y tu ôl i mi yn cerdded trwy fynyddoedd Eryri. Trysoraf y llun hwn yn fawr iawn. Bu Wil yn un o hoelion wyth y band dros ei gyfnod fel aelod ffyddlon, ac yn ŵr a brynodd werth cannoedd o bunnoedd o gerddoriaeth newydd i ni ar gyfer ei pherfformio.

Yn anffodus, yn dilyn y dathliadau a'r gorfoleddu mawr roeddwn yn gwbl ymwybodol fod newid ar y gorwel gyda llawer aelod yn gadael am y colegau ac i chwilio am waith. Roedd y band yn sicr o ddioddef o ran safon a buasai'n rhaid atgyfodi unwaith eto yn dilyn yr hen glwyf parhaol sydd yn wynebu pob band yn ei dro. Yn anffodus i mi a phawb arall roedd llawer gwaeth newyddion i ddod, er nad oedd yr un ohonom yn ymwybodol o hynny nac wedi dychmygu'r fath beth ar y pryd.

Tro ar Fyd

Ar ddechrau 2002 cafwyd achlysur teuluol hapus pan fu i Dewi fy mrawd ailbriodi gyda Beryl Thomas a oedd yn wreiddiol o Drefor. Nid oedd amheuaeth nad oedd pawb yn falch iawn dros y ddau ohonynt ac yn dymuno pob lwc iddynt i'r dyfodol. Erbyn hynny braf oedd gweld ei blant Deion a Cathy wedi tyfu'n bobl ifanc gyfrifol a hyderus.

Er nad oeddwn yn teimlo'r peth ar y pryd, roedd fy ngwaith a 'nheimladau angerddol tuag at gerddoriaeth bellach yn rheoli fy mywyd. Rhaid oedd teithio ddwy waith yr wythnos o Forfa Nefyn i Flaenau Ffestiniog ar gyfer yr ymarferion, a hynny yn ogystal â'r holl gyngherddau a gweithgareddau ychwanegol. Roeddwn yn gweithio saith diwrnod yr wythnos yn amlach na pheidio. Nid oedd bachu cwsg am hanner awr yn anarferol pan oedd cyfle yn ystod y dydd cyn symud ymlaen at y dasg nesaf i'w chwblhau, boed yn wers, ymarfer neu berfformiad. Roeddwn yn byw i weithio yn hytrach na gweithio i fyw, ar ôl cerdded i mewn i'r trap yn gwbl ddiarwybod gan fwynhau pob eiliad o'r profiad.

Nid oedd posib i bethau gario ymlaen fel ag yr oeddynt, ac fel ergyd sydyn daeth stop ar y cwbl nos Fawrth, 19 Chwefror 2002 pan gefais fy nharo yn wael ganol nos. Ni fu i mi erioed deimlo'r fath boen ag a gefais ar draws fy mrest ac i lawr fy mreichiau. Roeddwn yn gwbl ymwybodol drwy'r cyfan, cyn i'r boen leddfu ychydig ac i mi basio nad oedd ddim byd llawer mwy na gwynt neu gamdreuliad. Bore trannoeth cafodd Glen druan fraw anferthol o edrych arnaf yn gorwedd yn y gwely. Roedd golwg drychinebus arnaf a galwodd y syrjeri yn syth. Penderfynodd Dr Keith Harris mai da o beth fuasai i mi gael trip i Fangor ac Ysbyty

Gwynedd a hynny mewn ambiwlans! Roedd yn ddigon
doeth i beidio awgrymu dim arall, a finnau ddigon dwl i
beidio sylweddoli difrifoldeb y sefyllfa.

O fewn ychydig oriau daeth cadarnhad gan arbenigwr
fy mod wedi dioddef trawiad ar y galon ac y buaswn
angen triniaeth frys. Y sioc fwyaf i mi oedd y ffaith mai
yn y Manchester Royal Infirmary y buasai'r driniaeth
ac nad oeddwn i adael yr ysbyty cyn bod gwely gwag
yno. Yn ystod y dyddiau nesaf o aros dois ar draws aml
i gymeriad ar Ward Glyder. Un o'r rhai hynny oedd
un a ddaeth yn gyfaill mawr i mi am bron i bymtheng
mlynedd cyn ei farwolaeth. Hen chwarelwr a ffarmwr
wedi ymddeol o Ddyffryn Nantlle oedd Emlyn Hughes,
gŵr ffraeth a diwylliedig a chymeriad hoffus a chlên. Tra
bod pawb arall yn darllen y *Times*, y *Guardian* a'r *Daily
Mirror*, eisteddai 'rhen Em ar ei wely gyda *Llafar Gwlad*
ac yn ysu am sgwrs gydag unrhyw un oedd â diddordeb.
Cymeriadau o grombil y graig a chefn gwlad oedd Emlyn
Nantlle a'i wraig Jane, a chododd yntau'r ffôn arnaf am
sgwrs sydyn bron pob nos Sul trwy gydol blynyddoedd ein
cyfeillgarwch. Braint oedd cael adnabod y ddau a'u cyfrif
yn ffrindiau da.

Yn dilyn y llawdriniaeth ym Manceinion gwta dair
wythnos ar ôl gadael fy nghartref a fy nheulu, cefais
ddychwelyd i bwyso a mesur a wynebu'r dyfodol yn
ansicr. Rhaid fuasai newid ffordd o fyw ac yn bwysicach
fyth, rhoi un droed ar y brêc. Penderfynais dorri yn
ôl ychydig ar yr holl ysgolion a'r teithio diddiwedd,
yn ogystal â Band Rhanbarth Meirionnydd a fyddai'n
cyfarfod bob pnawn Llun yn Nolgellau. Nid oedd angen
ystyried gorffen popeth yn gyfan gwbl gan i'r arbenigwyr
ddatgan y buaswn yn gwella'n llwyr ac y buasai'n gwbl
bosib cario ymlaen gyda gofal a doethineb. Cefais ddeufis
o seibiant cyn ailafael yn yr awenau gyda'r Oakeley gyda
chamau bach iawn ar y cychwyn. Nid oes amheuaeth na
fu'r band a'r aelodau o gymorth mawr i fagu hyder wrth

i mi wella yn gorfforol a meddyliol. Penderfynais edrych yn fanylach ar fy ffordd o fyw ac yn arbennig ar y bwyd yr oeddwn i fod i'w fwyta. Daeth llawer mwy o ffrwythau a llysiau ffres i'r tŷ ac ychydig llai o siwgwr a saim. Daeth cerdded ac ymarfer corff yn rhan bwysig o'r wythnos ac yn fuan iawn roeddwn yn ôl i drefn ac yn teimlo'n llawer gwell. Roeddwn wedi derbyn y rhybudd, ac yn sicr wedi cael ergyd feddyliol, ond bellach roedd y cwbl i fyny i mi a neb arall ar gyfer y dyfodol.

Ar ôl byw yn ofalus ac ofnus am dri mis dechreuodd yr hen 'gyffur cystadlu' ailafael unwaith eto. Gyda'r holl aelodau ar gael dros gyfnod yr haf aethpwyd ati a dechrau ymarfer ar gyfer Eisteddfod Genedlaethol Tyddewi. Dyfarnodd y beirniad fod yr Oakeley yn llwyr haeddu'r gwpan yn Nosbarth 2, a bellach roedd y band a finnau wedi ennill y wobr gyntaf mewn tri dosbarth gwahanol yn yr Eisteddfod Genedlaethol. Yn dilyn hynny cafwyd bron i dair blynedd heb fuddugoliaeth, gyda chyfnod arall o ailadeiladu ar gyfer y dyfodol.

O fewn y flwyddyn, ar ddydd Sadwrn, 2 Awst 2003 bu farw Bob Morgan yn 83 oed. Braint i mi fu cyflwyno'r deyrnged iddo ar ddydd ei angladd yng Nghapel Bowydd, Blaenau Ffestiniog. Roedd y band hefyd yn rhan o'r gwasanaeth ac yna ar lan y bedd ym mynwent Llan Ffestiniog. Dyma ŵr a roddodd wasanaeth o dros ddeugain mlynedd i'r Royal Oakeley a'r ardal, a thrist o beth oedd gweld cynulleidfa denau iawn yn y capel y bore hwnnw. Roeddwn wedi dychmygu y buasai'r lle yn orlawn, ond roedd yn llai na chwarter llawn. Sylweddolais pa mor fuan mae person yn mynd yn angof o fewn cymdeithas a pha mor ddiwerth yw cyfraniad pob un ohonom yn y bôn. Dyma'r tro cyntaf i mi wynebu realiti be fuasai'r Sais yn ei alw yn 'yesterday's man'. Roedd yn brofiad trist a chymysglyd iawn.

O feddwl am holl lwyddiannau'r Oakeley, does dim amheuaeth mai y polisi hyfforddi ieuenctid oedd un o'r prif resymau am y llwyddiant hwnnw. Roedd y Band Bach o dan arweiniad John Arthur Evans bellach yn cystadlu a pherfformio yn rheolaidd ac yn ysgol feithrin ardderchog ar gyfer ymuno â'r Band Mawr. Roedd y pwyslais ar feithrin talentau a chynnig profiadau yn hollbwysig, a dyma pryd yr awgrymais gael trydydd band o fewn y gymdeithas. Sefydlwyd y Band Iau i ddysgwyr cynnar o dan arweiniad Alan Jones a bu hynny hefyd yn rhan o raglen ddatblygu'r band. Pan ofynnwyd i arweinydd band arall mewn cyfweliad ar gyfer y radio beth oedd cyfrinach ei lwyddiant, daeth yr ateb yn ôl yn syml: "Gwaith caled!" Gallaf innau dystio yn llwyr i hynny gan nad yw llwyddiant na chlod i'w gael yn hawdd, ond mae'n llawer rhwyddach gyda chydweithio agos a chyson rhwng aelodau'r holl dîm.

Yn dilyn dwy flynedd hynod lwyddiannus gyda'r Band Ieuenctid, roeddwn eisoes wedi penderfynu rhoi'r gorau i fod yn arweinydd a phasio'r baton ymlaen i'r hen gyfaill Wynne Williams. Er hynny, roedd breuddwyd gennyf o sefydlu Band Pres Iau Gwynedd a Môn gyda phob aelod o dan 16 oed. Buasai'r band newydd yn magu a bwydo aelodau ar gyfer y Band Hŷn yn union fel y Band Bach yn 'Stiniog. Cytunodd Dennis i gyllido'r fenter a phenodwyd fi'n arweinydd cyntaf y Band Iau. Dyma'r cyfnod y daeth cyfle i weithio gyda dau o hyfforddwyr newydd o fewn y Gwasanaeth, sef Paul Hughes a Dylan Williams. Daeth y ddau'n gyfeillion da a chyd-weithwyr ardderchog dros gyfnod o flynyddoedd hapus iawn. Teimlad balch iawn i mi wedi sefydlu'r band ifanc hwn oedd croesawu dau o fy mhlant yn aelodau. Bu Robin ar y bariton a Bethan ar y *flugel* yn aelodau gwerthfawr trwy gydol eu cyfnod yn Ysgol Botwnnog.

Daeth cyfle i Robin a Bethan ddod yn aelodau llawn o'r Oakeley hefyd, a mwynhau blynyddoedd o berfformio ac ennill ambell gystadleuaeth a phencampwriaeth ar y ffordd. Bu'r ddau yn ddigon ffodus i fod yn rhan o gyngherddau Nadolig y band a dyfodd i fod yn hynod boblogaidd bob blwyddyn. Yn flynyddol cafwyd nosweithiau i ddathlu'r Nadolig gyda gwesteion megis Meibion Llywarch, Hogia'r Wyddfa, Ifan Gruffydd, Dilwyn Morgan, Eilir Jones, Dilwyn Pierce, Glyn Owens, Mair Penri, Hogia'r Ddwylan, Côr Meibion Dolgellau, Côr Meibion Llangwm a Lleisiau'r Mignedd. Prif atyniad y cyngherddau oedd cael yr aelodau a finnau i wisgo fyny a chreu carnifal o hwyl i gyfeiliant cerddoriaeth Nadoligaidd y band. Cafwyd blynyddoedd lawer o bleser yn paratoi, ymarfer a chyflwyno'r nosweithiau hynny wrth danio ysbryd y Nadolig i drigolion y fro.

Cafwyd un cyngerdd Nadolig llwyddiannus gyda chyd-weithiwr arall yn unawdydd gwadd. Braf oedd croesawu Dr Dewi Ellis Jones fel offerynnwr taro i arddangos ei sgiliau a'i dechneg o chwarae'r marimba a'r seiloffon. Daeth Dewi yn gyfaill arall, a phleser fu cydweithio gyda'r offerynnwr medrus am dros bymtheng mlynedd fel rhan o dîm y Gwasanaeth Cerdd.

Daeth Gŵyl Jazz Abersoch yn rhan o galendr y band, a bu'r fenter yn dra llwyddiannus gan i ni berfformio'n rheolaidd yno yn ystod penwythnos yr ŵyl. Byddai criw bychan ohonom yn cyflwyno gweithdai jazz ac offerynnau pres yn ysgolion cynradd y cylch ar ddechrau mis Mehefin bob blwyddyn. Aeth hyn ymlaen o dan ofal dwy aelod o'r pwyllgor, sef Jan a Linda a ddaeth maes o law yn gyfeillion a chefnogwyr brwd i'r band a finnau.

Erbyn cychwyn 2005 roedd yr Oakeley yn barod amdani unwaith eto. Cofrestrwyd i gystadlu ym Mhencampwriaeth Cymru yn Neuadd y Brangwyn, Abertawe. Prif bwrpas y daith oedd cynnig profiad i'r aelodau ifanc newydd gael cystadlu ar y llwyfan mawr. Gyda phedwar ar ddeg o fandiau'n cystadlu nid oedd cipio'r wobr gyntaf yn rhan o'r trefniadau, ond dyna yn union a ddigwyddodd er mawr orfoledd i bawb. Aethpwyd ymlaen i'r Eisteddfod Genedlaethol yn Eryri ym mis Awst a chipio'r gwpan yno hefyd. Dyma'r tro cyntaf i mi gael gwahoddiad i'r stiwdio gan y BBC yn ystod y cystadlu fel beirniad answyddogol. Pleser fu hynny bob amser, yn arbennig gyda chyflwynwyr profiadol megis Huw Llywelyn Davies a Nia Roberts.

Daeth cyfweliad ar radio a theledu gan bobl megis Hywel Gwynfryn, Dylan Jones a Nia Lloyd Jones yn rhywbeth rheolaidd. Dyma pryd y dechreuwyd cyfeirio ataf fel 'DYN Y BANDIAU PRES'. Rhaid cyfaddef i mi fwynhau'r teitl ac iddo roi ychydig o hyder a balchder i mi ar ddechrau pob sgwrs a chyfweliad. Pleser o'r mwyaf bob amser fu siarad gyda'r cyfeillion yma sydd wedi gwasanaethu ein cyfryngau Cymraeg yn wych dros gyfnod hir. Diolch amdanynt. Yn ddiweddarach daeth criw newydd, rhai megis Heledd Cynwal, Iwan Griffiths, Elin Fflur, Gerallt Pennant ac Owain Tudur Jones – pob un ohonynt yr un mor glên â'i gilydd ac yn bleser gweithio efo nhw pryd bynnag y daw'r cyfle.

O ran fy ngwaith gyda'r Gwasanaeth Ysgolion daeth cyfnod arall i ben gyda Dennis Williams yn penderfynu ymddeol. I goroni blynyddoedd o gydweithio difyr cefais gyfle arall i gystadlu ym Mhencampwriaeth Bandiau Pres Ieuenctid Prydain ym Manceinion, ond y tro hwn gyda'r Band Pres Iau a sefydlwyd gwta saith mlynedd ynghynt i blant o dan un ar bymtheg oed. Ni allaf ddisgrifio'r gorfoledd personol heb sôn am ddathliadau'r aelodau ifanc (rhai ohonynt ddim mwy na deg oed!) pan gipiwyd y wobr gyntaf. Roeddwn bellach wedi ennill Pencampwriaeth Prydain mewn dau oedran gwahanol. Dyna oedd anrheg ymddeol gwerth chweil i'r hen Den.

Yn hunangyflogedig daeth cyfleon i weithio fel beirniad gan sefydliadau megis Cymdeithas Bandiau Pres Gogledd Cymru, Eisteddfodau'r Urdd, Eisteddfod Môn, Cerddor Ifanc Môn a llawer eisteddfod ysgol. Bûm hefyd yn gweithio ar gomisiwn i gyfansoddi a threfnu ffanffer a'i pherfformio mewn cestyll megis Caernarfon a Harlech fel rhan o ddathliadau'r Olympiad Diwylliannol, cyn dechrau'r Gemau Olympaidd yn Llundain. Daeth comisiwn gan y BBC i gyfansoddi darn o gerddoriaeth i fand pres, a gweithio ar sianel CBeebies gyda'r actor Justin Flechter sydd wedi chwarae rhan Mr Tumble yn llwyddiannus iawn ar raglenni plant ers blynyddoedd lawer.

Er i mi geisio fy ngorau i leihau'r pwysau gwaith, rhaid cyfaddef nad hawdd o beth oedd hynny. Nid oedd amheuaeth nad oedd Seindorf yr Oakeley yn un o fandiau prysuraf Cymru a hynny'n arbennig yn ystod tymor yr haf bob blwyddyn. Gyda chytundeb ganddynt ers blynyddoedd lawer i berfformio ar brynhawniau Sul ym mhentref hudolus Portmeirion, rhaid oedd dal ati heb seibiant. Diddori'r ymwelwyr oedd y prif nod, ond roedd hefyd yn gyfle ardderchog i mi gyflwyno eitemau newydd ar gyfer cyngherddau'r flwyddyn. Nid oes beirniaid gwell na chynulleidfa i ddatgan beth sydd yn gweithio ac yn debygol o fod yn boblogaidd gan y cyhoedd.

Dyma hefyd blatfform delfrydol i gyflwyno aelodau newydd i'r Band Mawr ar ôl eu cyfnod o ddysgu yn y Band Bach. Lawer tro y dywedodd aelod ifanc wrthyf mai "ym Mhortmeirion y dysgais chwarae yn y band". Braf iawn fu gweithio yn y pentref a chreu partneriaeth lwyddiannus iawn rhwng y band a'r staff. Mae llawer i achlysur yn aros yn y cof yn ogystal â'r croeso a'r gwerthfawrogiad a gafwyd gan Robin Llywelyn, Meurig Rees Jones a'r holl dîm rheoli.

Os bu dihangfa i gael seibiant mae'n bur debyg mai pêl-droed oedd honno. Gyda Robin a Bethan bellach yn eu harddegau ac yn dangos cryn ddiddordeb mewn pêl-droed, daeth y cyfle i ymweld ag Old Trafford i gefnogi Man U yn rhywbeth rheolaidd a phleserus. Trwy deithio i Fanceinion yn y car gyda'r ddau gefnogwr bach yn gwmpeini, daeth cyfle i ddianc o brysurdeb fy mywyd cerddorol ac anghofio am unrhyw bwysau gwaith. Cafwyd gemau ardderchog, a chyfle i weld sêr y bêl gron ar lawer i brynhawn Sadwrn a chanol yr wythnos ar ôl mwynhau bagiad o tsips o siop Lou Macari.

Er hynny, mae'n rhaid dweud mai gemau gyda'r nos yn y Champions League gyda thimau gorau Ewrop yn ymweld oedd yr achlysuron gorau. Croesawyd Bayern Munich, Benfica, Juventus, Galatasaray a Rangers yn eu tro, ond i ni ein tri y gêm orau erioed oedd ymweliad Real Madrid nos Fercher, 23 Ebrill 2003. Roedd hon yn gêm hanesyddol gyda Man U yn ennill 4–3. Cafwyd *hat-trick* gan chwaraewr gorau'r byd ar y pryd, sef Ronaldo (nid Cristiano) o Brazil. Yn cadw trefn ar y noson roedd neb llai na Pierluigi Collina, dyfarnwr gorau'r byd.

Do, fe fu tro ar fyd ond buan iawn yr aeth fy ngwaeledd yn angof ac y dechreuais sylweddoli fod y byd yn dal i droi. Rhaid oedd edrych ymlaen i'r dyfodol yn ffyddiog a hyderus y buasai popeth yn iawn. Y gwir ydoedd fod llawer mwy i ddod, er na wyddwn hynny ar y pryd.

Y Llon a'r Lleddf

Yn dilyn gwaeledd byr bu farw Ellen Jane Griffith yn sydyn ddydd Sadwrn, 28 Awst 2004. Gwraig oedd hon na fu i mi erioed ei galw yn ddim ond Nel. Dyma fy mam yng nghyfraith a fu'n hynod ffyddlon a theyrngar i Glen a finnau, yn ddoeth ei chyngor a ffraeth ei hiwmor. Cefais oriau o bleser yn ei chwmni, boed ar ei haelwyd yn Llithfaen neu acw yng nghanol y plant a'r annibendod cartrefol. Bu'n brofedigaeth a cholled fawr i bob un ohonom ac yn arbennig i'w genod. Wedi colli ei gŵr yn ifanc fe lwyddodd i fagu'r pedair a sicrhau gwreiddiau a safonau cadarn i bob un ohonynt. Gwraig yr oeddwn yn ei hedmygu'n fawr iawn oedd Nel Cae Newydd.

Erbyn 2005 ac yn dilyn ei phrofedigaeth bu'n rhaid i Glen feddwl am ffordd o symud y meddwl a chadw'n brysur. O ganlyniad ganwyd Cardiau Nens gyda'r enw yn deillio o lysenw ei thad arni pan oedd yn blentyn. Datblygodd y busnes i fod yn ddiwydiant bach llewyrchus a llwyddiannus dros ben. Erbyn heddiw mae Cardiau Nens yn prysur gyflenwi siopau lleol yn ogystal ag archebion personol gan lu o gwsmeriaid preifat. Prif atyniad y cardiau yw'r ffaith bod modd archebu un cwbl bersonol i ddathlu achlysuron megis priodasau, bedydd, ymddeoliad neu ben blwydd arbennig ac yna eu fframio fel anrheg i gofio'r dathliadau. Felly y daeth datblygiad cadarnahol a phleserus yn sgil profedigaeth, a llawenydd o dipyn i beth yn disodli tristwch.

O ran Seindorf yr Oakeley ac yn dilyn ein buddugoliaeth yn Abertawe flwyddyn yn gynharach cafwyd cadarnhad gan Gymdeithas Bandiau Pres Cymru fod y band wedi ei ddyrchafu i fyny i Ddosbarth 3 a'r dyfodol unwaith eto yn edrych yn addawol iawn. Unwaith eto fe ddaeth haul ar fryn yn dilyn cyfnod o alaru, gyda'r band yn cynnig achubiaeth i lawer aelod yn ei dro.

Yn anffodus ni chafodd Elin, Robin na Bethan y cyfle i adnabod yr un taid, ond camodd un aelod o'r teulu i mewn i chwarae'r rôl yn berffaith iddynt. Bu Ieu a Margaret fy nghyfnither yn hynod o ffyddlon i ni fel teulu bach a bob amser yn llawn diddordeb yn holl weithgareddau ac anturiaethau'r hen blant. Cawsom lawer i noson lawen a steddfod wedi ei threfnu ar yr aelwyd gyda'r ddau gystadleuydd o Abererch yn mynychu a chystadlu'n frwd bob blwyddyn. Gwisgai Yncyl Ieu fel dynes ar gyfer yr Unawd Soprano a derbyn y wobr am y coginio bob blwyddyn. Wrth gwrs mai Yncyl Ieu oedd yn sefyll ar ganiad y corn gwlad ac yn ennill y gadair yn flynyddol hefyd. Digwyddai hynny ar ôl lluniaeth a beirniadaeth lafar gan Elin. Fe ddeuai'r gwaith ysgrifenedig drwy'r post rai dyddiau ynghynt. Byddai hefyd wrth ei fodd ym Mhortmeirion yn gwrando ar y band, ac yn eistedd gyda'r plant ymhob cyngerdd Nadolig. Bu farw yn sydyn yn Ysbyty Gwynedd ar ôl gwaeledd byr ac nid hawdd fu colli'r taid answyddogol gorau a fu erioed.

Nid oedd y profiad o golli ffrind yn ddieithr i mi, ond newyddion brawychus fu damwain Bobi fy mrawd yng nghyfraith ddechrau Medi 2010. Ni allaf fyth anghofio noson y ddamwain, pan fu i Glen a finnau orfod wynebu'r newyddion iddo gael ei daro gan fodur wrth groesi'r ffordd i'w gartref. Roedd sŵn yr hofrenydd a'r goleuadau glas wrth fynedfa Tŷ Crwn, Boduan yn fyddarol a hunllefus. Profiad dychrynllyd fu dreifio i Ysbyty Gwynedd y noson honno ond taith erchyll i Leusa, ei wraig druan, oedd gyda ni yn y car. Bu Bobi yn gorwedd yn Ysbyty Walton yn Lerpwl am bron i ddeufis yn anymwybodol gyda phawb arall yn chwilio am gysur a gobaith. Bu farw ddydd Sadwrn, 30 Hydref yn chwe deg un oed. Profiad anodd ond braint fu talu teyrnged i'r ffrind gorau a gefais erioed ar ddydd ei angladd. Teimlad chwithig iawn fu ceisio dygymod hebddo am amser hir. Roedd yn gymeriad hoffus, yn ŵr busnes poblogaidd ac uchel ei barch yn yr ardal. Roedd y capel yn orlawn a hynny'n glod anferthol iddo yntau fel person. Ni fu i mi erioed grio mwy mewn profedigaeth cyn nac ar ôl y glec yma.

Daeth llawer cyfle gan yr Urdd i feirniadu mewn eisteddfodau cylch a sir, a dyma fudiad gwerth chweil i gynnig profiad i offerynwyr a chantorion ifanc talentog. Cafwyd aml i benwythnos difyr yng Ngwersyll Glan-llyn ar gyrsiau preswyl yn ymarfer ar gyfer cyngherddau a chyrsiau haf, gyda chroeso cynnes Cymreig gan yr holl staff bob amser.

Ychydig dros chwarter canrif ar ôl claddu Dad bu farw Mam ar ôl iddi ddioddef strôc rai blynyddoedd cyn hynny. Bu farw yn dawel yn ei chwsg yng nghartref gofal Cerrig yr Afon, Felinheli dri diwrnod cyn y Nadolig 2011. I mi, roedd hyn yn adlewyrchu ei bywyd, gan iddi etifeddu unigrwydd a gwacter o golli ei mam yn blentyn bach. Ni chafodd hyd yn oed wireddu ei dymuniad o gael gwasanaeth yr angladd yng Nghapel Gosen, Trefor gan i hwnnw gau ei ddrysau rai blynyddoedd cyn hynny. Magodd dri o hogia gyda gofal a chariad a byw bywyd priodasol hapus, ac er nad oedd cyfoeth ariannol ar yr aelwyd roedd yno werthoedd ac awyrgylch cartrefol braf. Rhoddwyd ei gweddillion i orwedd gyda Dad ym mynwent Trefor, a hynny yn cau pennod olaf ei bywyd gyda llawenydd trwy ailgyfarfod ei chymar a'i chariad ffyddlon.

Yn dilyn ei marwolaeth, dim ond Rob fy mrawd bach sydd bellach yn byw yn Nhrefor o holl aelodau fy nheulu. Mae wedi ymgartrefu yno gyda'i gymar Gill a'u mab Owain Hedd. Anodd yw credu fod holl fwrlwm a chynrychiolaeth ein teulu mawr ni o fewn y pentref a'r chwarel wedi diflannu bron yn llwyr o fewn ychydig dros ganrif. Rhyfedd iawn yw meddwl efallai na fydd neb o deuluoedd Gosan Teras ac Eifl Rôd yn chwifio'r fflag yn Nhrefor ymhen ychydig flynyddoedd.

O dro i dro ym mhob band mae cymeriad unigryw ambell aelod yn sefyll allan yng nghanol y criw. Dyna sut un oedd Raymond 'Tap' a fu'n aelod o'r Oakeley ers pan oedd yn blentyn ysgol. Ni fu gŵr mor hoffus mewn unrhyw fand, gyda'r straeon di-ri a'r tynnu coes diddiwedd. Hwn oedd yr aelod a gododd ei law mewn ymarfer wrth eistedd tu ôl i'r corn mawr gan holi, "Ma gin i nodyn yn fama efo sws (x) o'i flaen o, be dio dwa?" Cyn ymateb gofynnais innau, "Be 'di'r nodyn, Rem?" Daeth yr ateb yn syth, "Eff, John." Atebais heb fynd i fanylder, "O, jest chwara 'Ji natural' ac mi fydd yn ok." Daeth y sylw nesaf heb flewyn ar dafod, "Pam ddiawl 'sa fo 'di sgwennu 'Ji' yn lle cynta, 'ta?" Ni fentrais geisio esbonio.

Ar un achlysur penderfynwyd y buasai bws y band yn stopio mewn tafarn o safon dda i gael pryd o fwyd ar y ffordd adref o gystadlu. Roedd pawb i archebu ei swper ymlaen llaw er mwyn hwyluso pethau i'r perchennog ac yna aros yn eiddgar wrth y bwrdd am y wledd. Daeth sosej a tsips i Rem, ond er mawr siomedigaeth iddo dim ond tair sosej. Rhoddodd gŵyn swyddogol i'r weinyddes fach gan fod 'Sausage (V) & Chips' ar y fwydlen. Ei gamgymeriad enfawr oedd cymryd yn ganiataol mai pump oedd ystyr y '(V)' fel mewn rhifau Rhufeinig, heb sylweddoli mai 'vegetarian' oedd ei ystyr ar y fwydlen. Bu'n rhaid i Rem druan fodloni ar dair sosej a gwaeth na hynny, roeddynt hefyd yn ddi-gig.

Dreifar bws hynod boblogaidd ac uchel ei barch oedd Rem, er nad wyf yn siŵr beth oedd ymateb y teithwyr un nos Wener cyn i'r band gystadlu yn yr Eisteddfod. Wedi cyrraedd 'Stiniog parciodd y bws tu allan i'r Bandrwm ac ymddiheuro i'w gwsmeriaid, gan ddweud y buasai'n rhaid iddynt gerdded adref i bob cyfeiriad yn y dref er mwyn iddo yntau gael manteisio ar chwarter awr olaf o bractis band.

Yn dilyn cyfnod o waeledd creulon a dim gwella i'r cancr, daeth y newyddion am ei farwolaeth drwy ffôn symudol i lwyfan y band ym Mhortmeirion ar bnawn Sul Gŵyl y Banc. A ninnau ar ganol perfformio a chreu adloniant ysgafn i ymwelwyr llon fe ddaeth yr alwad drom, gan roi stop ar y cyfan pan ddaeth cwmwl o dristwch a thawelwch dros y lle. Disgynnodd pen ac ysbryd yr holl aelodau, gyda rhai yn beichio crio. Nid hawdd oedd sefyll o flaen y band, ac amhosib oedd gwybod beth i'w ddweud am rai munudau. Ymhen ychydig, sylweddolais fod pob un ohonynt yn edrych arnaf ac yn disgwyl ymateb gan y penteulu. Dyma'r tro cyntaf erioed i mi sylweddoli mai teulu oedd y band gyda phawb yn edrych tuag ataf am gymorth a chryfder tadol. Rhoddwyd y cyrn i lawr a chafwyd munud o dawelwch cyn symud ymlaen i amser paned. Daeth pawb yn ôl gydag ysbryd newydd i chwarae ychydig o eitemau, yn union fel y buasai Rem wedi dymuno. Cymeriad a hanner oedd Raymond 'Tap'.

Gyda chyfrifoldebau teuluol yn lleihau a'r plant wedi gorffen yn y coleg a bellach wedi dechrau gweithio yn llawn amser, daeth cyfle i fwynhau bywyd gyda gwyliau cyson i Glen a finnau. Graddiodd y tri o fewn pedair blynedd i'w gilydd, er mawr foddhad a balchder i ni fel rhieni. Aeth Elin Angharad ymlaen i fod yn Dr Elin ar ôl derbyn ei doethuriaeth o Brifysgol Bangor, a phriodi gydag Aron Williams o Drefor yn 2012. Gan ei bod mor wylaidd, pur anaml y bu iddi ddefnyddio'r teitl gan fodloni ar Mrs Williams. Yn bersonol buaswn yn rhoi'r teitl o flaen a thu ôl i fy enw, ond tynnu ar ôl ei mam mae'r ferch hynaf.

Ar benwythnos gŵyl y Pasg 2013, a Glen a finnau yn mwynhau seibiant yn ardal dinas Caer gydag Aron ac Elin, daeth newyddion brawychus am farwolaeth Eilir Morgan, bachgen ifanc disglair ac aelod o'r band oedd wedi ein gadael yn ddisymwth yn dilyn damwain angheuol. Gyda chymaint o bobl ifanc yn aelodau daeth yn amlwg eu bod yn erfyn am gyfarfod i gydalaru. Fe ddaeth y cyfle hwnnw ar y nos Iau ganlynol pan drefnwyd ymarfer brys ar gyfer trefniadau ei angladd. Roedd ei rieni, Iwan ac Alwena Morgan, yn awyddus iawn i'r band fod yn rhan o'r gwasanaeth. Wrth gerdded tuag at unrhyw stafell band ar noson ymarfer buasai'r sŵn yn aflafar gyda phawb yn prysur gynhesu'r offerynnau i lobsgows o alawon, sgêls a rwbath rwbath. Y noson honno cefais fy nharo gan dawelwch, a neb allan yn cael y smôc a'r sgwrs olaf cyn cychwyn y gwaith ymarfer. Heno, roedd yr awyrgylch yn wag, rhyfedd a thawel. Cerddais i mewn i'r Bandrwm lle roedd pob aelod yn eistedd yn ei gadair a neb wedi tynnu ei gorn o'r cas. Roedd pawb yn aros amdanaf ac nid oeddwn wedi hanner paratoi ar gyfer y fath sefyllfa. Rhaid fu cysuro, galaru, diolch, a cheisio codi gwên wrth edrych 'nôl ar gyfnod Eilir ers pan oedd yn blentyn fel aelod hoffus o'r band. Unwaith eto, cefais fy hun mewn sefyllfa deuluol mewn profedigaeth erchyll gydag amryw yn chwilio am gysur. Nid arweinydd oeddwn ar achlysuron fel hyn, ond tad y gymdeithas a oedd yn golygu cymaint i bob un ohonom.

Breuddwyd bersonol i mi ers pan oeddwn yn ifanc iawn oedd ymweld â chartref cyntaf fy arwr mawr, Ludwig van Beethoven. I mi, nid oes amheuaeth nad dyma'r cyfansoddwr gorau a welodd y byd erioed. Yn fy arddegau roedd gennyf lun anferth o'r Maestro ar wal fy llofft, wrth ochr George Best a Bobby Charlton, yn ogystal â llun ei angladd yn Vienna. Nid oedd Mam yn hoff o'r llun gan iddi ddweud lawer tro, "Ma'r hen ddyn 'na yn codi ofn arna i," wrth iddi llnau a newid y gwely. Cafodd Ludwig fywyd cymhleth a thrist o'r cychwyn gyda'i dad a'i nain yn ôl pob sôn yn gaeth i alcohol. Rhaid fu byw trwy gyfnod o ryfeloedd mawr yn Ewrop gydag ansicrwydd gwleidyddol ac ariannol, a bu ei fywyd personol yn un dyrys, dryslyd ac anhapus gan iddo fethu darganfod gwir gariad ar ôl colli ei fam yn fachgen ifanc. I goroni'r cwbl, dechreuodd golli ei glyw yn ei ugeiniau cynnar ac erbyn iddo gyrraedd diwedd ei oes yn 56 oed roedd yn gwbl fyddar i bob pwrpas. Trwy ei gerddoriaeth bu'n gyfaill da i mi ac yn arbennig pan fyddwn angen dos o donig i godi'r ysbryd.

Teithiodd Glen a finnau i Bonn yn yr Almaen yn ystod haf 2013 gan fwynhau pob eiliad o'r daith. Profiad emosiynol iawn fu ymweld â'i gartref genedigol lle roedd arddangosfa o'i waith a'i fywyd. Cafwyd cyfle i weld yr ystafell fechan lle ganwyd cyfansoddwr 'Für Elise', 'Ode to Joy', *Fidelio*, y *Moonlight Sonata*, yr holl bedwarawdau, consiertos a symffonïau a'r *Missa Solemnis*, i enwi dim ond rhai. Pan aethom i'r fynwent i weld bedd ei fam dois ar draws bedd cyfansoddwr byd-enwog arall, sef Robert Schumann. Dyna oedd syrpréis wrth chwilio am feddau athrawon, cyfeillion a disgyblion cynnar y Maestro. Nid wyf yn meddwl i mi erioed fwynhau fy hun cymaint mewn mynwent ag y gwnes y diwrnod hwnnw.

Ar ôl degawd o brysurdeb gwyllt, ambell lwyddiant a phrofedigaethau hegar daeth yn amser i minnau feddwl am newid gêr. Er nad oeddwn yn barod i ymddeol nac yn ddigon hen i feddwl am y peth, rhaid oedd dechrau paratoi ar gyfer amser i ymlacio a mwynhau bywyd yn llawn.

Daeth gwyliau yn Llundain yn achlysur rheolaidd a chafwyd cyfle i fwynhau sioeau cerdd a chyngherddau clasurol di-rif megis y Proms a nosweithiau cyffelyb, yn ogystal â gwledda mewn gwestai a bwytai crand megis y Rules, y Savoy Grill a'r Ritz. Profiad a hanner yw eistedd yn yr American Bar yng ngwesty'r Savoy yn yfed gwin drud wrth wrando ar adloniant o gerddoriaeth ysgafn yn fyw ar y piano. Ar un achlysur wrth ddathlu pen blwydd Elin yn y Savoy ychydig eiliadau cyn i Glen, y genod a finnau ymadael, cerddodd neb llai na Tom Jones, y canwr a'r Cymro byd-enwog, i mewn i'r Beaufort Bar. Yn dilyn sgwrs fer a llun i'w gofio gyda'r cawr, eisteddodd yn y gadair y bu Glen yn ymlacio ynddi am rai oriau cyn hynny. Ar y funud honno nid hawdd oedd credu gyda phwy yr oeddwn yn sgwrsio, a hynny'n hamddenol braf am Gymru, Eryri a gwlad Llŷn.

A finnau bellach wedi dechrau cael blas ar fwynhau fy hun, daeth profiad chwithig unwaith eto wrth wynebu profedigaeth ychydig yn wahanol. Un anifail anwes a fu yn ein cartref yn Nhrefor fel plant a Pwtan y gath oedd honno. Ni fu i mi erioed gyfrif Billy'r afr fel anfail anwes gan ei fod yn fwy fel ffrind, neu hyd yn oed 'brawd bach'. Ychydig cyn y mileniwm newydd, gyda'r plant bellach yn ddisgyblion yn Ysgol Botwnnog, cafwyd ychwanegiad i'r teulu ym Morfa Nefyn ar enedigaeth Cadi, y ci defaid bach ffyddlonaf a fu erioed. Bu 'Cadiwads' yn rhan o'r tîm am bron i bymtheng mlynedd a chafwyd llawer o bleser a chariad yn ei chwmni, ac yn arbennig i Glen a finnau pan oedd yr aelwyd yn wag yn ystod dyddiau coleg Elin, Robin a Bethan. Diwrnod trist iawn fu diwrnod ei chludo ar ei siwrnai olaf i gartref Milfeddygon Dwyfor i'w rhyddau o flinderau dwys ei henaint.

Pêl-droed yw fy mhrif ddiddordeb o ran chwaraeon timau, gyda rygbi yn ail. Byddaf hefyd wrth fy modd yn gwylio gornestau snwcer ar y teledu, ac yn ystod yr haf bob blwyddyn bydd y diddordeb yn troi tuag at y tennis yn Wimbledon. Ni feddyliais erioed y buaswn yn cael y cyfle i fod yn VIP yn y lle hwnnw ond dyna yn union a ddaeth i'm rhan drwy haelioni fy nghyfaill Ian Lambert (a gyflwynodd y criced i mi, rai blynyddoedd ynghynt). Gydag Ian bellach yn brif hyfforddwr y 'Ball Boys & Girls' yn Wimbledon daeth gwahoddiad i Glen a finnau fynychu'r fangre honno am y dydd i wylio'r cystadlu. Nid yn aml mae rhywun yn eistedd mewn cadeiriau esmwyth yn y Cwrt Canol yn mwynhau'r tennis, bwyta mefus a hufen, a'r gwin yn llifo yn ddiddiwedd, a hynny'n rhad ac am ddim. Cafwyd cyfle i gyfarfod enwogion o fri a bu hwnnw yn ddiwrnod i'w drysori am byth.

Yn sicr, roedd y flwyddyn 2014 yn garreg filltir yn hanes Seindorf yr Oakeley pan ddaeth yn amser dathlu pen blwydd y band yn gant a hanner oed. Er na wyddwn hynny ar y pryd, datblygodd i fod yn un o'r blynyddoedd mwyaf cofiadwy a phleserus i minnau fel arweinydd. Daeth Eisteddfod Genedlaethol yr Urdd i'r Bala, ac am y tro cyntaf derbyniais wahoddiad i feirniadu yn yr Adran Gerdd yn ogystal â threfnu'r ffanffer swyddogol ar gyfer pob seremoni. Bu'r Oakeley hefyd yn brysur yn cyfeilio i'r gynulleidfa yng Nghymanfa Ganu'r Eisteddfod yng Nghapel Salem, Dolgellau, a hynny ugain mlynedd union ar ôl cyfeilio yn Oedfa'r Bore yn y pafiliwn pan fu Eisteddfod Genedlaethol yr Urdd yn Sir Feirionnydd yn 1994.

Cafwyd gwahoddiad i'r band recordio trefniant o hen alawon Cymreig gennyf ar gyfer *Noson Lawen* ar S4C, cyn cychwyn fore trannoeth ar daith i Iwerddon fel rhan o'r dathliadau pen blwydd. Bu hwnnw yn chwip o benwythnos gyda chroeso Gwyddelig ar ei orau yng ngwesty'r Bridge House yn Tullamore, Swydd Offaly. Bu dau gyngerdd llwyddiannus, a'r Gwyddelod wedi rhyfeddu at ddoniau'r cerddorion Cymreig yn Birr a Tullamore. Braf fu cael Linda fy chwaer yng nghyfraith a'i gŵr Dr Brendan yn y gynulleidfa, hwythau wedi ymgartrefu yn yr Ynys Werdd ers rhai blynyddoedd.

Rhaid fu teithio i Lanelli ar gyfer yr Eisteddfod Genedlaethol ym mis Awst a finnau'n gweddïo am fuddugoliaeth ym mlwyddyn y dathlu. Ar ôl pedair blynedd yn olynol o dderbyn yr ail wobr nid hawdd oedd codi'r gobeithion. Pan ddaeth y canlyniad a deall ein bod yn fuddugol, roedd fy mreuddwyd o ennill yn y de hefyd wedi ei gwireddu a charreg filltir arall wedi ei chofnodi yn hanes y band. Cafwyd perfformiad gwych arall yng Ngŵyl Rhif 6 ym Mhortmeirion ym mis Medi i gannoedd os nad miloedd o bobl ar ddiwedd yr haf, a daeth yn amser agor yr arddangosfa o hanes y band. Daeth llawer iawn o'r cyhoedd i'r llyfrgell ym Mlaenau Ffestiniog, a chafodd gryn sylw yn genedlaethol yn ogystal ag yn y cyfryngau a'r wasg. Gweithiodd Glen a finnau am fisoedd lawer yn hel a threfnu'r holl ddeunydd gan ddysgu a gwerthfawrogi llawer am yr hanes cyfoethog a difyr. Yn ystod yr wythnosau olaf cyn agor y drysau bu R. Francis Jones, Llywydd Anrhydeddus y band, o gymorth mawr – fo oedd yr aelod hynaf, ac ar ben hynny roedd ganddo gof fel eliffant.

Yng nghanol y dathliadau a phrysurdeb mwynhau bywyd, daeth un o'r anrhegion mwyaf a gefais erioed pan ddaeth Glen a finnau yn nain a taid am y tro cyntaf. Ganwyd Nel Lois yn ferch fach i Elin ac Aron ar ddydd Gwener, 10 Hydref. O'r diwrnod hwnnw ymlaen newidiodd ein bywydau am byth. Fel pob un arall sydd wedi bod mor ffodus, roedd Nain a Taid wedi gwirioni.

I goroni'r flwyddyn cafwyd cyngerdd mawreddog yn Ysgol y Moelwyn i ddathlu'r pen blwydd arbennig, a dyma un o'r cyngherddau gorau i mi ei lwyfannu erioed. Cafwyd cwmni'r hen gyfaill Dilwyn Morgan a Chôr Rhuthun o dan arweiniad Robat Arwyn. Roedd y cyfansoddwr annwyl a hynod lwyddiannus yn edmygwr mawr o'r band a braf iawn fu eu gwahodd i 'Stiniog. Cefais hefyd gyfle i gydweithio gyda'r 'Maestro Cymreig' ar fwy nag un achlysur trwy drefnu ambell un o'i weithiau ar gyfer bandiau pres. Yn ystod y cyngerdd cyflwynwyd hanes y band gan yr actor poblogaidd a'r cyn-aelod, Gwyn Vaughan Jones. Cafwyd eitemau a pherfformiadau arbennig gan ambell aelod wrth iddynt bortreadu rhai o'r cymeriadau o wahanol gyfnodau yn hanes y band. Llywydd y noson oedd Arwel Gruffydd, Cyfarwyddwr y Theatr Genedlaethol, un arall a fu'n gyn-aelod o'r band a chyn-ddisgybl i minnau.

Cafwyd hefyd gyfle i recordio cryno-ddisg newydd o dan y teitl 'Dathlu 150' a bu'r fenter yn llwyddiant ysgubol. Gwerthwyd cannoedd o ddisgiau i gloi'r dathliadau ac i gofnodi hanes pwysig y band fel rhan o ddiwylliant cyfoethog Blaenau Ffestiniog a'r fro. Dyna oedd blwyddyn a hanner!

Edrych tua'r Terfyn

Ymhen dwy flynedd ar ôl y dathlu mawr rhaid fu dechrau meddwl am syniad arall i ddathlu pen blwydd pwysig arall. Yn 2016 byddwn wedi bod yn arweinydd y band ers chwarter canrif.

Yn yr Eisteddfod Genedlaethol ym Meifod yn 2015 cipiwyd y wobr gyntaf am yr ail flwyddyn yn olynol. Unwaith eto daeth yr hen chwilan yn ôl i fy mhen, "Tybed, o tybed a fuasai posib efelychu *hat-trick* ein cyndadau?" Ni fu llawer o amser i freuddwydio am hynny cyn y daeth dau syrpréis hyfryd ar draws fy llwybr. Yn dilyn parti ardderchog wedi ei drefnu gan aelodau ifanc yr Oakeley daeth sioc anferthol i'm rhan ddechrau mis Mehefin.

Cyrhaeddodd Band Pres y Cory, sef Pencampwyr y Byd, i gynnal cyngerdd yn y Ganolfan ym Mhorthmadog ac nid oeddwn am golli'r cyfle i wrando arnynt. Dyma'r band gorau a fu mewn bodolaeth erioed, ac nid fi sydd yn dweud hynny ond beirniaid a chyd-fandwyr ar draws y byd. Testun balchder i ni fel Cymry yw mai band o ardal Ton Pentre a Chwm Rhondda yw y Cory.

Cafodd pawb a fynychodd y cyngerdd wledd, ond i mi daeth anrhydedd cwbl annisgwyl. Mewn cyflwyniad gan yr arweinydd Philip Harper daeth yn amlwg fod y band yn dymuno llongyfarch rhywun oedd yn dathlu chwarter canrif fel arweinydd band lleol. Ar y pryd, yng nghanol y gynulleidfa, ni sylweddolais mai fi oedd y gŵr hwnnw. Cefais wahoddiad i'r llwyfan a derbyn plac gwydr yn anrheg fel gwerthfawrogiad o hanner can mlynedd o wasanaeth i fudiad y bandiau pres yng ngogledd Cymru, a chwarter canrif fel cyfarwyddwr cerdd Seindorf yr

Oakeley. Trosglwyddodd yr arweinydd ei faton i mi a 'ngwahodd i arwain yr eitem nesaf.

Roeddwn ar y llwyfan yn y Ganolfan, mewn braw yn arwain Pencampwyr y Byd ac yn wên o glust i glust. Ar yr ochr dde i mi roedd neb llai na Glyn Williams o Fryn-crug yn ardal Tywyn. Glyn yw prif chwaraewr ewffoniwm y band ond yn bwysicach i mi, roedd yn gyn-ddisgybl. O ran safon dyma'r disgybl gorau mi ei ddysgu erioed, ac mae'r ffaith ei fod bellach yn cael ei ystyried yn un o chwaraewyr gorau'r byd yn profi hynny. Choeliech chi ddim ond mae ei frawd Aled Williams hefyd yn chwaraewr penigamp ac wedi chwarae mewn bandiau o'r safon uchaf. Yn bwysicach fyth, mae'r ddau'n gyn-aelodau o'r Oakeley. Mae'r ddau yn ffrindiau da i mi ers blynyddoedd ac Aled wedi bod yn gyd-weithiwr ymroddgar gyda'r Gwasanaeth Cerdd.

Ni fuaswn am eiliad yn ceisio rhoi'r argraff nad yw nerfau yn chwarae eu rhan ar ddiwrnod cystadleuaeth. Ond gyda phrofiad blynyddoedd yn gefn, mae rheoli'r sefyllfa yn eithaf rhwydd fel arfer. Gyda chymaint yn y fantol nid felly y bu yn Eisteddfod Genedlaethol y Fenni yn 2016. Roedd pum band yn cystadlu, a phosibilrwydd bychan i mi gael codi'r gwpan unwaith eto yn y Genedlaethol wrth ddathlu chwarter canrif fel arweinydd. Ond yn bennaf oll ac fel y dywedais, efelychu ein cyndadau dros ganrif yn ôl ac ennill y wobr gyntaf am y trydydd tro yn olynol oedd y prif nod.

Cafwyd perfformiad a chanlyniad perffaith pan gyhoeddwyd ein bod yn fuddugol, ac o'r diwedd roeddwn wedi gwireddu fy mreuddwyd fawr o ennill yr *hat-trick* cenedlaethol. Bu hynny yn uchafbwynt yn fy ngyrfa, ond mae'n rhaid cofio na fuasai'r fath beth wedi bod yn bosib heb waith caled ac ymroddiad holl aelodau'r band am gyfnod o chwarter canrif. Roedd hon yn fuddugoliaeth i bob aelod o'r gorffennol i'r presennol.

Daeth diweddglo i'r dathliadau gyda chyngerdd mawreddog arall yn y Ganolfan, Porthmadog. Ar gyfer noson fel hon nid oedd neb gwell na'r hen gyfaill Nic Parry i ymgymryd â'r gwaith o arwain y noson. Cyflwynodd y band a Chôr CF1 o dan ofal Eilir Owen Griffiths yn ogystal â Bethan Mair, fy nith o Iwerddon, sy'n unawdydd piano a chyfeilyddes broffesiynol. Cefais y pleser o groesawu amryw o ffrindiau o fyd y bandiau pres a thu hwnt fel gwesteion arbennig i'r cyngerdd pen blwydd, yn ogystal â phob aelod o fy nheulu agos ar ochr Glen a finnau. Daeth cyfeillion o bell ac agos a theimlad arbennig oedd deall fod pob tocyn wedi ei werthu.

Ar ddiwedd y noson cyflwynodd fy ffrind Dafydd Williams, Boduan ddarn o gerddoriaeth, 'Rag John Glyn', i mi. Roedd wedi ei gyfansoddi'n bwrpasol i gofio'r achlysur. Bu Dêf ac Edwina ei wraig yn gyfeillion agos a ffyddlon ers blynyddoedd lawer a braf yw eu cwmni bob amser, gyda'r cyfrifydd talentog wrth ei fodd yn rhannu gwin da a thonc ar y piano. Mae'n rhaid canmol Edwina i'r entrychion hefyd fel cogyddes a threfnydd parti, beth bynnag fo'r achlysur. Trysorwn eu cyfeillgarwch ac anodd iawn yw curo'r croeso cynnes gaiff pawb bob amser ar aelwyd Y Felin ym Moduan.

I ddiweddu'r flwyddyn cafwyd gwasanaeth carolau yn Eglwys Dewi Sant, Blaenau Ffestiniog wedi ei drefnu gan y band. Penderfynwyd y buasai holl elw'r noson yn mynd tuag at Ambiwlans Awyr Cymru. Nid dyma'r tro cyntaf i ni fel band gyfrannu tuag at yr elusen bwysig hon, ond roedd hon yn noson arbennig am fwy nag un rheswm. Yn ystod y flwyddyn galwyd am wasanaeth yr hofrenydd i John Arthur a fu'n aelod mor ffyddlon o'r band ers blynyddoedd lawer, a hefyd ar gyfer un o fy ffrindiau gorau, Dafydd Jones (Dafydd Afonwen) o Bwllheli. Nid oes amheuaeth na fuasai Dafydd yn fyw heddiw heblaw am wasanaeth amhrisiadwy'r Ambiwlans Awyr. Pleser fu ei groesawu gyda'r teulu i'r gwasanaeth y noson honno. Bu Dafydd a Carys ei wraig yn gyfeillion da ac yn bartneriaid ardderchog ar wyliau i Glen a finnau. Ac yntau'n bresennol yn yr eglwys, daeth arwyddocâd y noson yn glir o gofio pa mor bwysig yw'r Gwasanaeth i fywydau pob un ohonom. Cyfrannodd y Cynghorydd Gareth Thomas, Cadeirydd Cyngor Gwynedd ar y pryd, ei gyllid elusennol o dan y teitl 'Cronfa'r Cadeirydd' i lwyddiant y noson a mawr oedd ein diolch i Gareth.

Un peth y teimlwn i mi fethu â'i gyflawni gyda'r Oakeley oedd cyrraedd y brig drwy fod yn Bencampwyr Prydain. Cafwyd cyfle lawer tro yn y Wembley Conference Centre, CIA Caerdydd, y Birmingham Symphony Hall, y Preston Guild Hall a'r Harrogate Convention Centre, ond ni ddaeth llwyddiant erioed ar y llwyfan mawr. Ar gychwyn 2017 cefais y teimlad fod safon y band yn ddigon uchel a'n bod yn fwy na pharod i fynd amdani unwaith eto. Ar ôl derbyn gwahoddiad trwy ddod yn ail ym Mhencampwriaeth Cymru ym mis Mawrth, aethpwyd ati i baratoi at y ffeinal fawr mewn neuadd yng Nghae Rasys Ceffylau Cheltenham ym mis Medi.

Unwaith eto, yng nghanol prysurdeb bywyd a gwaith daeth newyddion ac achlysur hapus iawn i ni fel teulu pan anwyd Casi Alaw, yn chwaer fach i Nel a merch arall i Aron ac Elin. Daeth bendith a thrysor arall i Nain a Taid a chyfle i wirioni yn union yr un faint â'r tro cyntaf. Gyda rhieni'r genod bach yn gweithio daeth cyfle i Glen fod o gymorth iddynt trwy warchod y dwy fach yn ystod yr wythnos. Nid oes amheuaeth na fu hyn yn gyfle euraidd i ni gael sefydlu perthynas agos a chyfeillgar gyda'n hwyresau bach, ac mae'r ddau ohonom yn cyfrif ein bendithion o chwarae rhan fechan yn eu magwraeth gynnar.

Ganol mis Medi daeth yr amser i deithio i lawr i Cheltenham ar gyfer y gystadleuaeth fawr ac i wynebu un deg a naw o fandiau gorau Prydain yn ein dosbarth. Gyda'r oes fodern wedi ein cyrraedd roedd diddordeb mawr gan yr holl gyfryngau cymdeithasol sy'n gysylltiedig â'r bandiau pres. Roeddynt yno yn barod i feirniadu'n answyddogol a rhannu eu sylwadau yn 'fyw' i bawb ym myd y bandiau.

Cafwyd perfformiad gwych gan yr Oakeley o *Petite Suite de Ballet* o waith Eric Ball, ac nid oedd hynny'n syndod. Roedd gwaith yr hen gyfansoddwr a fy arwr mawr o ran cerddoriaeth i'r bandiau pres wedi taro deuddeg gyda mi unwaith eto. Ar hyd y blynyddoedd bu miwsig 'rhen Eric yn destun llwyddiant mawr i mi mewn llawer cystadleuaeth. Roeddwn yn hoff iawn o'i waith a'i arddull.

Yn dilyn ein perfformiad aeth y cyfryngau cymdeithasol megis y *Brass Band World*, y *British Bandsman* a *4BarsRest* yn wyllt. Roeddynt yn unfrydol eu bod wedi gwrando ar bencampwyr newydd Prydain, ac am i bawb ddeall hynny. Rhaid oedd disgwyl i naw band arall chwarae, rhag ofn iddynt newid eu meddwl, ond nid felly y bu. Cyn y canlyniadau codwyd ein gobeithion i'r entrychion, a dyma ddechrau dathlu'r fuddugoliaeth.

Ond gyda dros chwarter canrif o brofiad fel arweinydd nid oeddwn am syrthio i'r trap y bûm ynddo fwy nag unwaith cyn hynny. Roedd dau feirniad yn y gystadleuaeth a ganddynt hwy yn unig roedd yr awdurdod i bennu ein tynged. Pan ddaeth y dyfarniad gallwn deimlo chwistrelliad o siomedigaeth yng nghalon pob un aelod a chefnogwr, gan gynnwys fi fy hun. Dyfarnwyd bandiau Newmains & District o'r Alban yn Bencampwyr Prydain, City of Norwich o Loegr yn ail a Seindorf yr Oakeley o Gymru fach yn drydydd. Ni allwn gredu pa mor agos y dois at greu hanes y diwrnod hwnnw, er fy mod yn hynod falch o'r hyn a gyflawnwyd.

Roedd y band bellach wedi gosod ei hun fel un o fandiau gorau Prydain o fewn ei ddosbarth ac ar ddiwedd y dydd, roeddwn yn fwy na bodlon gyda hynny. Yn rhyfedd iawn daeth teimlad drosof – ai dyma'r amser i gamu'n ôl o ddifri? Wedi'r cyfan nid oes posib mynd am byth ac yn sicr, nid oeddwn am geisio gwneud hynny. Penderfynais mai hon fuasai fy nghystadleuaeth olaf ac y byddwn yn cyhoeddi o fewn y flwyddyn fy mod am ymddeol. Roeddwn wedi cyflawni cymaint gyda'r Oakeley a chael blynyddoedd o bleser yn gwneud hynny. Daeth yn amser camu'n ôl ac ymlacio mwy eto wrth basio'r baton ymlaen i bennod newydd yn hanes y band.

Yn rhyfedd iawn, daeth diwedd ar bennod arall yn fy mywyd tua'r un pryd pan fu farw'r hen bartnar o Drefor, Robin Williams (Robin Band), ym mis Gorffennaf 2018. Bu Robin yn un o 'nghefnogwyr mwyaf ffyddlon am flynyddoedd lawer. Ychydig ddiwrnodau cyn pob cystadleuaeth byddai'n siŵr o ffonio i ddymuno'n dda, ac yna caniad arall drannoeth y cystadlu i longyfarch neu gydymdeimlo. Dangosodd lawer o ddiddordeb yn fy ngwaith ac ymfalchïo mai un o hogia Band Trefor oeddwn i yn y gwraidd. Byddwn innau wrth fy modd yn ei atgoffa mai ei dad a gyflwynodd y gwpan gyntaf i mi yn ddeg oed. Ar ddiwrnod ei angladd cefais y fraint o gario'r arch gan ei wraig Nanw ac Elfed y mab, a chael y cyfle olaf i ddiolch iddo am ei ffyddlondeb a'i gefnogaeth ddiflino.

Cafwyd cyngerdd diolch yn Ysgol y Moelwyn i gofnodi fy ymddeoliad ym mis Mai 2019 gyda Delyth Lloyd yn cyflwyno. Dyma ferch a fu'n hynod gefnogol i mi a'r band, yn arbennig fel golygydd *Llafar Bro*. Sefydlwyd cyfeillgarwch rhwng Delyth, Glen a finnau gyda chydweithio hapus dros lawer i flwyddyn. Cyflwynodd westeion megis y tenor Rhys Meirion a fu'n gyn-ddisgybl i mi, gydag Eirian Owen yn cyfeilio. Hefyd, daeth Côr Ieuenctid Môn a'u harweinyddes Mari Pritchard, a fu'n rheolwr y Gwasanaeth Cerdd am gyfnod byr ond yn ddigon hir i greu cyfeillgarwch oes.

Yn ystod y noson, gyda'r band ar y llwyfan trwy gydol y cyngerdd, cyflwynwyd rhodd sef plât o lechen las 'Stiniog i mi. Wedi ei ysgythru arno mae englyn gan neb llai na'r bardd lleol Iwan Morgan o Lan Ffestiniog, tad Eilir Morgan. Bydd yr englyn yn drysor gwerthfawr i mi am weddill fy oes, o gofio cysylltiad teuluol agos a thrist y bardd gyda'r Oakeley:

JOHN GLYN

Maestro'r dehongli sgoriau, – un roddodd
  Inni'r addysg orau;
   Am yn hir, braint fu mwynhau
   Ei ddewiniaeth a'i ddoniau.

Ac felly daeth cyfnod o dros dri deg mlynedd o fy mywyd i ben, gan adael llu o atgofion a phrofiadau gwefreiddiol, rhai yn hapus a gorfoleddus, eraill yn hynod drist a dwys. I ble'r aeth yr amser pwy a ŵyr, ond bellach mae hamdden gennyf i fwynhau, gwerthfawrogi, a dathlu wrth hel atgofion am dros chwarter canrif o arwain un o fandiau enwocaf Cymru.

Edrych 'Nôl a 'Mlaen

Yn dilyn fy ymddeoliad gofynnwyd y cwestiwn lawer tro, "Wyt ti'n colli'r band?" Nid yw'r ateb yn un hawdd gan fod y teimladau'n gymysg. Er fy mod yn colli'r gwmnïaeth a'r hyfforddi, ni allaf ddweud fy mod yn colli'r teithio di-ben-draw i'r holl ymarferion a'r gweithgareddau. Sylweddolais yn fuan iawn fod llawer gennyf i fod yn falch ohono a chymaint i edrych ymlaen ato i'r dyfodol.

Dros gyfnod o bron i ddeugain mlynedd bu fy nheulu yn gefn mawr i mi a bu Glen yn graig o gefnogaeth o'r cychwyn cyntaf, ac aberthodd lawer ar hyd y daith. Fel y soniais mae Elin yn briod ac yn fam, ac yn gweithio fel cyfieithydd i Gyngor Gwynedd ar ôl cyfnod yn dysgu yn yr Adran Gymraeg ym Mhrifysgol Bangor a Choleg Meirion-Dwyfor, Pwllheli. Aron yw'r mab yng nghyfraith, sydd yn adeiladydd a saer coed hunangyflogedig. Nel a Casi bach sy'n gwneud yr *ensemble* yn gyflawn. Bellach mae bywyd Taid a Nain yn troi yn gyfan gwbl o gwmpas y ddwy wyres fach, gyda'r ddau ohonom yn cyfri ein bendithion.

Wedi graddio mewn Cymraeg ac Addysg ym Mhrifysgol Aberystwyth, aeth Bethan i ddysgu ac erbyn hyn mae'n gweithio fel athrawes yn Ysgol y Gorlan, Tremadog ac yn byw yng Nghaernarfon. Prynodd dŷ yn y dref, ac i rywun sydd yn cefnogi Man U roedd enw ei chartref newydd yn berffaith gan i'r perchennog cynt ei fedyddio'n 'Unedig'. Yn yr ardd gefn mae coeden afalau fendigedig, afalau coch gyda'r enw 'Red Devils'. Bet yw'r unig un o'r tri sydd wedi dangos diddordeb gwirioneddol mewn cerdd gan ei bod yn chwarae'r corn yn dda, yn ogystal â chanu'r piano i safon lawer gwell na'i thad.

Er i Robin hefyd raddio o'r brifysgol yn Aberystwyth, aeth i faes cwbl wahanol i'w chwiorydd gan ddilyn gyrfa mewn peirianneg a chyfrifiaduron. Ers dros bedair blynedd mae'n byw yng Ngogledd Iwerddon ac yn gweithio i gwmni Kigen sydd yn adain o ARM, ac yn un o gwmnïau technoleg mwyaf Prydain yn arbenigo mewn cyswllt ffonau symudol drwy'r byd. Ei waith o ddydd i ddydd yw cynllunio a chreu systemau ac adeiladu ymennydd cyfrifiadurol ar gyfer cwmnïau megis T-Mobile, Orange, Vodafone ac Ericsson. Yn ddiweddar bu'n gweithio ar adeiladu rhaglen newydd i anfon negeseuon testun drwy ffonau symudol mewn ffordd wahanol i'r arfer drwy newid systemau yn y cardiau SIM. Llwyddodd i gael cofrestru ei waith fel 'patent swyddogol' yn America o dan ei enw, Robin Owain Jones. Tybed be fuasai'r hen John R., y peiriannydd o Gosan Teras, yn ei ddweud am y peth?

Yn ystod haf 2022 cafwyd achlysur hapus arall pan ddaeth Laura Collins o Ogledd Iwerddon yn aelod llawn o'r teulu ac yn wraig i Robin. Cafwyd priodas hyfryd yn ardal Enniskillen gydag aelodau o'r teulu a ffrindiau da yn bresennol. Braf ydoedd uno dwy genedl Geltaidd a dathlu gyda'r teulu Collins. Gyrfa ym myd y cyfrifiaduron a ddewisodd hithau, gan weithio i gwmni masnachol o'r enw IRP, yn arwain a chynghori cwmnïau mawr ar gyflwyno a gwarchod eu presenoldeb ar y we, er mwyn gwerthu eu cynnyrch yn rhyngwladol. Mae'r ddau wedi ymgartrefu yn Crumlin, Co Antrim.

Ar wahân i arwain y bandiau cefais hefyd y fraint o ddilyn gyrfa fel athro teithiol offerynnau pres. Nid llawer o bobl sydd mor ffodus â chael swydd sydd hefyd yn bleser neu'n hobi. Bu hyfforddi a rhannu gwybodaeth gerddorol gyda channoedd ar gannoedd o blant a phobl ifanc yn bleser llwyr. Ar y cyfan roeddwn yn gweithio gyda disgyblion oedd yn awyddus i ddysgu, ond nid bob amser yn fodlon ymarfer i lwyddo. Er fy mod yn berson eithaf amyneddgar nid hawdd oedd derbyn diffyg ymarfer rheolaidd. O dro i dro byddwn yn gallu bod yn llawdrwm, ac yn arbennig pan fyddai ambell ddisgybl yn honni ei fod yn ymarfer yn rheolaidd ond ar yr un pryd yn datblygu dim. Ar adegau byddai'r dwrdio yn gweithio a chynnydd i'w weld yn syth, ond ambell i dro byddai'r disgybl yn pwdu a rhoi'r ffidil (neu'r corn!) yn y to gan gwyno fy mod yn gas. Ni fu i mi golli cwsg am hynny erioed gan mai penderfyniad yr unigolyn ydoedd, ac nad oedd y corn wedi ei wneud ar gyfer pawb. Do, fe syrthiodd llawer un drwy'r rhwyd ond braf o beth fu cynnig y cyfle i bob un ohonynt.

Syndod, dychryn a phleser mawr i mi yw cyfarfod cyn-ddisgyblion o dro i dro mewn eisteddfodau neu gyngherddau a sylweddoli fod rhai ohonynt bellach yn briod ac yn rhieni eu hunain ers blynyddoedd. Dynion moel a merched dieithr, sydd bellach yn rhan bwysig o'u cymunedau ac o ddyfodol ein hiaith a'r diwylliant Cymreig, yn fy nghofio pan oeddynt yn blant! Braf fu chwarae rhan fach yn eu bywydau a hwythau yn dal i gofio a gwerthfawrogi'r dyddiau hynny.

Gofynnwyd i mi mewn cyfweliad rai blynyddoedd yn ôl, "Beth oedd y llwyddiant a'r siomedigaeth fwyaf i chi eu profi fel arweinydd?"

Y llwyddiant mwyaf heb amheuaeth oedd cadw'r gymdeithas hynaf ym Mlaenau Ffestiniog yn fyw ac yn iach yn Gymraeg am gyfnod o chwarter canrif. Bu llawer i 'lanw a thrai' a rhaid fu gorchfygu pob anhawster gyda ffydd, gobaith a gwaith caled. Rhaid oedd cadw'r freuddwyd yn fyw gydag arweiniad cadarn a chefnogaeth yr aelodau. Nid hawdd oedd cadw criw o gerddorion amatur brwdfrydig yn hapus bob amser, ac fe gefais f'atgoffa o hynny lawer tro. Er bod y llyfr hwn yn rhestru'r buddugoliaethau mawr, mae'n deg dweud i ni golli llawer mwy o gystadlaethau nag a enillwyd. Er hynny roedd y band yn cystadlu a pherfformio mewn cyngherddau yn gyson a rheolaidd, a dyna'r llwyddiant mwyaf i mi.

Y siomedigaeth fwyaf i mi fel arweinydd oedd pobl, rhai ohonynt gyda'r gallu i wneud i mi deimlo fy mod yn bwysig iddynt, oedd ymhen amser yn fwy na bodlon gwerthu rhywun heb ddangos fawr ddim gwerthfawrogiad ar ôl derbyn cysur, cydymdeimlad a chefnogaeth i sawl achos, boed yn bersonol neu o fewn y gymdeithas ei hun. Lawer tro y bûm yn ysgwydd i bwyso arni ac yn glustiau i wrando. Ni allaf ddioddef pobl ddiegwyddor a ffrindiau tywydd braf. Dois i sylweddoli mai buan iawn yr oedd pobl yn anghofio, ond diolch byth mai lleiafrif bychan oedd y rhain. Cafwyd eraill oedd yn ddigon parod i fod yn aelodau o'r band ar eu telerau eu hunain, gan nad oeddynt yn fodlon aberthu na dangos fawr o frwdfrydedd tuag at waith caled mwyafrif yr aelodau. Cafwyd esgusodion gwael ac ambell gelwydd difeddwl gyda meddylfryd cwbl hunanol. Ar y llaw arall, bu ymroddiad y mwyafrif yn anhygoel dros lawer o flynyddoedd a dyna'r hyn oedd yn cadw'r fflam yn fyw.

Un peth yn sicr a fu o gymorth i mi erioed yw hiwmor a chomedi. Pan oeddwn yn blentyn cefais bleser mawr yn gwerthfawrogi gwaith digrifwyr megis Charlie Chaplin a Laurel and Hardy ar ein teledu du a gwyn drud a chrand. Yn fy arddegau ac fel myfyriwr daeth pobl fel Ryan a Ronnie gyda'u clyfrwch ffraeth yn destun edmygedd mawr a daeth comedïwyr fel Peter Sellers, Spike Milligan, Peter Cook a Dudley Moore yn arwyr dros nos. O ran S4C, ni fu erioed raglen well na *C'mon Midffîld* am lond bol o chwerthin iach i godi calon unrhyw berson. Yn gerddorol, byddaf wrth fy modd gyda champau ac adloniant Mnozil Brass, ac fel unigolyn ym maes comedi does neb i guro'r diweddar Victor Borge.

Fel rhan o'm dyletswyddau fel arweinydd band daeth cyfle i gyflwyno mewn cyngherddau, a byddwn wrth fy modd yn creu adloniant gydag ychydig o hiwmor a jôcs i gadw'r noson i fynd. Nid oes teimlad gwell na chael llond neuadd o gynulleidfa yn chwerthin yn iach dan law arweinydd y noson. Byddwn hefyd yn ceisio defnyddio ychydig o hiwmor yn ystod ymarferion i dorri ar y pwysau gwaith, er fy mod ar adegau yn mynd dros ben llestri. Byddai tynnu coes neu adrodd stori am aelod a fyddai wedi cael profiad anffodus neu ddigri yn ystod y dyddiau cynt yn arf da bob amser. Nid oes amheuaeth nad yw chwerthin yn werthfawr iawn ac yn donic i'r bod dynol. Oherwydd fy awch am hwyl ac adloniant roeddwn bob amser yn ystyried fy hun fel rhyw fath o gerddor cymdeithasol.

Yn ddiweddar daeth gwahoddiadau i feirniadu yn rhywbeth rheolaidd; yr anrhydedd fwyaf fu cael beirniadu cystadleuaeth y Bandiau Pres yn Eisteddfod Genedlaethol 2020. Ni allaf ond gwerthfawrogi'r ffaith i Gymdeithas Bandiau Pres Cymru ymddiried ynof i wneud y gwaith.

Oherwydd y pandemig bu'n rhaid aros am ddwy flynedd i'r Eisteddfod gyrraedd Tregaron yn 2022, ond fel ffanffer i'r brifwyl honno cefais fy hun yn beirniadu yn yr Eisteddfod AmGen ar S4C ym mis Awst 2021. Teimladau cymysg oedd gen i wrth fod y beirniad cyntaf (a'r olaf gobeithio!) yn hanes yr Eisteddfod i feirniadu'r bandiau mewn stiwdio deledu ac o dan y fath amgylchiadau.

Ar adegau byddaf yn teimlo fod posib i fandiau pres ganolbwyntio gormod ar gystadlu yn erbyn ei gilydd a dim digon ar weithredu yn lleol o fewn eu cymunedau. Nid oes amheuaeth nad yw cystadlu yn obsesiwn gan rai ac mai codi i ddosbarthiadau uwch yw'r unig uchelgais sydd ganddynt. I mi, nid trwy gystadlu yn unig mae codi safon perfformio, er mor bwysig yw hynny. Mae perygl i'r cystadlu droi'n gêm olympaidd ei naws wrth geisio creu'r perfformiad cryfaf o ran sain, gyda thempo gwyllt a gwirion a gwaith technegol eithriadol anodd, gan anghofio am arddull, mynegiant a naws y gerddoriaeth. Nid yw perfformiadau na cherddoriaeth cerddorfeydd mawr y byd wedi newid llawer dros y blynyddoedd, ond fe gawn ddehongli amryddawn a diddorol ar weithiau mawr gan arweinyddion byd-enwog. Dyna i mi yw gwir hudoliaeth ein celf, gyda chymaint o amrywiaeth ddiddorol ar gael ymhob perfformiad.

Ar ddechrau 2018 cefais wahoddiad i ysgrifennu'r ffanffer swyddogol ar gyfer cais Ardal Chwareli Llechi Gogledd-orllewin Cymru i gael Statws Treftadaeth y Byd gan UNESCO, a gwnaed trefniadau i recordio'r gwaith a'i chwarae fel Ffanffer Swyddogol holl chwareli llechi Ewrop. Yn anffodus, gwta ddeufis cyn y recordio fe chwalwyd yr holl obeithion pan ddaeth y pandemig i'n plith a rhoi stop ar bopeth i bawb. Yn ddiweddarach daeth y newyddion gwych fod y statws wedi ei ganiatáu, er bod yr hen ffanffer yn dal i gysgu mewn drôr yn y cwpwrdd. Hwyrach y daw cyfle i'w hatgyfodi rywdro, pwy a ŵyr?

Gyda diddordeb mewn pêl-droed, gwleidyddiaeth, materion cyfoes, hanes Cymru a Llundain yn ogystal â darllen ambell nofel dda, nid hawdd yw bod yn segur. O ran pleserau gallaf gynnwys coginio, model rêlwes a garddio yn yr haf. Braf yw troi at unrhyw un o'r rhain o dro i dro, a mwynhau pob eiliad yn tyrchu am wybodaeth mewn llyfr neu wneud rhywbeth o gwmpas y tŷ. Nid oes dim yn plesio mwy nag ambell i bryd o fwyd a gwin da mewn bwytai a gwestai lleol, heb sôn am y tecawês blasus ac ambell noson o gymdeithasu hwyliog ymysg ffrindiau.

Er bod mwy na digon o amrywiaeth fendigedig yn fy mywyd, nid oes dianc rhag y ffaith fod un diddordeb ben ac ysgwyddau uwchben y gweddill. Cerddoriaeth fu fy mywyd, cerddoriaeth yw fy mywyd a cherddoriaeth fydd fy mywyd tra byddaf byw. Nid oes yr un pwnc arall yn dylanwadu cymaint arnaf yn ddyddiol nac yn cynnig cymaint o bleser, mwynhad ac adloniant parhaol.

Er i mi ddilyn gyrfa yn gwrando ac yn perfformio yn rheolaidd am dros hanner canrif, daeth cyfle yn ddiweddar i ddechrau astudio o'r newydd a hynny er mwyn pleser llwyr. Yn ystod y blynyddoedd diwethaf daeth awydd i edrych unwaith eto ar holl symffonïau, consiertos a

phedwarawdau llinynnol Ludwig van Beethoven mewn
manylder. Dyna i mi yw nefoedd ar y ddaear. Nid oes un
diwrnod yn pasio nad wyf yn gwrando ar rywbeth wedi ei
gyfansoddi gan y Maestro. Daeth cyfle hefyd i edmygu ac
astudio mwy ar waith cyfansoddwyr megis Haydn, Mozart,
Schubert, Brahms, Tchaikovsky, Dvořák, Sibelius, Mahler,
Rachmaninoff, Stravinsky a Shostakovich – rhestr faith i
gyfleu hyd a lled fy niddordebau cerddorol. Ers dyddiau
plentyndod mae sain cerddorfa symffonig yn ogystal â
band pres wedi cyffroi fy nghalon a 'mhen. Hefyd, nid oes
amheuaeth nad yw canu corawl wedi bod yn agos at fy
nghalon ers i mi glywed cynulleidfa'r gymanfa ganu gyntaf
yng Nghapel Penmount, Pwllheli yn blentyn. Cefais gyfle i
astudio'r *Requiem Mass* gan Mozart yn yr ysgol uwchradd,
ac yna yn y coleg daeth cyfle i fanylu ar wyrth y *Messiah*
gan Handel, *The Dream of Gerontius* gan Elgar a Symffoni
Gorawl Rhif 9 gan Beethoven. Cefais gyfle i rannu llwyfan
gydag aml i gôr ar hyd y blynyddoedd. Nid hawdd fuasai
osgoi canu corawl yn ardal 'Stiniog gyda chymaint o gorau
enwog yn y cyffiniau.

Y pryder pennaf i mi a llawer un arall yw dyfodol
addysg gerddorol a chymdeithasau cerddorol amatur
yng Nghymru heddiw. Bu llawer adroddiad ar raglenni
newyddion yn ddiweddar fod corau meibion yn methu
denu aelodau ifanc newydd, ac i raddau mae hynny yn
wir am gorau cymysg hefyd. Yr un yw'r stori ym myd y
bandiau pres, gyda bandiau yn ceisio dal ati er nad oes
digon o aelodau ar gael i'w cynnal. Bu lleihad cyson yn
y niferoedd sydd yn cystadlu, gyda llawer o fandiau'n
dibynnu ar gymorth aelodau bandiau eraill er mwyn
parhau. Nid yw talu am wasanaeth chwaraewyr gwadd yn
eithriad erbyn heddiw, ond a yw hynny yn gynaliadwy?

Yn anffodus, yr un yw'r sefyllfa o ran gwersi offerynnol
yn y byd addysg, er bod safon y chwarae yr un mor uchel
ag y bu. Clywais yn ddiweddar fod ambell *ensemble*
cenedlaethol ar gyfer ieuenctid yn dioddef o ddiffyg

ceisiadau i ymaelodi. Nid yw hyfforddwyr bellach yn gallu bod yn sicr o yrfa lewyrchus, ac mae hynny maes o law yn eu gorfodi i adael y proffesiwn a newid cyfeiriad yn rhy aml. Gydag agwedd cymdeithas wedi newid, diffyg gweledigaeth ar lawer lefel, diddordeb yn pylu, arian yn brin a chymaint mwy i ddenu plant a phobl ifanc, nid hawdd fydd datrys yr argyfwng. Yn fy marn i, mae'n unfed awr ar ddeg ar ein celfyddydau a bydd yn rhaid prysuro i achub y dydd. Mae angen edrych ar bethau o'r newydd a dechrau eto wrth ein traed, trwy berswadio ein llywodraethau a'n gwleidyddion i fuddsoddi mwy mewn gwell addysg gerddorol ym mhob ysgol. Yn wir, bydd angen buddsoddi mwy yn addysg ein plant yn gyffredinol gan mai nhw yw'r dyfodol.

Pan ddaeth y pandemig i'n plith cafwyd amser i sylweddoli pwysigrwydd yr hyn oedd gennym. Er i mi edrych ymlaen yn fawr at ddathlu pen blwydd Ludwig van Beethoven yn 250 oed gyda thaith i Vienna yn ystod haf 2020, ni fu'n bosib gwneud hynny oherwydd y canllawiau caeth a wynebai pob un ohonom. Daeth y cwbl i stop. 'Cyn gweld gwerth mae'n rhaid colli,' meddai'r hen gân, ac ni fu hynny erioed mor wir. Ni feddyliais erioed y buaswn yn cynnal gwersi offerynnol yn fy nghartref trwy Zoom ac yn mynychu cyfarfodydd a phwyllgorau o flaen sgrin cyfrifiadur. Daeth siopa bwyd a bancio pres yn dasgau plastig a di-flas. Bu llawer i bandemig arall ar hyd y canrifoedd yn ogystal â rhyfeloedd mawr yn Ewrop a thu hwnt, ond trwy ryw wyrth mae'r celfyddydau wedi goroesi'r cyfan. Er bod amser anodd yn ein hwynebu, teimlaf fod dyddiau gwell i ddod. Mae pobl angen cerddoriaeth cymaint ag y mae cerddoriaeth angen y bobl.

OND!

Ar ddiwedd fy ngyrfa a finnau'n bwriadu ymddeol fel hyfforddwr ac arweinydd, daeth cynnig cwbl annisgwyl na allwn ei wrthod. Ni feddyliais erioed y buaswn yn codi'r baton unwaith eto, ac yn sicr nid i arwain côr. Ni fuaswn byth yn honni fy mod yn arbenigo yn y maes nac yn disgleirio fel canwr, ond nid oeddwn mewn sefyllfa i wrthod gwahoddiad y pwyllgor i fod yn rhan o sefydlu Cantorion Llŷn. Daeth cyfle i gydweithio gyda chriw o bron i hanner cant, ag amryw yn bobl ifanc ac eraill ychydig yn fwy profiadol. Bûm hefyd yn ddigon ffodus i gael cyfeilyddes o safon uchel sef Caryl Roberts, Porthmadog, gwraig yr roeddwn yn ei hadnabod yn dda ar ôl blynyddoedd o gydweithio i'r Gwasanaeth Cerdd. Braf ydyw ceisio dysgu caneuon Robat Arwyn a chyfansoddwyr eraill o Gymru yn ogystal â threfniannau bendigedig, boed grefyddol neu ysgafn, mewn awyrgylch brwdfrydig, iach a chyfeillgar. Dyma brawf heb ei ail fod gobaith, gweledigaeth a diddordeb gan bobl gyffredin i greu a sefydlu cymdeithas gerddorol o'r newydd. Edrychaf ymlaen at fod yn rhan o'r fenter a chael hyfforddi, arwain ac ymarfer yn Neuadd Sarn bob wythnos, ac yna cyflwyno'r doniau cerddorol o fewn ein cymunedau, a hynny i gyd drwy gyfrwng yr iaith Gymraeg unwaith eto.

Hir oes i gerddoriaeth a cherddorion.

Buddugoliaethau a chanlyniadau cofiadwy fel arweinydd

Dyddiad	Cystadleuaeth	Nifer yn Cystadlu	Dosbarth	Safle
14 Medi 1991	Adloniant, Bae Colwyn (y gystadleuaeth gyntaf i mi)	8	4	4ydd
28 Tachwedd 1992	Pencampwriaeth Gogledd Cymru	7	4	1af
28 Tachwedd 1992	Emyn-dôn	7	4	1af
6 Mawrth 1993	Pencampwriaeth Prydain, Rhanbarth Gogledd Cymru	3	4	1af
2 Hydref 1993	Rownd Derfynol Pencampwriaeth Prydain, Wembley	20	4	13eg
1 Ebrill 1994	Pontins, Rhanbarthol – Southport	9	4	4ydd
22 Hydref 1994	Rownd Derfynol Pontins (trwy Brydain)	9	4	3ydd
26 Tachwedd 1994	Pencampwriaeth Gogledd Cymru	4	4	1af
26 Tachwedd 1994	Emyn-dôn	4	4	1af
23 Ebrill 1995	Pencampwriaeth Ranbarthol Cymru	14	4	1af
5 Awst 1995	Eisteddfod Genedlaethol Bro Colwyn	2	4	1af
21 Hydref 1995	Rownd Derfynol Pencampwriaeth Prydain, Wembley	18	4	1af
25 Tachwedd 1995	Pencampwriaeth Gogledd Cymru	4	4	1af
25 Tachwedd 1995	Emyn-dôn	4	4	1af
14 Ebrill 1996	Pencampwriaeth Rhanbarthol Cymru	15	4	1af
30 Tachwedd 1996	Pencampwriaeth Gogledd Cymru	8	4	1af

Dyddiad	Digwyddiad			
30 Tachwedd 1996	Ymdeithgan	8	4	1af
6 Ebrill 1997	Pencampwriaeth Ranbarthol Cymru	12	4	2il
2 Awst 1997	Eisteddfod Genedlaethol Meirion, Y Bala	5	4	1af
27 Medi 1997	Rownd Derfynol Pencampwriaeth Prydain, Symphony Hall, B'ham	18	4	10fed
29 Tachwedd 1997	Pencampwriaeth Gogledd Cymru	8	4	1af
29 Tachwedd 1997	Ymdeithgan	8	4	1af
14 Mawrth 1998	Pencampwriaeth Ranbarthol Cymru	15	3	10fed
1 Awst 1998	Eisteddfod Genedlaethol Bro Ogwr	5	3	3ydd
22 Hydref 1998	Pencampwriaeth Pontins (trwy Brydain)	26	3	4ydd trwy Brydain
21 Tachwedd 1998	Pencampwriaeth Gogledd Cymru	4	3	1af
21 Tachwedd 1998	Ymdeithgan	4	3	1af
20 Mawrth 1999	Pencampwriaeth Ranbarthol Cymru	13	3	3ydd
18 Mawrth 2000	Pencampwriaeth Ranbarthol Cymru	12	3	1af
1 Awst 2000	Eisteddfod Genedlaethol Llanelli a'r Cylch	4	3	4ydd
20 Hydref 2000	Rownd Derfynol Pencampwriaeth Prydain, Albert Hall, Llundain	16	3	14eg
31 Mawrth 2001	Pencampwriaeth Ranbarthol Cymru	7	2	1af
24 Tachwedd 2001	Pencampwriaeth Gogledd Cymru	4	2	2il
3 Awst 2002	Eisteddfod Genedlaethol Sir Benfro	-	2	1af
4 Mai 2003	Gŵyl Bandiau Buxton	8	2	3ydd
13 Mawrth 2005	Pencampwriaeth Ranbarthol Cymru	4	4	1af

1 Mai 2005	Gŵyl Bandiau Buxton	12	4	3ydd
30 Gorffennaf 2005	Eisteddfod Genedlaethol Eryri a'r Cyffiniau	3	4	1af
24 Medi 2005	Rownd Derfynol Pencampwriaeth Prydain, Harrogate	19	4	11eg
5 Awst 2006	Eisteddfod Genedlaethol Abertawe a'r Cylch	3	3	2il
2 Awst 2007	Eisteddfod Genedlaethol Sir y Fflint a'r Cyffiniau	4	3	1af
24 Tachwedd 2007	Pencampwriaeth Gogledd Cymru	3	3	1af
24 Tachwedd 2007	Ymdeithgan	3	3	1af
8 Mawrth 2008	Pencampwriaeth Ranbarthol Cymru	9	3	3ydd
29 Tachwedd 2008	Pencampwriaeth Gogledd Cymru	4	3	1af
29 Tachwedd 2008	Ymdeithgan	4	3	1af
1 Awst 2009	Eisteddfod Genedlaethol Y Bala	3	3	1af
1 Awst 2010	Eisteddfod Genedlaethol, Blaenau Gwent a Blaenau'r Cymoedd	3	3	2il
30 Gorffennaf 2011	Eisteddfod Genedlaethol, Wrecsam a'r Fro	3	3	2il
12 Tachwedd 2011	Pencampwriaeth Gogledd Cymru	–	3	2il
4 Awst 2012	Eisteddfod Genedlaethol, Bro Morgannwg	4	4	2il
3 Awst 2013	Eisteddfod Genedlaethol, Sir Ddinbych a'r Cyffiniau	7	4	2il
2 Awst 2014	Eisteddfod Genedlaethol, Sir Gâr, Llanelli	7	4	1af
1 Awst 2015	Eisteddfod Genedlaethol, Maldwyn a'r Gororau	5	4	1af
30 Gorffennaf 2016	Eisteddfod Genedlaethol, Sir Fynwy a'r Cyffiniau	7	4	1af
19 Mawrth 2017	Pencampwriaeth Ranbarthol Cymru	8	4	2il
16 Medi 2017	Rownd Derfynol Pencampwriaeth Prydain, Cheltenham	20	4	3ydd